大学入学共通テスト

石井雅勇
英語
［リーディング・リスニング］
講義の実況中継

語学春秋社

はじめに

本書では，「大学入学共通テスト」第2回試行テストの全ての問題について，出題のねらいや解答のポイントなどを丁寧に解説します。また，オリジナル予想問題を，リーディング［筆記］・リスニングそれぞれ1回分用意しました。こちらも解答のポイントなどを詳しく講義しています。

共通テストで何が変わるのか？

「大学入学共通テスト」（以下，共通テストと呼びます）は，センター試験と何が変わったのでしょうか。

文部科学省から発表された実施目的には，**高校生のうちに育まれる学力において，知識・技能とともに，それらを活用して課題を解決するために必要な思考力・判断力・表現力を評価すること**とあります。つまり，知識や技能だけではダメということですね。

知識・技能 ＋ 思考力・判断力・表現力
＝
課題解決に必要な力

これをふまえたうえで，皆さんの日常生活により関わりの深い内容を増やすことで，「**実際に使える英語**」をテストすることになります。

❶ 共通テストのレベル

共通テストのレベルは，CEFR（セファール：Common European Framework of Reference for Languages ／外国語の学習・教授・評価のためのヨーロッパ共通参照枠）のレベルを目安としています。

試行テストでは，A1 から B1 程度までの問題が出題されています。皆さんはまだ，CEFRにあまりなじみがないかもしれませんね。

実用英語技能検定を例に取って比較すれば，だいたい **A1 ⇒ 3級**，**A2 ⇒準2級**，**B1 ⇒ 2級**というレベルになります。したがって，センター試験と比べて難易度が大きく跳ね上がるわけではありませんが，問題の質が変わるということです。

❷ リーディングとリスニングの配点が同じ

まず，筆記試験は「リーディング」という名称になります。各技能の能力をバランスよく把握することと，資格・検定試験では配点が均等になっていることなどをふまえ，共通テストでは**リーディングとリスニングの配点が均等**になります。

	センター試験	共通テスト
筆記［リーディング］	200点	100点
リスニング	50点	100点

ただし，共通テストの点数に対してどのような評価をするかは，最終的には各大学に任されていますので，その点は注意が必要です。

❸ リーディングの変更点

▶出題はすべて読解問題

これまでセンター試験で出題されていた，発音・アクセント，文法，語句整序などの問題は，単独では出題されなくなり，すべて読解問題となります。しかし，文法が重要でなくなったというわけではありません。**文法の知識が，問題を読み解くうえでの前提になった**に過ぎません。いかにその知識を活用して正確に読み取るかが問われます。

▶設問文はすべて英語

共通テストでは，**設問文はすべて英語**になります。その分，読む英文の量も増えてきますので，慣れておきましょう。

▶特徴的な問題

思考力・判断力・表現力という力を測るのは，共通テストの大きなポイントです。それらの力を測るうえで，工夫された問題が出題されます。

- **「意見」と「事実」を区別する問題**
- **複数の文章，文章と資料を使った問題**

これらはその特徴的な問題です。日頃から，日本語の文章や新聞記事などを読んで自分なりに考えてみるのも，英語の問題を解くうえでのトレーニングになるでしょう。

❹ リスニングの変更点

▶大問数の増加

センター試験の大問数は4問でしたが，共通テストでは6問となります。試験時間は30分のまま変更ありませんので，その分**より速く・正確に聞き取る力**が必要です。

▶音声は1回読みと2回読みが混在

センター試験では音声がすべて2回流れましたが，共通テストでは**1回しか流れない問題**があります。2回音声が流れる場合でも，できるだけ1回で聞き取れるように集中して取り組みましょう。

▶多様な話者による音声

基本的にはアメリカ英語の発音ですが，設問によっては，**イギリス英語や英語を母語としない人の英語**も音声で流れることがあります。極端な違いがあるわけではないので，冷静に耳を傾けることが大切です。

❺ 問題作成の方向性

▶「思考力・判断力・表現力」を発揮して解く問題

「知識·技能」だけでなく，大学入学段階で必要とされる**「思考力·判断力·表現力」**を重視しています。

▶必要な情報を組み合わせて思考・判断させる問題

文章・図・資料など複数の情報から必要となる情報を把握して，考え，判断する能力が問われます。

▶高校での学習場面を想定した設定の問題

次にあげるように，**「どのように学ぶかということを考慮した場面」の設定**を重視しています。

- 生徒が授業で学習する場面
- 社会生活・日常生活での課題の解決方法を構想する場面
- 資料やデータ類をもとに考え，調べる場面

など，できるだけ身近なものとなるように考えられています。

なお，共通テストでは，アメリカ英語以外に，**場面設定によってイギリス英語を使用することもあります**。

本書を十分に活用して，共通テストに臨んでください。健闘を祈っています。

医学部予備校代官山 MEDICAL 学院長

石井 雅勇

本書の使い方

学習の手順

本書は，前半が「**リーディング対策編**」，後半が「**リスニング対策編**」となっています。それぞれ，試行テストとオリジナル問題の問題演習を行います。

次のような手順で学習していくと，効果的に共通テスト対策を完成させることができるでしょう。

❶ 試行テストの問題を解く

まずは試行テストの問題から取り組みましょう。問題を解く際には，解答時間の目安を意識して解いていきましょう（リスニング問題の放送音声は，共通テスト本番と同じ解答時間をとってあります）。

❷ 試行テストの解答解説を確認する

解答＆攻略法で取り上げられている解法や文法事項などをしっかりインプットしましょう。また，設問ごとに重要語句をピックアップしていますので，わからなかった語句はしっかりチェックして，語彙を増やしていきましょう。簡単な単語でも特別な使い方をしているものもあります。

❸ 予想問題を解く

予想問題（PART Ⅱ，PART Ⅳ）は，各設問の試行テストの講義（PART Ⅰ，PART Ⅲ）を読み終えてから始めてください。始める前に，一度復習のために試行テストのパートを見直しておくとよいでしょう。こちらも解答時間の目安は同じです。

❹ 予想問題の解答＆解説を確認する

基本的には，1日1回，コンスタントに学習するのがいいでしょう。試験本番まであまり時間がないようでしたら，1日2，3回というペースで，10～20日程度で完了することも可能です。自分のペースで計画的に進めて，見事ゴールまで完走してほしいと思います。

講義を始めるにあたって

問題演習に取りかかる前に，**共通テストの全体像**をざっと眺めておきましょう。リーディング，リスニングの出題概要や注意点などをそれぞれまとめておきます。

《リーディング》試験時間80分，配点計100点

大問		*CEFRレベル	小問数	配点
第1問	A	A1程度	2	4
	B	A2程度	3	6
第2問	A	A1程度	5	10
	B	A2程度	5	10
第3問	A	A1程度	2	4
	B	A2程度	3	6
第4問		B1程度	5	16
第5問		B1程度	4	20
第6問	A	B1程度	4	12
	B	B1程度	4	12
			37	100

参考（CEFRレベルの目安）

CEFR	実用英語技能検定（英検）
B1	2級（～準1級）
A2	準2級
A1	3級

第1問A 解答時間の目安：2～4分

日常生活に関連した掲示や伝言メモなどから必要な情報を読み取る。

▶設問を確認して必要な情報を探し読みする。

▶5W1H に注意し，一言で何について書かれたものかを捉えましょう。

▶平易な英文なので，読み返す回数は少なくしたい。

第１問Ｂ　解答時間の目安：４～６分

平易な英語の広告やパンフレット，告知記事，予定表などから必要な情報を読み取る。

▶まずはタイトルに注目して目的をキャッチしましょう。

▶設問を確認して必要な情報を探し読みする。

▶日程，行事など箇条書きはさっと読み，設問に合わせて確認しましょう。

▶補足や注意事項があれば，出題される可能性があるので要注意。

第２問Ａ　解答時間の目安：５～７分

平易で短い英語の説明文とイラストなどから概要や要点を捉えたり，推測したりする。「事実」と「意見」に整理する力も試される。

▶英文で直接的な言及がなく，推測して答えることがあります。

▶「事実」と「意見」に整理する問題は，英文の性質を把握しておきましょう。料理のレシピなら「事実」，レビューやコメントなら「意見」など。

▶英文から特定の情報を探すだけでなく，各調理時間とその合計時間のように，情報を集約して判断する場合があります。

▶イラストにも注意しましょう。

第２問Ｂ　解答時間の目安：５～７分

平易で短い説明文を読んで，概要や要点を捉えたり，「事実」と「意見」を読み分けたりする。

▶討論（ディベート）は賛否両方あるもの。

▶賛成・反対のどちらの立場で述べられた内容かを，きっちり押さえましょう。

▶「A がなければ B ができない」は「A があれば B ができる」のように，裏の意味で言い換える表現にも注意しましょう。

▶逆接の語句に注意しましょう。意見の転換や話の展開などを把握するうえで注目する必要があります。似た表現をグループ化して語彙を増やしておくといいでしょう。

第3問A　解答時間の目安：4～5分

平易で短い英文とイラストなどから概要を読み取る。

▶英文だけでなくイラストにも着目し，総合的に判断する思考力・判断力が問われます。

▶仮定法過去など，文法的知識がないと英文を正確に把握できないことがあります。日頃の文法学習もおろそかにしてはいけませんね。

第3問B　解答時間の目安：5～7分

平易で短い英文の概要を把握する。

▶人の気持ちの変化を考える問題が出題されています。選択肢と同じ単語が本文にあるとは限りません。例えば，「感情」に関する単語をグループ化するなど，日頃からテーマごとに語彙を増やすようにすると，言い換え表現などでも役立てることができます。

▶理由を答える問題も出題されています。This is because ～. などのような，理由を表す表現もストックしておきましょう。

第4問　解答時間の目安：8～10分

短めの記事，レポート，資料など，複数のものから情報を読み取り，筆者の意図を把握する。

▶複数の文章から，「どちらでも述べられていないもの」を選ぶ問題は，1つ目の文章を読んで記述が見つかったものから，選択肢を消していきましょう。

▶タイトルをつける問題は，両方の文章に共通する主張がポイントになります。

第5問　解答時間の目安：10～12分

短い物語や伝記などを読んで，その概要を把握する。

▶設問を見て読み取る情報を確認します。印をつけるなど，自分のわかりやすい方法でピックアップしながら読み進めましょう。

▶時間や日付に関する表現を探していきます。ただし，「○○の前年」などのように，ストレートではない表現も考えられます。また，時系列に文章ができているとは限らないので注意しましょう。

第6問A　解答時間の目安：10～12分

身近な話題や社会的な話題に関する記事から，概要や要点，文章の論理展開を把握する。さらに，文章の要約をする。

▶段落ごとに内容を押さえていきましょう。論理展開がわかりやすくなり，要約しやすくなります。また，日頃から，日本語でもいいので要約文を書く練習をしておくのも1つの対策です。

▶時事的な内容が扱われることがあるので，日頃から時事問題などに関心を持ちましょう。知っていることが題材になれば，問題も解きやすくなります。

第6問B　解答時間の目安：10～12分

身近な話題や社会的な話題に関する記事やレポート，資料などから概要や要点を把握したり，情報を整理したりする。また，文章の論理展開を把握し，要約する。

▶段落ごとの内容を押さえるのは第6問Aと同じ。

▶日頃から時事問題に関心を持って，社会問題の背景知識を蓄えておきましょう。

▶因果関係を表す表現には十分注意しましょう。

《リスニング》試験時間 60 分（うち解答時間 30 分），配点計 100 点

大　問		CEFR レベル	放送回数	小問数	配　点
第 1 問	A	A1 程度	2 回	4	12
	B	A1，A2 程度	2 回	3	12
第 2 問		A1，A2 程度	2 回	4	12
第 3 問		A1，A2 程度	2 回	4	16
第 4 問	A	A2，B1 程度	1 回	2	8
	B	B1 程度	1 回	1	4
第 5 問		B1 程度	1 回	2	20
第 6 問	A	B1 程度	1 回	2	8
	B	B1 程度	1 回	2	8
				24	100

※ 1 つの大問に複数の CEFR レベルがあるものは，複数のレベルの小問で構成されている問題です。

第 1 問 A

平易な英語の短い発話から必要な情報を聞き取り，把握する。

▶まずは選択肢に目を通しておき，音声を聞いたら状況をイメージしてみましょう。

▶強く発音される語句を押さえておけば，聞き取れない語句が少しくらいあっても大丈夫です。

▶接続詞 but のあとは特に注意しましょう。そのあとに大切な内容が述べられることが多くあります。

第 1 問 B

平易な英語の短い発話を聞き，それに対応するイラストを選ぶ。発話内容の概要や要点を理解できているかが問われる。

▶発話内容をイメージ化してみましょう。

▶時制についての文法知識はしっかり学習しておきましょう。

▶接続詞や前置詞を押さえるのも正確に理解するには，大切なポイント。それらの働きも日頃の学習で整理しておきたいですね。

第２問

平易な英語の短い対話について，場面の情報やイラストを参考にしながら，必要な情報を把握する。

▶場面設定は日本語で示されているので，イラストを見れば問われるポイントは見えてきます。

▶対話形式なので，イントネーションに注意しましょう。文字にすると同じでも，イントネーションによっては意味が変わってくることがあります。

第３問

平易な英語の短い対話について，場面の情報を参考にしながら，目的に応じて概要や要点を把握する。

▶場面設定が日本語で示されているのは前問と同じですが，問いの英文も一緒に示されています。選択肢も確認して，音声が流れる前に読み取るポイントを絞っておきましょう。

▶否定する発言があるなど，対話が少し複雑になるので，早合点(はやがてん)をしないように注意して，発話者の意図を把握しましょう。

第４問Ａ

一人の人物による身近な話題や，指示・説明などを聞いて，話し手の意図を把握する。

▶イラストの整序問題は，あらかじめイラストを見て話の流れを考えてみましょう。

▶表を完成させる問題は，あらかじめ見て何が問われるのかを考えたうえで音声を聞きましょう。

▶数字や時間は必ずしもストレートに表現されるわけではありません。間接的な言い回しもあるので，よく考えて判断しましょう。

第４問Ｂ

複数の発話者による情報を聞き取り，状況･条件をもとに比較して判断する。

▶４人の話を聞きますが，アメリカ英語以外に，英語を母語としない人の英語も聞くことになります。だからと言って，それほど大きな違いはありませんので，ふつうの発音の聞き取りに慣れておけばOKです。

▶聞いたそばから判断して，表を埋めていきましょう。判断のスピードが勝負です。思考力・判断力が問われる問題です。

第5問

身近な話題や社会的な話題を扱ったメディアや講義などを聞いて，メモを取り，概要や要点を捉えたり，複数の情報から判断したりする。

▶音声が流れる前に問題冊子によく目を通しておきましょう。ワークシートのようなものがあれば，どういう内容を書き込まなければならないか，見当をつけておきましょう。

▶問2では，問1で聞いた講義の続きが音声で流れます。問1の音声と合わせて判断する力が試されます。

▶日頃から時事話題に関心を持っておきましょう。問題の題材に関する知識があれば，理解するのに役に立ちます。

第6問A

対話や議論を聞いて，必要な情報を把握したり，話題と話者の発話の要点を整理・判断したりする。

▶発話者は，話のテーマについて賛成なのか，反対なのかという立場を判断しましょう。

▶それぞれの主張している内容を押さえましょう。

▶第5問と同様に，日頃から時事話題に関心を持っておきましょう。

第6問B

身近な話題や社会的な話題に関する長めの議論を聞いて，発話者の立場を判断する。また，発話内容を整理・判断し，主発言者の意見を支持する図表を選ぶ。

▶主発言者がどういう主張をしているかを押さえましょう。

▶質問者が，主発言者の主張に対して賛成なのか，反対なのかを押さえましょう。

講義の内容

PART Ⅲ　試行テスト解説講義〈リスニング対策編〉

PART Ⅳ　予想問題解説講義〈リスニング対策編〉

PART V 速効耳トレ

PART I
試行テスト解説講義〈リーディング対策編〉

PART I

第1回　試行テスト第1問A/B の問題演習

第１問にはＡとＢの２つの問題があり，ともに「ビジュアル読解問題」です。与えられた英文からメッセージをつかむ力や解答に必要な情報をキャッチする力，また，言い換え表現を見抜く力が求められます。

第1問A

You are a member of the English club. You are going to have a farewell party for one of the members, Yasmin from Malaysia. You have received a note from Amelia, an Assistant Language Teacher (ALT) and the club advisor.

Dear members of the English club,

It's about time we decide when to have the English club farewell party for Yasmin. She's leaving Japan on December 15, so the club members should meet sometime next week. Can you ask Yasmin which day is convenient for her to come to the party and let me know? When the day is fixed, I'll help you by planning a few nice surprises. Also, is it all right if I invite other students? I know some students from the tennis team who want to take part because they really had a good time playing tennis with her over the past six months.

Best wishes,
Amelia

問 1 The teacher wants you to ask Yasmin [1].

① what she would like to eat at the party
② when she can attend the party
③ where she would like to have the party
④ who she would like to invite to the party

問 2 The teacher would also like to invite [2].

① a few students who don't belong to the English club
② all the members of the English club and the tennis team
③ some of Yasmin's other English teachers
④ students who want to study abroad in Malaysia

第1問A　解答＆攻略法
言葉のリレー（言い換え）に注意！

出題のネライは？

第１問Ａでは，日常生活に関連する身近な掲示やパンフレット，カタログなどを題材にして，**文章から必要な情報を読み取る力**が問われます。

今回は，交換留学生の送別パーティーに関する伝言メモを扱っています。与えられる英文そのものは，**全体的に平易な英語で書かれていますから，そこから読み取れる意図やメッセージをしっかりとキャッチ**していきましょう。

正確に，速く解くには？

まず，**与えられた設問に目を通してから本文を読むほうが効率的**です。なぜなら，どんな情報をキャッチすればいいのかを先に知っておくことで，本文（今回であれば伝言メモ）を読む姿勢が変わってくるからです。

本文は漠然と読むのではなく，解くために読む，選択的に（selectively），必要な情報とそうでなさそうな情報を取捨選択しながら読みましょう。

問１の問題文に，「先生はあなたたちに，ヤスミンに［ 1 ］を尋ねてほしいと思っています」とあります。ここで，「ヤスミンに何かを尋ねている」という内容を本文から読み取るように，と求められているわけです。

問２では，「先生はまた，［ 2 ］を招待したいと思っています」とありますから，先生が誰を招待したいのか，という内容が本文に書かれてあるはずなので，その２点を突き止めればいいということになります。

それでは，本文の内容をチェックしておきましょう。

〈訳〉あなたは，英語クラブの一員です。あなたは，メンバーの１人で，マレーシア出身のヤスミンのために送別パーティーを開くことになっています。あなたは，外国語指導助手（ALT）でクラブの顧問のアメリアからメモを受け取りました。

英語クラブのメンバーの皆さん

ヤスミンの英語クラブ送別パーティーを開く時期を，そろそろ決めるころです。彼女は12月15日に日本を離れる予定なので，クラブのメンバーは来週のどこかで会合を開いたほうがいいでしょう。ヤスミンにどの日がパーティーに来るのに都合がいいかを尋ねて，私に知らせてくれますか。日にちが決まったら，いくつかの楽しいサプライズを計画してあなたたちを手伝います。また，他の生徒たちも招待していいですか。ここ6か月の間彼女とテニスをして本当に楽しんだので，パーティーに参加したいというテニス部の何人かの生徒を私は知っています。

それでは，

アメリア

重要語句

□ it's about time that ...[to *do*]「そろそろ〜してもいい頃だ」

問1の解答解説

では，もう一度，設問文から見てみましょう。

The teacher wants you to **ask Yasmin** [1] .

↓ (you)

members of the English club

「先生はあなたたちに，**ヤスミンに [1] を尋ねてほしい**と思っています」

下線部のyouは英語クラブのメンバーのこと。つまりアメリア先生は，メンバーたちにto以下のことをしてもらいたいんですね。**ask Yasmin** とありますから，空所には，英語クラブのメンバーに，ヤスミンに対して尋ねてもらいたい内容が入ります。

この点を頭に入れた上で，本文の3文目に注目してみましょう。

Can you ask Yasmin which day is **convenient** for her to come to the party and let me know**?**

Can you ask Yasmin 〜? で，「ヤスミンに〜を尋ねてほしい」という**依頼の表現**です。そして，肝心のヤスミンに尋ねたい内容は，**which day is convenient for her to come to the party** の部分になります。

この場合の **convenient** は「都合のよい」という意味。つまり，**ヤスミンの送別パーティーをするため，彼女にとって都合のいい日を知りたい**ということがわかります。

では，選択肢を見てみましょう。①はwhat，②はwhen，③はwhere，④はwhoで始まっていますね。ヤスミンの都合を尋ねたいので，②のwhenが当てはまりそうです。

でも，②の **when she can attend the party** では，convenientという単

語は使っていませんね。では**attend**という単語はどうでしょう。これは「出席する」と意味で，「パーティーに出席できるのはいつか」という内容になっています。結局，パーティーについてヤスミンの**都合のいい日**を聞いているのと同じことですよね。

which day is **convenient** for her to come to the party（本文） ⇒ when she can **attend** the party（選択肢）

つまり，本文の内容を，選択肢では別の単語を使って言い換えているんです。このように，**本文の単語がそのままストレートに選択肢で書かれるわけではありません。**

表現は違っても同じことを言っているのではないかと気づけるかどうかが，正解を突き止めるポイントです。

〈選択肢の訳〉

① 彼女はパーティーで何を食べたいのか
② 彼女はいつパーティーに出席できるのか
③ 彼女はパーティーをどこで開きたいのか
④ 彼女はパーティーに誰を招待したいのか　　**正解** ②

問２の解答解説

続いて問２です。設問文にある**invite**という単語に着目しましょう！

The teacher would also like to **invite** [2].

「先生はまた，[2] **を招待したい**と思っています」

inviteは「招待する」という意味なので，先生は誰か（何か）を送別パーティーに招待したいと思っているんですね。

この点に注意しながら本文を読んでいくと，後半にこの文があります。

Also, is it all right if I **invite** other students?

「また，他の生徒たちも招待していいですか」

つまり，招待したいのは下線部の**other students**「他の生徒たち」ということになります。では，「他の生徒たち」というのはどういう生徒たちなのでしょうか。その後に続く文も見ていきましょう。

I know some students from the tennis team who want to take part because they really had a good time playing tennis with her over the past six months.

「ここ６か月の間彼女とテニスをして本当に楽しんだので，パーティーに参加したいというテニス部の何人かの生徒を私は知っています」

other students に当てはまるのが **some students from the tennis team who want to take part**「参加したいというテニス部の何人かの生徒」ということになります。この点を押さえて選択肢を見ていきましょう。

まず選択肢①。

a few students who don't belong to the English club

「英語クラブに所属していない数人の生徒」

a few students = some students ですね。また，**don't belong to the English club**「英語クラブに属さない」とありますが，本文の **from the tennis team**「テニス部の」はどうでしょう？

①の「英語クラブに属さない」というのは，この場合はテニス部であることを**間接的に述べている**んですね。これも一種の言い換え表現で，a few students who don't belong to the English club 全体で，some students from the tennis team who want to take part を言い換えているわけです。したがって，この①が正解になりますね。

ここでも，問１と同様に，**設問文のキーワードをもとに本文から必要な情報を見つけられるかどうか**がポイントになります。それと同時に，本文と設問文・選択肢の表現に違いがあることを押さえておいてくださいね。

〈選択肢の訳〉

① 英語クラブに所属していない数人の生徒
② 英語クラブとテニス部のすべての部員
③ ヤスミンの他の英語教員の何人か
④ マレーシアに留学したい生徒

正解 ①

得点率 80 %Get!

本文中の単語がそのまま選択肢に出てくるわけではないことに注意！

問１の選択肢②では，本文の which day is convenient for her to come to the party を，when she can attend the party と言い換えていました。

また，問２の選択肢①では，本文の some students from the tennis team who want to take part を，a few students who don't belong to the English club と間接的な表現で言い換えています。

このように，共通テストでは，単語と単語，単語と語句，語句と語句を言い換えた表現が使われます。日頃から単語の類義語や対義語にも注意して語彙を増やしていきましょう！

第1問B

You visited your town's English website and found an interesting notice.

Call for Participants: Sister-City Youth Meeting "Learning to Live Together"

Our town's three sister cities in Germany, Senegal, and Mexico will each send ten young people between the ages of 15 and 18 to our town next March. There will be an eight-day youth meeting called "Learning to Live Together." It will be our guests' first visit to Japan.

We are looking for people to participate: we need a host team of 30 students from our town's high schools, 30 home-stay families for the visiting young people, and 20 staff members to manage the event.

Program Schedule

March 20	Orientation, Welcome party
March 21	Sightseeing in small four-country mixed groups
March 22	Two presentations on traditional dance: (1) Senegalese students, (2) Japanese students
March 23	Two presentations on traditional food: (1) Mexican students, (2) Japanese students
March 24	Two presentations on traditional clothing: (1) German students, (2) Japanese students
March 25	Sightseeing in small four-country mixed groups
March 26	Free time with host families
March 27	Farewell party

● Parties and presentations will be held at the Community Center.

● The meeting language will be English. Our visitors are non-native speakers of English, but they have basic English-language skills.

To register, click **here** before 5 p.m. December 20.

▶▶ International Affairs Division of the Town Hall

問 1 The purpose of this notice is to find people from the host town to [3].

① decide the schedule of activities
② take part in the event
③ visit all of the sister cities
④ write a report about the meeting

問 2 During the meeting the students are going to [4].

① have discussions about global issues
② make presentations on their own cultures
③ spend most of their time sightseeing
④ visit local high schools to teach languages

問 3 The meeting will be a good communication opportunity because all of the students will [5].

① be divided into different age groups
② have Japanese and English lessons
③ speak with one another in English
④ stay with families from the three sister cities

第1問B 解答＆攻略法
字面だけを追ってはいけない！

出題のネライは？

第１問Ｂも，広告，パンフレット，予定表などを読み，**その意図するところを理解し，必要な情報を読み取る**問題です。

第１問Ａより少しだけ難しい英語を使っていますが，全体としては比較的平易な文章と言えます。

正確に，速く解くには？

まずは，設問に目を通してから本文に目を向けるのが効率的です。でも，本文を読んでから設問を読むやり方に慣れている人は，本文→設問という順で解いても構いません。

なお，前もって設問に目を通すときは，**選択肢まで読む必要はありません。**選択肢までチェックしてしまうと，かえって情報が錯綜（さくそう）してしまいますからね。

まず，問１の設問文からは，**告知記事の目的が問われている**ことを読み取りましょう。告知記事では，**タイトルにその目的が書かれていることが多い**ので，まずは**タイトルに注目する**ことが肝心です。

次に，問２の設問文を見てください。生徒たちが集会の間に何かを行う予定が問われていますね。

そして最後，問３は，集会がコミュニケーションのよい機会になる理由を問われています。

では，キャッチすべき情報は何かをつかんだところで，本文の内容を把握していきましょう。

〈訳〉あなたは自分の町の英語のウェブサイトを訪ね，興味深い掲示を見つけました。

<u>参加者募集：姉妹都市の若者の集会「共生を学ぶ」</u>

ドイツ，セネガル，そしてメキシコにある私たちの街の3つの姉妹都市は，来年の3月に15歳から18歳までの若者をそれぞれ10人，私たちの街に派遣する予定です。「共生を学ぶ」という8日間の若者の集会が行われます。それは私たちの招待客にとって初めての来日となります。

私たちは参加者を探しています。すなわち，私たちの街にある高校の

30人の生徒から成る主催チーム，訪問する若者のための30のホームステイファミリー，そしてイベントを運営する20人のスタッフを必要としています。

プログラム日程
3月20日　オリエンテーション，歓迎パーティー
3月21日　4か国合同の小グループでの観光
3月22日　伝統舞踊に関する2つのプレゼンテーション：
　　(1)セネガルの生徒，(2)日本の生徒
3月23日　伝統料理に関する2つのプレゼンテーション：
　　(1)メキシコの生徒，(2)日本の生徒
3月24日　伝統衣装に関する2つのプレゼンテーション：
　　(1)ドイツの生徒，(2)日本の生徒
3月25日　4か国合同の小グループでの観光
3月26日　ホストファミリーとの自由時間
3月27日　お別れパーティー
●パーティーとプレゼンテーションはコミュニティーセンターで行われます。
●集会での使用言語は英語です。私たちの訪問客は英語が母語ではありませんが，彼らは基礎的な英語力はあります。

登録するには，12月20日午後5時までにここをクリックしてください。

市役所国際交流課

重要語句

□ sister city「姉妹都市」　□ youth meeting「青少年交流会」
□ participate「参加する」　□ hold「開催する」　□ register「登録する」

問1の解答解説

では，早速問1からいきましょう。問1の設問では，掲示されている**告知記事の目的**が問われています。

The purpose of this notice is to find people from the host town to [3].

「**この掲示の目的**は開催都市から [3] 人々を見つけることである」

このような告知記事の場合，**何を目的に書かれているのか**をよく考えて読み進める必要があります。まずは**タイトル**に注目しましょう。

Call for Participants: Sister-City Youth Meeting
"Learning to Live Together"

Call for Participants「**参加者募集**」とあります。つまり，何かに参加する人を募集する告知記事ということですね。

大まかな目的はわかりました。さらに，コロン（:）のあとの説明を読むと，「集会」への参加者募集ということが確認できます。

次に，告知記事の内容を見ていきましょう。第２段落の最初の文です。

We are looking for **people to participate**

「私たちは**参加者**を探しています」とあり，このあとに詳しい説明がありますから，ここを読めばこの告知記事の目的ははっきりしそうです。

では，選択肢はどうでしょうか？ どの選択肢にも **participate** という単語は見当たりませんね

しかし，②で **take part in** という語句が使われています。これは「参加する」という意味で，participate と同じ意味ですね。

また，take part in the event の **event** は，タイトルにある **meeting** のことと同じことを表しています。

ここでも**本文の表現を言い換えている**んですね。したがって，この②が正解です。

言い換え表現はいろいろなところで出てきますから，本文や設問文，そして選択肢を読むときは注意が必要です。

①の「活動の日程」はこれから決めるのではなく，すでに決まっていること。③は筆者の国に集まって，そこでプログラムが行われるので誤り。④の内容はどこにも書かれていません。

〈選択肢の訳〉

① 活動の日程を決める　② イベントに参加する
③ すべての姉妹都市を訪問する　④ 集会についてのレポートを書く

正解 ②

問２の解答解説

問２の問題文をご覧ください。

During the meeting the students are going to [4].
「集会の間，生徒たちは [4] 予定である。」

この問題では，**告知記事の内容を理解できているか**が問われています。空所

には，**集会の間に生徒たちがすること，予定していること**が入るのですね。

プログラムの日程だけを確認すれば答えられる問題だと言えそうです。

まずは，選択肢を読んで，それぞれどんなことを予定しているかを頭に入れて本文を読み進めていきましょう。

March 20	Orientation, Welcome party
March 21	Sightseeing in small four-country mixed groups
March 22	Two presentations on **traditional dance**: (1) Senegalese students, (2) Japanese students
March 23	Two presentations on **traditional food**: (1) Mexican students, (2) Japanese students
March 24	Two presentations on **traditional clothing**: (1) German students, (2) Japanese students
March 25	Sightseeing in small four-country mixed groups
March 26	Free time with host families
March 27	Farewell party

選択肢に照らし合わせて見てみると，「プレゼンテーション」の内容には，①「世界的な問題」についての議題は書かれていませんね。

また，④「言語を教えるために地元の高校を訪れる」についても何も記載がありません。

③「観光」は 21 日と 25 日の 2 日間，日程に組まれているだけです。

さあ，残るは②ということになりますが，**cultures**「文化」という単語も本文中には出てきません。

では，この選択肢も間違いなのでしょうか。ちょっと，「文化」とは何かをよく考えてみましょう。

本文では，3 月 22 日に traditional dance「伝統舞踊」，23 日に traditional food「伝統料理」，24 日には traditional clothing「伝統衣装」について，それぞれ招待国のうち 1 か国と日本の生徒がプレゼンテーションを行う予定であると書かれています。

これらの「伝統舞踊」，「伝統料理」，「伝統衣装」などは，文化と言っても問題はなさそうですね。つまり，cultures はこれら 3 つのことを合わせて**総称**しているわけです。

traditional dance traditional food traditional clothing	} **cultures**

これも言い換え表現の一種です。ただ，これについては単純な言い換えではないので，よく読んで考える必要がありそうですね。

出題者の意図としては，単に「culture = 文化」といった，表面的な訳語を覚えるだけではダメだよということでしょう。

つまり，文化といえば，その国やその地域の独自の伝統的な食べ物だったり，世代を超えて伝承されてきた踊りだったり，日本の着物のような伝統的な服装だったり……，それらを総称したものが「文化」だっていう単語力が求められているわけです。

〈選択肢の訳〉

① 世界的な問題について議論する
② 自分自身の国の文化についてのプレゼンテーションをする
③ 観光にほとんどの時間を費やす
④ 言語を教えるために地元の高校を訪れる　　正解 ②

得点率90%Get!

本文の内容を直接言い換えるのではなく，いくつかの内容をまとめて表現する場合があることに注意しよう。

言い換え表現は単語や語句などを言い換えるだけではないので，注意が必要です。この問２のように，本文のいくつかの内容を１つの表現にまとめて表す場合もあることを覚えておきましょう。

これは，読みながらよく考えないと気づけないことですから，思考力・判断力が問われる問題と言えますね。

問３の解答解説

問３の問題文からキャッチしたいポイントは……，

The meeting will be **a good communication opportunity** because all of the students will [5] .

「すべての生徒が [5] ので，集会は**よいコミュニケーションの機会**となるだろう」

つまり，集会が「よいコミュニケーションの機会」となる**理由**を本文からつかめばよいのですね。プログラム日程（Program Schedule）の下に補足が2つ記載されていますが，ここまできちんと読みましたか？

● Parties and presentations will be held at the Community Center.
● **The meeting language will be English**. Our visitors are non-native speakers of English, **but they have basic English-language skills**.

2つ目の補足事項に，**The meeting language will be English**. とあるので，使用言語は英語だということがわかります。

また，**they have basic English-language skills** から，彼らは基礎的な英語力があることもわかります。「よいコミュニケーション」をするためには，共通する言語やそのスキルがあることは大切ですよね。

つまり，**設問の a good communication opportunity と，この補足事項の内容を結びつけて考えられるかどうか**がポイントとなるわけです。

そうすると，補足事項にある The meeting language will be English. と，③の (all of the students will) **speak with one another in English** が**言い換え表現**になっていることがわかりますね。

このような表やポスターを用いた問題は，**補足事項の中に答えがあるものも多い**ので，細かいところも見落とさないように注意しましょう。

〈選択肢の訳〉

① 異なる年齢のグループに分けられる
② 日本語と英語のレッスンを受ける
③ お互いに英語で話す
④ 3つの姉妹都市出身の家族の家に滞在する　　**正解** ③

PART I

第2回 試行テスト第2問A/B の問題演習

第２問もＡとＢに分かれています。Ａは第１問と同様「ビジュアル読解問題」です。**英文やイラストの内容を読み取って概要や要点を捉える力**，また，**読み取った情報を「事実」と「意見」に整理する力**が求められます。

Ｂは短い記事やそれについてのコメントを読み取る問題です。英文の概要や要点を捉えたり，読み取った情報を「事実」と「意見」に整理したりする問題が出題されます。

第2問A

You are a member of the cooking club at school, and you want to make something different. On a website, you found a recipe for a dish that looks good.

EASY OVEN RECIPES

Here is one of the top 10 oven-baked dishes as rated on our website. You will find this dish healthy and satisfying.

Meat and Potato Pie

Ingredients (serves about 4)

A	1 onion	2 carrots	500g minced beef
	× 2 flour	× 1 tomato paste	× 1 Worcestershire sauce
	× 1 vegetable oil	× 2 soup stock	salt & pepper
B	3 boiled potatoes	40g butter	
C	sliced cheese		

Instructions

Step 1: Make ***A***

1. Cut the vegetables into small pieces, heat the oil, and cook for 5 minutes.
2. Add the meat and cook until it changes color.
3. Add the flour and stir for 2 minutes.
4. Add the soup stock, Worcestershire sauce, and tomato paste. Cook for about 30 minutes.
5. Season with salt and pepper.

Step 2: Make **B**

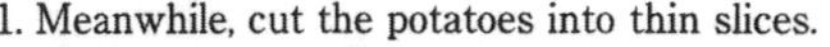
1. Meanwhile, cut the potatoes into thin slices.

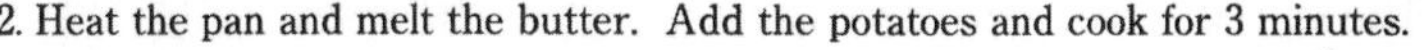
2. Heat the pan and melt the butter. Add the potatoes and cook for 3 minutes.

Step 3: Put **A**, **B**, and **C** together, and bake

1. Heat the oven to 200℃.
2. Put **A** into a baking dish, cover it with **B**, and top with **C**.
3. Bake for 10 minutes. Serve hot.

REVIEW & COMMENTS

cooking@master *January 15, 2018 at 15:14*
This is really delicious! Perfect on a snowy day.

Seaside Kitchen *February 3, 2018 at 10:03*
My children love this dish. It's not at all difficult to make, and I have made it so many times for my kids.

問1 This recipe would be good if you want to [6].

① cook chicken for lunch
② eat something sweet
③ enjoy a hot dish on a cold day
④ prepare a quick meal without using heat

問2 If you follow the instructions, the dish should be ready to eat in about [7].

① half an hour
② one hour
③ twenty minutes
④ two to three hours

問3 Someone who does not like raw carrots may eat this dish because [8].

① carrots are not used

② many kinds of spices are used
③ the carrots are cooked
④ the carrots are very fresh

問4 According to the website, one **fact** (not an opinion) about this recipe is that it is [9].

① highly ranked on the website
② made for vegetarians
③ perfect for taking to parties
④ very delicious

問5 According to the website, one **opinion** (not a fact) about this recipe is that [10].

① a parent made this dish many times
② it is easy to cook
③ it is fun to cook with friends
④ the recipe was created by a famous cook

第2問A 解答＆攻略法

意見は相対的形容詞を使って表される！

出題のネライは？

第2問Aでは，身の回りの事柄を題材として，**イラストを参考に文章を読んで，概要や要点を把握・推測する力**が問われます。また，読み取った内容が**「事実」か「意見」かを選ぶ問題**も出題されるため，情報を整理する**思考力**や**判断力**も試されます。

英語の文章は易しいので，頭の中で整理したり，メモを取ったりしながら内容を捉えていきましょう。

正確に，速く解くには？

ここもまずは設問に目を通して，**何を尋ねているのか，何を探していけばいいのか**を整理しましょう。ポイントを絞って読むことで，解答のスピードアップにつながります。

問1は，問題文に「このレシピはあなたが［6］たいときによい」とあります。つまり，「何に向いているレシピなのか」ということです。それぞれの選択肢の内容に関する表現が本文にあるかどうかを探していきましょう。

問2「もしあなたが作り方に従えば，その料理が準備できるまでに約［7］かかります」は，料理が出来上がるまでの調理時間を尋ねています。レシピには工程ごとに調理時間の記述があるので，その部分に印を付けてピックアップしていきましょう。

問3は，「［8］ので，生のニンジンが嫌いな人はこの料理を食べるかもしれません」とあります。本文を読み，イラストを参考にしてその料理の特徴を押さえれば解ける問題です。

問4と問5は，「事実（意見ではない）」か「意見（事実ではない）」かを見分ける問題です。「事実」とは誰でもそうだと言えるもの，「意見」は人によって違うものですね。

今回は「レシピ」の部分と「レビュー＆コメント」の部分に分かれていますが，**前者には「事実」，後者に「意見」が書かれることが多い**ということがポイントです。その点を念頭におきながら，選択肢の内容が本文と合っているかどうかをよく考えて判断していきましょう。

〈訳〉あなたは学校の料理クラブの一員で，何か違うものを作りたいと思っています。ウェブサイトで，あなたはおいしそうな料理のレシピを見つけました。

簡単なオーブンレシピ

こちらは当ウェブサイトで，上位10位に評価されたオーブンを使った焼き料理の1つです。あなたはこの料理が健康によくて満足のいくものだとわかるでしょう。

肉とポテトのパイ

材料(約4人分)

A　タマネギ1個　ニンジン2本　牛ひき肉500g
　小麦粉2さじ　トマトペースト1さじ　ウスターソース1さじ
　サラダ油1さじ　スープストック2カップ　塩・こしょう

B　ゆでたジャガイモ3個　バター40g

C　スライスチーズ

作り方

ステップ1：Aを作る

1. 野菜を小さく切り，油を熱して，5分間炒める。
2. 肉を加えて色が変わるまで炒める。
3. 小麦粉を加えて2分間かき混ぜる。
4. スープストック，ウスターソース，トマトペーストを加える。およそ30分間煮る。
5. 塩とこしょうで味付けする。

ステップ2：Bを作る

1. その間に，ジャガイモを薄切りにする。
2. フライパンを熱してバターを溶かす。ジャガイモを加えて3分間炒める。

ステップ3：A，B，Cを合わせ，焼く

1. オーブンを200℃に温める。
2. Aをオーブン皿に入れ，Bでそれを覆い，Cをのせる。
3. 10分間焼く。熱々で提供する。

レビュー＆コメント

cooking@master　2018年1月15日15時14分

これは本当においしい！ 雪の日にピッタリ。

Seaside Kitchen　2018年2月3日10時3分
私の子どもたちはこの料理が大好きです。作るのは全然難しくなく，私は子どもたちに何度も作りました。

重要語句

□ minced beef「牛挽き肉」
□ cut *A* into ～「A を（～の大きさ・形）に切る」
□ stir「かき混ぜる」　□ season with「～で調味する」
□ put *A* into *B*「A を B に入れる」

問１の解答解説

まずは，設問文を確認しましょう。

This recipe would be good if you want to [6].

「このレシピはあなたが何かをしたいときによい」。つまり，「**このレシピは何に向いているのか**」ということですね。

では，選択肢を見ていきましょう。

①「鶏を料理する」は，レシピで使っている肉は minced beef「牛ひき肉」ですから，合いませんね。

②「甘いもの」も，レシピによれば，砂糖などの甘い調味料は使っていませんから，当てはまりません。

さらに，オーブンを使い，かなり時間をかけている料理なので，④「簡単な食事」とも違いますね。

そうすると，残ったのは③ですね。**enjoy a hot dish on a cold day** と同じことを本文で述べているところはありますか？

……見つかりませんよね。でもここでよーく考えてみましょう。Instructions の Step 3 に，次のような記述があります。

1. **Heat the oven to 200℃.**
2. **Put *A* on a baking dish, ～**
3. **... Serve hot.**

これらから，オーブンを使うこと，オーブン皿に A をのせること，熱々で提供することがわかります。

また，「レビュー＆コメント」にも次のような女性のコメントがありますね。

Perfect on a snowy day.「**雪の日にピッタリ**」

これらを総合して考えてみると，「寒い日に熱い料理を楽しみたい」ときにはよい料理と言えそうですね。③が正解です。

このように，**本文には直接述べられていなくても，いくつかの記述を見て，自分で想像を働かせて推測することができるかどうかが**，正解を導き出す上で大切になってくるのです。

〈設問の訳〉このレシピはあなたが［ 6 ］たいときによいでしょう。

〈選択肢の訳〉

① 昼食に鶏を料理し　② 何か甘い物を食べ

③ 寒い日に熱い料理を楽しみ　④ 火を使わない簡単な食事を用意し

正解 ③

得点率80%Get!

本文中の複数の情報から推測して判断することも必要！

本文の内容に合う選択肢を選ぶ問題では，単純に本文のある1文だけを見て，「あっ，一致した」とスッキリ答えが出るとは限りません。

問1の選択肢③ enjoy a hot dish on a cold day「寒い日に熱い料理を楽しむ」も，そのまま本文に同じような内容が書かれているかと言えば，そうではなかったですね。レシピに書かれていることや「レビュー＆コメント」に書かれていることを基に，推測して答えを導き出す必要がありました。

いくつかの内容を基に，想像を働かせながら推測して判断するというのは，大切なポイントです。

問2の解答解説

調理にかかる時間が問われていますから，レシピのInstructions「作り方」の中から，**時間に関する表現**を探していけばいいですね。

stir for，cook forなどのように，forのあとに〜 **minute(s)**，**hour(s)** などの時間がくる部分を探してピックアップしていきましょう。

Step 1: Make A
　1. ... and cook **for 5 minutes.**　5分
　3. ... stir **for 2 minutes.**　2分
　4. ... Cook **for about 30 minutes.**　約30分
Step 2: Make B
　2. ... cook **for 3 minutes.**　3分
Step 3: Make C

3. Bake **for 10 minutes.** ～　　　　10分

最後にすべての時間を合計すると，50分です。選択肢に「50分」はありませんが，設問文の空所の前に **about** とありあますから，おおよその時間でいいということになりますね。したがって，②の (about) one hour が正解です。

〈設問の訳〉もしあなたが作り方に従えば，その料理は約 [7] で食べる準備ができるはずです。

〈選択肢の訳〉

① 30分　② 1時間　③ 20分　④ 2～3時間

正解 ②

問3の解答解説

設問文を確認してみよう。

Someone who **does not like raw carrots** may eat this dish **because** ...

because の前の部分の内容は，本文に直接書かれているわけではありません。「**生のニンジンが好きではない**」ということを頭に入れて，because のあとに入る理由を考えましょう。

まずは，ニンジンに関係する記述を探します。注目するのは Instructions ですね。ステップ1に次の記述があります。

1. Cut **the vegetables** into small pieces, **heat the oil, and cook for 5 minutes.**

the vegetables は材料となる野菜のことで，ニンジンも含まれていました。油を熱して，5分間炒めていますし，イラストからも，野菜が炒められている様子がわかりますね。

そう，ニンジンは調理されて生ではなくなっていますね。また，本文のタイトルに **EASY OVEN RECIPES**「簡単なオーブンレシピ」とあり，そのあとに，**oven-baked dishes**「オーブンを使った焼き料理」という記述も見られるね。

これらを合わせると，③の「ニンジンは火が通されている」が正解と判断できます。

材料としてニンジンを使っているので①は誤り。味付けは塩とこしょうだけなので，②「多くの種類のスパイス」には当たりません。④「とても新鮮」はどこにも書かれていませんね。

この問題は，レシピを順にたどりながら，料理の特徴を押さえることがポイントです。頭の中に料理をするイメージができると，さらに解きやすくなりますね。

〈設問の訳〉 [8] ので，生のニンジンが好きではない人も，この料理を食べるかもしれません。

〈選択肢の訳〉

① ニンジンが使われていない
② 多くの種類のスパイスが使われている
③ ニンジンは火が通されている
④ ニンジンがとても新鮮である

正解 ③

問 4 の解答解説

この問題はあまり見慣れないタイプの問題なので，少しとまどったかもしれませんね。本文の内容から，**個人的な「意見」ではなく，「事実」を答える問題**です。

選択肢を順番に見ていきましょう。

① highly ranked on the website

ウェブサイト本文の冒頭で，次のように述べられています。

Here is one of the top 10 oven-baked dishes as rated on our website.

このレシピは，ウェブサイトのオーブンを使った焼き料理で上位 10 位に入っているんですね。これは誰が見ても変わらないことなので，**「意見」ではなく「事実」**だと言えそうです。①の内容と一致していますね。

② made for vegetarians

野菜だけでなく肉も材料として使っているので，「菜食主義者のため」のレシピとは言えませんね。**本文の内容と一致しません。**

③ perfect for taking to parties

「パーティーに持っていくのに最適」ということだけど，「最適」というのは，個人の意見です。また，この内容は「レシピ」や「レビュー＆コメント」のどこにも書かれていないことを確認できましたか？ したがって，**本文に書かれていない意見**です。

④ very delicious

「レビュー＆コメント」で，女性が **This is really delicious!** と述べてますから，④の内容と合っています。だけど，**おいしいかどうかは人それぞれ**ですよね。これは「事実」ではなく，**あくまで女性の意見**です。

ということで，①が本文にある事実で正解ですね。**事実とは，誰が見ても**

そうだと言える客観的なものなのです。

〈設問の訳〉ウェブサイトによれば，このレシピについての１つの事実(意見ではない)は，[9] ということです。

〈選択肢の訳〉

① ウェブサイトで高く評価されている
② 菜食主義者のために作られている
③ パーティーに持っていくのに最適である
④ とてもおいしい　　正解 ①

問５の解答解説

今度は問４とは逆で，「事実」ではなく**「意見・主張」を答える問題**です。

①の a parent made this dish many times は，「レビュー＆コメント」で男性が **I have made it so many times for my kids.** とコメントしていますから，内容的には合ってそうです。でも，これは何度も作ったという「事実」を述べているに過ぎませんね。

また，同じ男性が，**It's not at all difficult to make**「作るのは少しも難しくない」とも述べています。これは，他の人も同じでしょうか？**「難しい，難しくない」というのは人によって感じ方が違いますよね**。

したがって，②の it is easy to cook は，この男性の「意見」だと言っていいでしょうね。

例えば，「これは難しい」とか「これは簡単だ」と言うとき，私たちは相対的な意味をあらわす形容詞（難しい，簡単な）を使います。

でもこれは人によって感じ方が異なるものであって，ある人にとっては難しくても，他のある人にとっては簡単かもしれませんね。

相対的形容詞というのは，「**比較的**難しい」とか「**割と**簡単だ」「**どちらかと言えば**難しい」といったように，副詞によって形容できる言葉です。逆に，絶対的な形容詞を使えば，それは意見ではなく事実となります。

③の it is fun to cook with friends と④の the recipe was created by a famous cook は，どちらも本文で述べられていない内容ですね。

したがって正解は②です。**意見というのは，個人の考えや判断などの主観的なもの**であることを覚えておきましょう。

〈設問の訳〉ウェブサイトによれば，このレシピについての１つの意見(事実ではない)は，[10] ということです。

〈選択肢の訳〉

① ある親がこの料理を何度も作った

② 調理するのは簡単である
③ 友達と料理をするのは楽しい
④ レシピは有名な料理人によって作られた　　　　**正解** ②

得点率 90 %Get!

客観的なのが「事実」，主観的なのが「意見」と覚えておこう。

事実か意見かを判断する問題は，共通テストの特徴的な問題と言えます。「事実」は誰が見ても変わることのない客観的なもので，「意見」は人によって変わることがある主観的なもの。これらを整理する能力は大切で，第２問Ａ以外にも出てくるので，慣れておきましょう。

第２問Ａの本文は，料理の「レシピ」と「レビュー＆コメント」で構成されていますね。レシピは説明書やマニュアルと同様，「事実」が書かれている部分が多いですよね。

一方，「レビュー＆コメント」は，個人の評価や発言なので，「意見」が書かれている部分が多くなります。

このように，文章の性質を見るのも，「事実」か「意見」かを判断する１つのヒントになります。

ただし，問５の選択肢①のように，コメントの中に単なる事実が含まれているだけの場合もあるので，この点は注意が必要です。

第2問B

Your English teacher gave you an article to help you prepare for the debate in the next class. A part of this article with one of the comments is shown below.

No Mobile Phones in French Schools

By Tracey Wolfe, Paris

11 DECEMBER 2017・4:07PM

The French government will prohibit students from using mobile phones in schools from September, 2018. Students will be allowed to bring their phones to school, but not allowed to use them at any time in school without special permission. This rule will apply to all students in the country's primary and middle schools.

Jean-Michel Blanquer, the French education minister, stated, "These days the students don't play at break time anymore. They are just all in front of their smartphones and from an educational point of view, that's a problem." He also said, "Phones may be needed in cases of emergency, but their use has to be somehow controlled."

However, not all parents are happy with this rule. Several parents said, "One must live with the times. It doesn't make sense to force children to have the same childhood that we had." Moreover, other parents added, "Who will collect the phones, and where will they be stored? How will they be returned to the owners? If all schools had to provide lockers for children to store their phones, a huge amount of money and space would be needed."

21 Comments

Newest

Daniel McCarthy 19 December 2017 · 6:11PM

Well done, France! School isn't just trying to get students to learn how to calculate things. There are a lot of other things they should learn in school. Young people need to develop social skills such as how to get along with other people.

問 1 According to the rule explained in the article, students in primary and middle schools in France won't be allowed to [11].

① ask their parents to pay for their mobile phones
② bring their mobile phones to school
③ have their own mobile phones until after graduation
④ use their mobile phones at school except for special cases

問 2 Your team will support the debate topic, "Mobile phone use in school should be limited." In the article, one **opinion** (not a fact) helpful for your team is that [12].

① it is necessary for students to be focused on studying during class
② students should play with their friends between classes
③ the government will introduce a new rule about phone use at school
④ using mobile phones too long may damage students' eyes

問 3 The other team will oppose the debate topic. In the article, one **opinion** (not a fact) helpful for that team is that [13].

① it is better to teach students how to control their mobile phone use
② students should use their mobile phones for daily communication
③ the cost of storing students' mobile phones would be too high
④ the rule will be applied to all students at the country's primary and middle schools

問4 In the 3rd paragraph of the article, "One must live with the times" means that people should [14].

① change their lifestyles according to when they live
② live in their own ways regardless of popular trends
③ remember their childhood memories
④ try not to be late for school

問5 According to his comment, Daniel McCarthy [15] the rule stated in the article.

① has no particular opinion about
② partly agrees with
③ strongly agrees with
④ strongly disagrees with

第2問B　解答＆攻略法
「肯定・否定」を表す表現を強化せよ！

出題のネライは？

第２問Ｂでは，家族や学校生活など，身近なことを題材にした説明文を読みます。**概要や要点を捉えたり，事実と意見を判別したりする力**を試す問題が出題されます。「賛成意見」⇔「反対意見」の対比や，「事実」⇔「意見・主張」の違いなどを整理しながら読むことが求められるので，**自分で考え，判断する力**がとても大切ですよ。

文章は比較的やさしい英語で書かれていて，今回は，ディベートの準備をするという場面ですね。

正確に，速く解くには？

各段落でどういうことが書かれているか，英文を読みながら，**段落ごとの要点を押さえておきましょう。**

問１は，フランスの小・中学校で認められないことを答える問題。問２と問３は，ともに「事実」ではない「意見」を答える問題。［12］は賛成意見，［13］は反対意見です。

段落ごとの要点が押さえられれば，各設問でどの段落に着目すればいいかが見つけやすくなるはずです。

問４は，「人は時代とともに生きなければなりません」という言葉の解釈を問う問題。発言した人の立場を押さえて，後に続く文に注目して考えましょう。

問５は，ダニエル・マッカーシーが規則についてどう思っているかを答える問題。コメントを読んで，どの意見に同調しているかを識別して，賛成・反対など，どういう立場なのかを押さえていきましょう。

〈訳〉あなたの英語の先生は，次の授業で行う討論の準備に役立つ記事を，あなたに与えました。１つのコメントとともに，この記事の一部が以下に示されています。

フランスの学校で携帯電話禁止

トレイシー・ウォルフより，パリ
2017年12月11日・午後4時7分

フランス政府は，2018年9月から学校で生徒が携帯電話を使うことを禁止します。生徒が学校に携帯電話を持ってくることは認められますが，特別な許可なしに学校ではどんな時も使うことは認められません。この規則は国の小学校や中学校のすべての生徒に適用されます。

フランスの教育大臣である，ジャン＝ミシェル・ブランケールは，「近頃，生徒たちはもはや休み時間に遊びません。彼らは全員，スマートフォンを前にするだけで，教育の観点からすると，それは問題です」と明言しました。彼はまた，「電話は緊急時に必要とされるかもしれませんが，それらの使用は何らかの方法で管理しなければなりません」と述べました。

しかしながら，すべての親がこの規則に満足しているわけではありません。何人かの親は，「人は時代とともに生きなければなりません。子どもたちに私たちと同じ子ども時代を強いるのは，意味がありません」と言いました。さらに他の親は，「誰が電話を集めて，どこにそれらを保管するのですか。どのようにそれらは持ち主の返すのですか。もし，電話を保管するためすべての学校が生徒たちにロッカーを提供しなければならないとしたら，巨額のお金と場所が必要になるでしょう」と付け加えました。

21件のコメント
最新
ダニエル・マッカーシー　2017年12月19日・午後6時11分
さすが，フランス！ 学校は生徒たちにただ物事の計算方法を学ばせるだけではない。彼らが学校で学ぶべきことは他にたくさんある。若い人は他の人と仲良くやっていく方法といった社交術を身につける必要がある。

重要語句

□ prohibit *A* from ～ing「Aが～するのを禁止する」
□ somehow「どうにかして」　□ store「～を保管する」

問1の解答解説

英文の記事を読んで，まずは各段落にどういうことが書かれているかを押さえておきましょう。簡単にまとめると次のようになります。

第1段落：フランス政府が学校で携帯電話を使用禁止にすることの内容
第2段落：フランス教育大臣の賛成意見

第3段落：一部の親の反対意見

設問文によると，**フランスの小・中学校で規則により認められないと思われる内容を探す**ということですね。ならば，注目するのは……。

そう，第1段落です。この段落で述べられているのは，ひと言で言うと，**学校に携帯電話を持ってきてもいいが，特別な許可なくして使用できない**ということです。

第1段落の次の表現に気づきましたか？

use them at any time in school without special permission

これは,「特別な許可なしに, 学校ではどんなときも使う」という意味ですね。選択肢④には次のように書かれています。

use their mobile phones at school except for special cases

こちらは「特別な場合を除いて学校で携帯電話を使う」という意味。そう，**意味的には同じこと**ですね。

ここにもまた，言い換え表現が出てきました。言い換えは常に注意すべきポイントの1つになるので注意しておきましょう。

〈設問の訳〉記事の中で説明されている規則によれば，フランスの小学校と中学校の生徒は，[11]ことは認められないでしょう。

〈選択肢の訳〉

① 親に携帯電話代を支払ってもらうよう頼む
② 学校に携帯電話を持ってくる
③ 卒業後まで自身の携帯電話を持つ
④ 特別な場合を除いて学校で携帯電話を使う　**正解** ④

問2の解答解説

「学校での携帯電話の使用は制限されるべき」ということに賛成する意見を選びます。賛成の意見は記事の第2段落にありましたね。フランスの教育大臣ブランケールが述べているところです。

"These days the students don't play at break time anymore. They are just all in front of their smartphones and **from an educational point of view, that's a problem."**

生徒たちは休み時間に遊ばなくなったこと，スマートフォンを前にするだけであることが，**教育的観点から問題である**という意見です。

この意見に当てはまるものを探せばいいですね。選択肢を見ると，この意見がそのまま書かれているものはありません。

では，どうするか。もう1歩踏み込んで考えてみましょう。**休み時間に友達と遊ばないのが教育的観点から問題**ということは，裏を返せば，「**友達と遊んでいれば問題はない**」と言えるのではないでしょうか。

そうして見ると，②「生徒は授業の合間に友達と一緒に遊ぶべきである」が当てはまりますね。①と④はどこにも述べられていない内容で，③は「意見」ではなく「事実」です。

〈設問の訳〉あなたのチームは「学校での携帯電話の使用は制限されるべきだ」という討論の論題を支持します。記事で，あなたのチームにとって役立つ1つの意見(事実ではない)は［ 12 ］ということです。

〈選択肢の訳〉

① 生徒は授業中に勉強に集中する必要がある

② 生徒は授業の合間に友達と一緒に遊ぶべきである

③ 政府は学校での電話使用について新しい規則を導入する

④ 携帯電話をあまりに長く使うことは生徒の目を傷めるかもしれない

正解 ②

得点率80%Get!

書かれた内容の裏にある真意を探ることで，意見を理解しよう！

問2は，「意見」を探し出す問題ですが，選択肢には本文の内容がそのまま書かれているわけでありませんでしたね。

正解できなかった人は，選択肢②に書かれていたstudents should play with their friends between classesが，本文の内容を別の見方で述べた表現になっていることをもう一度確認しておきましょう。

一見したところ選択肢にないような場合は，さらに別の見方はないかと追求することも大切です。日常の会話でもそういうことってあるのではないでしょうか。

問3の解答解説

問2とは逆で，今度は**反対の意見**を探す問題です。賛成意見が述べられていた第2段落に続いて，第3段落は**However**「しかしながら」という接続副詞から始まっている点に注目しましょう。

つまり，**第2段落とは逆の意見が述べられている**ということが想像できますね。先ほど段落の内容を整理したとおり，第3段落では一部の親の反対意見が述べられています。

具体的には次の2つの意見です。

Several parents said, ...

Moreover, other parents added, ...

最初の意見では，「子どもたちに親と同じ子ども時代を強いるのは意味がない」，後の意見では，「携帯電話を保管するには巨額のお金と場所が必要になるだろう」という内容です。これらに合う選択肢があるかを見ていくと，③が後のほうの意見に合うことがわかります。

〈設問の訳〉もう一方のチームは，討論の論題に反対します。記事で，あなたのチームにとって役立つ１つの意見(事実ではない)は， 13 ということです。

〈選択肢の訳〉

① 携帯電話の使用を管理する方法を生徒に教えるほうがよい
② 毎日のコミュニケーションで生徒は携帯電話を使うべきである
③ 生徒の携帯電話を保管する費用はあまりにも高いだろう
④ その規則は国内の小・中学校の全生徒に適用されるだろう

正解 ③

得点率90%Get!

「逆接」を表す接続副詞に注目して文の展開を押さえよう。

第３段落は However で始まっていました。これは，それまでの内容と反対のことを述べるときなどに使われる接続副詞です。

第２段落ではフランスの教育大臣が賛成意見を述べていたから，それとは反対の意見がくるだろうと見当がつきますね。

ディベートの題材になるような説明文では，文章がどのように展開しているのかを理解するのがポイントです。そのためには，「逆接」を表す接続副詞に注目して，文と文とのつながりを理解しましょう。

問４の解答解説

設問文にある，第３段落の英文を見てみよう。

One must live with the times.

この英文の One は「人」。訳すと「人は時代とともに生きなくてはなりません」という意味ですが，これだけで何が言いたいのかを理解するのは難しいですね。

この発言をしている人は，「**携帯電話の使用禁止**」**に反対の立場の人**です。この点をふまえて，後に続く英文を見ていきましょう。

It doesn't make sense to force children to have the same childhood that we had.

It doesn't make sense は「意味がない」という意味。したがって，「子どもたちに私たちと同じ子ども時代を強いるのは，意味がありません」となります。先の英文と合わせてよく考えてみましょう。

どうですか？「子どもの時代に合わせて生きていかなければならない」ということを言っているんですね。したがって①が正解です。

〈設問の訳〉記事の第3段落にある，「人は時代とともに生きなくてはなりません」というのは，人は 14 べきであるという意味です。

〈選択肢の訳〉

① 彼らが生きている時に応じて生活様式を変える
② 世間一般の流行に左右されずに自身のやり方で生きる
③ 子ども時代の思い出を覚えている
④ 学校に遅れないようにする 正解 ①

問5の解答解説

まずは，コメントをしているダニエル・マッカーシーが**賛成なのか反対なのか，あるいはどちらでもないのか**を見極めましょう。彼のコメントにある，次の言葉に注目です。

Well done, France!
Young people need to develop social skills such as how to get along with other people.

「さすが，フランス！」から，フランス政府を支持，つまり，教育大臣ブランケールの意見に同調していることがわかります。

さらに，「若い人は他の人と仲良くやっていく方法といった社交術を身につける必要がある」という点からも，**「携帯電話の使用禁止」に肯定的**だとわかりますね。つまり，彼は賛成の立場だと言って間違いないでしょう。

彼の立場がわかれば，①と④はすぐに消すことができます。残る選択肢は②と③ですが，コメントの中に少しでも否定的な意見はありますか？

……ありませんよね。したがって，③「強く賛成している」が正解です。

〈設問の訳〉ダニエル・マッカーシーのコメントによれば，彼は，記事の中で明言されている規則に 15 。

〈選択肢の訳〉

① 特段の意見はない ② 部分的に賛成している
③ 強く賛成している ④ 強く反対している 正解 ③

単語力を増やそう！①「肯定」や「否定」を表す表現

CD❷-87

□ Right.	「あなたは正しいよ，合ってる，そうだね」 ▶ That's right. または You are right. の省略形で，少しくだけた表現。「私もそう思う」のような，かなり同意している意思表示。
□ All right.	「了解しました，わかったよ」 ▶ Right. よりちょっとフォーマルな言い回し。
□ Exactly.	「まさに，まさしく，そのとおり」 ▶ That's true. は同じ意見でなくても言えるのに対して，That's exactly right.「まさにそのとおり」「そうなんだよ」の省略形。必ず同じ意見で相手に同意しているときに使う。
□ Indeed.	「そのとおり」 ▶ Exactly. と同じ意味やタイミングで使用できる。かなり固く大変フォーマルな表現で，ちょっと古い表現。
□ Absolutely right.	「まさにそのとおり」 ▶ Absolutely.「まさにそのとおり」というようにright なしでも使う。この他に，喜んでやるかどうかは別として，「ぜひ」と約束を守るようなときに使われる。 〔例〕Would you come to our party?「パーティーに来る？」— **Absolutely.**「ぜひ」
□ Totally.	「そのとおり，まったくそのとおり」 ▶ Exactly. / Indeed. / Absolutely right. などと同じく「同意や肯定」の気持ち表す。
□ That's true.	「ホント，そうだよね，そのとおり」 ▶ 相手の言っていることが正しいという気持ちを込めた言い回し。That's を省略して True. とするとくだけた言い方。一方で，That's not true.「それは間違っているよ」と言うととても強い否定になる。その他に，Not really. / Not exactly.「そんなことないよ」「そうじゃないよ」「必ずしもそうではない

	よね」「そうではないんじゃない？」というフレーズもあり。
□ I agree.	「賛成です」 ▶ ビジネスなどフォーマルなシーンで使うフレーズで，I agree with you. の短縮形。
□ Me too! / Ditto! （ディト）	「私も！」 ▶ Ditto「同上」「右に同じ」の意味がある。類似表現として，Same here.「同じく，私も」などもあり，直訳すると「こっちも同じ」になり，Me too. と同じニュアンスで使える。
□ I know.	「だよね，わかる」 ▶ あいづちとして相手に同意し，賛成しているときに。使用頻度高し。
□ I know what you mean.	「そうだよね，わかるよ」 ▶ 自分も同じように考えているときに使う。短縮形は I know.
□ I get what you mean.	「あなたの言っていることはわかった」 ▶ どちらかと言うと，この後に続けて，But「でもね」と否定的な意見を言いたいときの前置きとして使う傾向がある。
□ Of course.	「当然だよ，当たり前だよ，もちろんどうぞ，もちろん」 ▶ 相手の言っていることに対して「当たり前だよ」という意味を含んでいる。Absolutely. や Definitely. のように，頼まれたときや尋ねられたとき，快く引き受けるときなどに使われる。
□ Sure.	「いいよ，もちろん」 ▶ 許可を求められたときは，許可を与える表現になる。また，相手の言うことに対して弱い賛同を示すときに一番よく使われる表現。積極的に肯定と言うよりは，どちらかと言えば「いいよ」というニュアンス。
□ Why not?	「いいよ，別にいいよ」 ▶ よく Sure. とくっつけて，Sure, why not?「もちろん，別にいいよ」と使われる。ちなみに，会話の流れによっては Why not? だけだと「なんでしないの？」の意味にもなるため，会話の前後に注意しよう。
□ Definitely.	「もちろん，絶対したほうがいいよ」 ▶ 必ずするよ，と確実性や実現性の高い返答になる。

	他に，Should I bring my umbrella?「傘持っていたほうがいい？」と聞かれたら，Definitely.「絶対だよ」と答えることもできる。
□ Certainly.	「もちろん，そうです，そうですとも，かしこまりました」 ▶ 目上の人やビジネスの相手などに使う，かなりフォーマルな表現。例えばレストランでは，接客時に Can I have some water?「お水もらえますか？」と言うと，ウェイターの人が Certainly.「かしこまりました」と返答する。
□ I understand.	「理解しました，わかりました」 ▶ 何か説明を受けたときなどに，Do you have any question?「質問はありますか？」と相手から聞かれた場合などに使うことが多く，会話中のあいづちとしてはほとんど使わない。
□ I got it. / Got it.	「わかった，理解できた」 ▶ 同意も賛同もせず，言われてことに対して「わかった」と言うときに使う。その後自分の意思を続けて言ったりすることもできる。Can you lock the door?「鍵かけてくれる？」— I got it.「自分がやるよ」という使い方もする。
□ I see.	「わかった，そうなんだ，ふーん，なるほど」 ▶ I see what you mean. の短縮形。口頭では I see. のほうがよく使われる。納得度は高く，軽い感じのニュアンスにはなるものの，同意もしているとみなされる。
□ I guess so. / I suppose so.	「そうだと思う，そうだろうね，かもね」 ▶ guess はカンで言っているときなどに使われるので，信憑性は薄いニュアンスがある。
□ Oh well.	「まあいいか，まあしょうがないけど」 ▶ 残念だけどまあいいいか，というときに使う。
□ Not exactly.	「(必ずしも)そうでもないよ」 ▶ あまり強い否定ではなく，Not really.「いや，そうでもないよ」という曖昧さも同時に残っている。
□ Absolutely not.	「絶対無理，ダメ」 ▶ とても強い否定で，「絶対いや，ダメ」という感情を表すときに使われる。

PART I

第3回 試行テスト第3問A/Bの問題演習

第３問もＡとＢの２つのパートに分かれています。どちらも，**書かれている内容の概要を把握する力**が問われる問題です。

比較的短くやさしい英語で書かれているので，落ち着いて読んでいきましょう。

第3問A

You found the following story in a blog written by a female exchange student in your school.

School Festival

Sunday, September 15

I went with my friend Takuya to his high school festival. I hadn't been to a Japanese school festival before. We first tried the ghost house. It was well-made, using projectors and a good sound system to create a frightening atmosphere.

Then we watched a dance show performed by students. They were cool and danced well. It's a pity that the weather was bad. If it had been sunny, they could have danced outside. At lunch time, we ate Hawaiian pancakes, Thai curry, and Mexican tacos at the food stalls. They were all good, but the Italian pizza had already sold out by the time we found the pizza stall.

In the afternoon, we participated in a karaoke competition together as both of us love singing. Surprisingly, we almost won, which was amazing as there were 20 entries in the competition. We were really happy that many people liked our performance. We also enjoyed the digital paintings and short movies students made.

I can't believe that students organized and prepared this big event by themselves. The school festival was pretty impressive.

問 1 At the school festival, [16].

① most food at the stalls was sold out before lunch time
② the dance show was held inside due to poor weather
③ the ghost house was run without electronic devices
④ the karaoke competition was held in the morning

問 2 You learned that the writer of this blog [17].

① enjoyed the ghost tour, the dance show, and the teachers' art works
② sang in the karaoke competition and won third prize
③ tried different dishes and took second place in the karaoke contest
④ was pleased with her dancing and her short movie about the festival

第3問A 解答＆攻略法

イラストからの情報をキャッチしよう！

出題のネライは？

第3問Aはイラスト付きの英文です。今回は学園祭についてのブログですね。やさしい英語で書かれているので，気楽に読み進めていきましょう。

ここでは，英文の**概要を把握する力**が問われます。また，イラストも1つのカギを握っていて，本文やイラストからどんな情報が読み取れるか，そして，それをどう判断するかという**思考力・判断力**も問われる問題です。

正確に，速く解くには？

問1は，「学園祭で， 16 」とあり，問2は，「私はこのブログの筆者が 17 ということを知りました」とあります。学園祭のさまざまな事柄について，誰が，いつ，どこで，どのように行われたかという点を意識して読み，概要を押さえていきましょう。

特に，ブログの筆者に関わる事柄は，問題冊子にメモを取ったり，印をつけたりするなど，各自工夫して整理していくといいでしょう。

〈訳〉あなたは学校の女子交換留学生によって書かれたブログで，次の話を見つけました。

学園祭

9月15日，日曜日

私は友達のタクヤと彼の学園祭に行きました。私はこれまで日本の学園祭に行ったことがありませんでした。私たちは最初にお化け屋敷を試しました。それはよく作られていて，恐ろしい雰囲気を作るために，プロジェクターやよい音響システムを使っていました。

それから，私たちは生徒によって演じられたダンスショーを見ました。彼らはかっこよくて上手に踊りました。天気が悪かったのは残念です。もし晴れていたら，彼らは外で踊ることができたでしょう。昼食の時間，私たちはハワイアンパンケーキ，タイカレー，そしてメキシカンタコスを屋台で食べました。それらはどれもおいしかったけれど，イタリアのピザは，私たちがピザの屋台を見つけたときには，すでに売り切れていました。

午後は，私たちは２人とも歌うことが大好きだったので，一緒にカラオケ大会に参加しました。驚いたことに，私たちはもう少しで優勝するところでした。大会には20組の出場者があったので，驚くべきことでした。多くの人たちが私たちのパフォーマンスを気に入ってくれたことは本当にうれしかったです。私たちはまた，生徒が作ったデジタル画と短編映画を楽しみました。

生徒自らがこの大きなイベントを計画して準備したことは，私には信じられませんでした。学園祭はかなり印象的でした。

重要語句

□ atmosphere「雰囲気」　□ food stall「屋台」
□ competition「コンテスト，競争」

問１の解答解説

問１は，学園祭の概要がわかれば解答するのはそれほど難しくないでしょう。第２段落の次の表現に注意しましょう。

It's a pity that the weather was bad. **If it had been sunny, they could have danced outside.**

It's a pity that ～. で「～とは残念だ」という意味を表します。後半の部分は，〈**If ＋主語＋ had ＋過去分詞 ～，主語＋ could ＋過去分詞 ～.**〉となっていますから，**仮定法過去完了**の文ですね。**過去の事実と逆のことを仮定する**ので，「もし～だったら，…できただろう」という意味になります。これは裏返すと，「～だったので，…できなかった」ということですね。

つまり，この場合は，「晴れていなかったので，彼らは外で踊ることができなかった」ということです。②の **the dance show was held inside due to poor weather** の内容に合いますね。

ここでも，選択肢は**本文の内容と同じことを別の表現で言い換えている**のです。よく意味を考えて見極めることが大切ですよ。

〈設問の訳〉学園祭で，［ 16 ］。

〈選択肢の訳〉

① 屋台のほとんどの食べ物は，昼食時間前に売り切れでした
② 悪天候のためダンスショーは屋内で開催されました
③ お化け屋敷は電子機器なしで運営されました
④ カラオケ大会は午前中に開催されました　　正解 ②

問２の解答解説

ここもまずは第２段落に注目しよう。

At lunch time, we ate **Hawaiian pancakes, Thai curry,** and **Mexican tacos** at the food stalls.

これを見ると，ハワイアンパンケーキ，タイカレー，メキシカンタコスと，さまざまな料理を試したことがわかりますね。そして，第３段落には次の記述があります。

Surprisingly, **we almost won**, which was amazing as there were 20 entries in the competition.

「私たちは**もう少しで優勝するところでした**」。英文からはだいたい２位，３位あたりだろうと想像できますが，正確な順位ははっきりしませんね。

そこで，**イラストを見てみるとどうでしょうか**。男女のペアが表彰台の２位のところに立っています。これがブログの筆者たちだと考えられそうですね。

したがって，本文とイラストの情報を合わせると，カラオケ大会で２位になったと考えられますから，③が正解です。先生は芸術作品を出展していないので①は×。②は，今見たように，イラストから３位ではないことがわかります。

また，彼女は踊ってもいないし，短編映画も作っていないので④も誤り。

この問題では，**英文から把握できる情報だけでなく，イラストも参考情報として読み取る必要がある**ことがポイントでしたね。

〈設問の訳〉あなたはこのブログの筆者が［ 17 ］ということを知りました。

〈選択肢の訳〉

① 幽霊ツアー，ダンスショー，そして先生の芸術作品を楽しんだ
② カラオケ大会で歌い，３位を勝ち取った
③ いろいろな料理を試し，カラオケ大会で２位になった
④ 彼女のダンスや学園祭についての短編映画を気に入った　**正解** ③

得点率 90 %Get!

英文だけでなく，イラストにも注目しよう！

問２では，we almost won という本文の情報だけでは順位が正確にわからないため，選択肢を１つに絞れませんね。イラストからも情報をキャッチすることで初めて，カラオケ大会の順位が２位だとわかるようになっていました。

このように，第３問Ａでは，本文とイラストから得られるさまざま情報を総合的に捉えて答えを導き出す必要があるのです。

まさに，思考力や判断力が試される問題と言えますね。

第3問B

You found the following story in a study-abroad magazine.

Flowers and Their Hidden Meanings

Naoko Maeyama (Teaching Assistant)

Giving flowers is definitely a nice thing to do. However, when you are in a foreign country, you should be aware of cultural differences.

Deborah, who was at our school in Japan for a three-week language program, was nervous at first because there were no students from Canada, her home country. But she soon made many friends and was having a great time inside and outside the classroom. One day she heard that her Japanese teacher, Mr. Hayashi, was in the hospital after falling down some stairs at the station. She was really surprised and upset, and wanted to see him as soon as possible. Deborah decided to go to the hospital with her classmates and brought a red begonia in a flower pot to make her teacher happy. When they entered the hospital room, he welcomed them with a big smile. However, his expression suddenly changed when Deborah gave the red flower to him. Deborah was a little puzzled, but she didn't ask the reason because she didn't want to trouble him.

Later, in her elementary Japanese and with the help of a dictionary, Deborah told me about her visit to the hospital, and how her teacher's expression changed when she gave him the begonia. Deborah said, "It's my favorite flower because red is the color of passion. I thought my teacher, who was always passionate about teaching, would surely love it, too."

Unfortunately, flowers growing in a pot are something we shouldn't take to a hospital in Japan. This is because a plant in a pot has roots, and so it cannot be moved easily. In Japanese culture some people associate these facts with remaining in the hospital. Soon after Deborah heard the hidden meaning of the potted begonia, she visited Mr. Hayashi again to apologize.

問 1 According to the story, Deborah's feelings changed in the following order: [18].

① nervous → confused → happy → shocked → sorry
② nervous → confused → sorry → shocked → happy
③ nervous → happy → shocked → confused → sorry
④ nervous → happy → sorry → shocked → confused
⑤ nervous → shocked → happy → sorry → confused
⑥ nervous → sorry → confused → happy → shocked

問 2 The gift Deborah chose was not appropriate in Japan because it may imply [19].

① a long stay
② congratulations
③ growing anger
④ passion for living

問 3 From this story, you learned that Deborah [20].

① chose a begonia for her teacher because she learned the meanings of several flowers in her class
② not only practiced her Japanese but also learned about Japanese culture because of a begonia
③ visited the hospital with her teaching assistant to see her teacher and enjoyed chatting

④ was given an explanation about the begonia by Mr. Hayashi and learned its hidden meaning

第3問B 解答&攻略法

「感情」を表す言葉を強化しよう！

出題のネライは？

第3問Bは，比較的短く，やさしい英語で書かれた記事の読み取りです。今回は，留学生が先生のお見舞いに行ったときに経験した，文化の違いについて書かれています。

第3問Aと同様，**書かれている内容の概要を把握すること**がポイントになります。また，複数の情報をキャッチし，それらを総合する**思考力や判断力**も求められる問題です。

正確に，速く解くには？

問1は，留学生デボラの気持ちの変化を把握する問題です。特にこの問題は，**あらかじめ設問を確認しておく**と効率的に解くことができます。

つまり，**選択肢にある5つの気持ちを表す単語と同じ単語，あるいは近い意味の表現を探せばいい**ということです。**読みながら，見つけた語句に○印や下線を引く**など，各自工夫をしてピックアップしていくといいですね。

問2は，「それは［19］を暗に意味するので，日本では，デボラが選んだ贈りものは適切ではありませんでした」とあります。つまり，贈りものがNGである理由を突き止めればいいわけです。

問3は，「あなたはこの記事から，デボラは［20］ということを知りました」とあります。何が問われているのかわかりにくいのですが，選択肢を見てみるとデボラの行動について書かれていますから，彼女の行動に注意して読み進めていきましょう。

〈訳〉あなたは留学雑誌で次の記事を見つけました。

花とそれらの隠された意味

マエヤマナオコ(教育助手)

花を贈ることは明らかに素晴らしいことです。しかしながら，あなたが外国にいる場合，文化的違いを知っておくべきです。

デボラは，3週間の語学プログラムのため日本の私たちの学校にいますが，母国であるカナダ出身の生徒が1人もいなかったので，彼女は最初緊張していました。しかし，彼女はすぐに多くの友達を作り，教室の内外ですばらしい時間を過ごしました。ある日彼女は，彼女の日本語の先生の林先生が駅で階段から落ちて入院していると聞きました。彼女は本当に驚いて動転し，できるだけ早く彼に会いたいと思いました。デボラはクラスメートと一緒に病院に行くことを決め，先生を喜ばせようと植木鉢に入った赤いベゴニアを持っていきました。彼女たちが病室に入ったとき，彼はとびきりの笑顔で彼女たちを歓迎しました。しかしながら，デボラが彼に赤い花をあげたとき，彼の表情が突然変わりました。デボラは少し当惑しましたが，彼に迷惑をかけたくなかったので，その理由を聞きませんでした。

のちに，彼女の初歩的な日本語と辞書の助けを借りて，病院の訪問や，彼女が彼にベゴニアをあげたとき，先生の表情がどのように変わったのかについて，デボラは私に話しました。デボラは言いました。「赤は情熱の色なので，それは私の大好きな花なのです。私は，教えるのにいつも情熱的な先生も，きっとそれを大好きだろうと思いました」。

残念ながら，鉢で育つ花は日本では病院に持っていくべきではありません。その理由は，鉢植えの植物には根があり，簡単に動かすことができないからです。日本の文化では，これらのことを病院にとどまるということに結びつけて考える人がいます。デボラは鉢に入ったベゴニアの隠された意味を聞くとすぐに，謝るために林先生のもとを再び訪れました。

重要語句

□ definitely「間違いなく」 □ fall down「～から落ちる」
□ flower pot「植木鉢」 □ unfortunately「残念なことに」
□ associate *A* with *B*「A と B を結びつける」

問 1 の解答解説

デボラの**気持ちの変化**を把握する問題ですから，キャッチすべき情報は，**気持ちを表す語句**ということになりますね。

選択肢には，気持ちを表す単語が全部で 5 つあります。これと同じ意味，あるいは近い意味を表す語句がどこにあるかを本文中から見つければいいですね。

ポイントは，選択肢①～⑥のいずれも nervous が最初にあること，そして，本文中でも同じく nervous が使われていることです。

つまり，そこを起点に，残り 4 つの気持ちの変化を探していけばいいわけです。本文を読んで，出てきた順に整理してみましょう。

> nervous（「**緊張した**」，第２段落・第１文）
> having a great time（「**素晴らしい時間を過ごして**」，第２段落・第２文）
> surprised and upset（「**驚いて動転し**」，第２段落・第４文）
> a little puzzled（「**少し当惑し**」，第２段落・第８文）
> apologize（「**謝る**」，第４段落・第４文）

nervous は本文中にありましたが，**必ずしも選択肢と同じ単語が本文にあるわけではない**ので注意しましょう。

あとは，本文から見つけたこれらの表現が，選択肢のどの順番と対応するかをチェックしていけばいいですね。

そうすると，最も合うのは，③の〈緊張した→幸せな→動揺した→困惑した→申し訳ない〉という順番ですね。

〈設問の訳〉記事によれば，デボラの気持ちは次の順序で変化しました：［18］。

〈選択肢の訳〉

① 緊張した → 困惑した → 幸せな→ 動揺した → 申し訳ない
② 緊張した → 困惑した → 申し訳ない → 動揺した → 幸せな
③ 緊張した → 幸せな → 動揺した → 困惑した → 申し訳ない
④ 緊張した → 幸せな → 申し訳ない → 動揺した → 困惑した
⑤ 緊張した → 動揺した → 幸せな → 申し訳ない → 困惑した
⑥ 緊張した → 申し訳ない → 困惑した → 幸せな → 動揺した

正解 ③

得点率 90 %Get!

気持ちを表す言葉の語彙を増やしていこう。

言い換え表現はこれまでにもいろいろと出ましたが，慣れてきましたか。

問１は，気持ちを表す単語を押さえればそれほど難しい問題ではありませんが，happy や sad といったおおざっぱな感情語ではなく，詳細な感情語を押さえる必要があります。

こういう気持ちを表す単語は，英語のテストはもちろんですが，日常の会話でコミュニケーションをとる場合も大切になってきます。

リーディングやリスニングをする中で，実際にネイティブがどのようなニュアンスで使っているかを注意してみるといいですね。

問2の解答解説

設問によると,「デボラの贈りものは，ある理由のために日本では不適切だった」とありますから，その**理由を突き止めればいい**ですね。

デボラが理由を知ったのは，お見舞いに行った後でしたよね。最後段落にある次の2文に注目しましょう。

> **This is because** a plant in a pot has roots, and so it cannot be moved easily. In Japanese culture some people associate these facts with **remaining in the hospital**.

1つ目の文の **This is because ～.** は,**理由**を表す文です。この部分に,「鉢植えの植物には根があり，簡単に動かすことができないから」という理由が書かれています。

さらに2つ目の文では，それが日本の文化ではどういうことを意味するのかが書かれていますね。その中にある次の表現に着目しましょう。

remaining in the hospital「病院にとどまる」

これが，鉢植えが暗に意味する内容になります。選択肢に同じ表現はありませんが，どうでしょうか。

①の **a long stay**「長い滞在」というのが，これを言い換えた表現になっていると言えそうですね。

この文章は，留学生のデボラが異文化を体験し，日本のマナーを学んだという内容です。このマナーを知っていた人は，すべてを読まなくても正解の見当はついたかもしれませんね。知らなかった人は，この機会に覚えておくと役に立つと思いますよ。

〈設問の訳〉それは［19］を暗に意味するので，日本では，デボラが選んだ贈りものは適切ではありませんでした。

〈選択肢の訳〉

① 長い滞在　　② お祝い

③ 怒りの高まり　　④ 生きる情熱

正解 ①

問3の解答解説

問3は本文の概要を問う問題です。選択肢を見ると，どうやらデボラの行動に焦点が当たっているようです。

これに該当する部分として，本文の第3段落，第4段落に着目してみましょう。

第3段落の最初の文で，デボラは病院でのできごとを筆者に話しています。

その中に次の表現があります。

in her elementary Japanese and with the help of a dictionary

「彼女の初級の日本語と辞書の助けを借り」とあるので，日本語はまだ十分ではない様子が想像できますね。それでも日本語で筆者に話しているのだから，日本語の練習になったと言えそうですね。

また，問2にもあったように，第4段落で，日本の文化では，お見舞いに鉢植えの花を贈るのは不適切だということをデボラが学んだことがわかります。

したがって，②が正解です。**複数の情報を総合的に考えて判断する力**が試される問題でしたね。

他の選択肢ですが，デボラは学校でいくつかの花の意味を学んだわけではないので，①は誤り。

また，病院に一緒に行ったのはクラスメートなので③も誤り。ベゴニアの説明や隠された意味を林先生から学んだわけではない④も誤りです。

〈設問の訳〉あなたはこの記事から，デボラは［20］ということを知りました。

〈選択肢の訳〉

① クラスでいくつかの花の意味を学んだので，先生のためにベゴニアを選んだ

② ベゴニアのおかげで，日本語の練習をしただけでなく，日本の文化についても学んだ

③ 彼女の先生と会い，おしゃべりを楽しむため，指導助手の先生と一緒に病院を訪れた

④ 林先生にベゴニアについての説明を受け，隠された意味を学んだ

正解 ②

単語力を増やそう！②
「性格」や「心情」を表す表現

CD❷-88

登場人物の「性格」を表す形容詞〈マイナスイメージ編〉	
□ aggravated	「イライラしている，怒っている」
□ annoyed	「イライラしている」
□ anxious	「心配して」▶ 将来に対して不安な気持ちで。
□ arrogant	「傲慢な」
□ ashamed	「恥ずかしく思う」 ▶ 常識外れの行動や，道徳的に良くない行為をしてしまったときにその行為を恥じる場合に使う。
□ bored	「退屈している」
□ careless	「そそっかしい」
□ childish	「子どもじみた，大人げない」
□ crazy	「頭がどうかしている」
□ cruel	「残酷な」
□ cunning	「ずるい」
□ delicate	「傷つきやすい」
□ disgruntled	「不機嫌な，ムッとしている」
□ disgusted	「むかついている」
□ embarrassed	「恥ずかしい」 ▶ 人前で失敗してしまったときの他人に対する恥ずかしさ。
□ foolish	「愚かな」
□ frustrated	「イライラしている，失望している」
□ furious	「激怒して」
□ grumpy	「機嫌が悪い，イライラした」
□ haughty	「横柄な」
□ ignorant	「無知の」
□ imprudent	「軽率な」
□ irritable	「怒りっぽい」
□ irritated	「イライラして」
□ jealous	「ねたんで」

□ lazy	「怠慢な」
□ lonely	「孤独な」
□ mad	「頭にきた」
□ mischievous	「いたずら好きな」
□ moody	「気分屋な」
□ nasty	「意地悪な，嫌な，むかつくような」
□ naughty	「わんぱくの，いたずら好きの」
□ outspoken	「ずけずけものを言う」
□ pushy	「押し付けがましい」
□ rough	「乱暴な」
□ rude	「無作法な」
□ selfish	「利己的な」
□ sensitive	「敏感な」
□ shy	「内気な，恥ずかしがり屋の」
□ silly	「愚かな」
□ snobby / snooty	「お高くとまっている」
□ sour	「不機嫌な」
□ stubborn	「頑固な」
□ thoughtless	「無分別な，非常識な」
□ timid	「臆病な」
□ unfriendly	「無愛想な，不親切な」
□ unkind	「不親切な」
□ upset	「腹を立てている」
□ vain	「うぬぼれの強い」
□ wicked	「意地の悪い」

登場人物の「性格」を表す形容詞〈プラスイメージ編〉	
□ ambitious	「意欲的な」
□ anxious	「切望して」
□ brave	「勇敢な」
□ bright	「頭の良い，勉強のできる」
□ childlike	「子どもらしい，子どものように純真な」
□ clever	「賢い，機転の利く」
□ courageous	「勇敢な」

□ curious	「好奇心の強い」
□ decent	「きちんとした，ちゃんとした」
□ delicate	「繊細な，思いやりのある」
□ diligent	「勤勉な」
□ earnest	「熱心な」
□ energetic	「精力的な，活発な」
□ excited	「ワクワクしている」
□ frank	「率直な」
□ friendly	「気さくな」
□ generous	「気前が良い，寛大な」
□ gentle	「優しい」
□ good	「優しい，親切な」
□ intelligent	「知的な」
□ likable	「好感のもてる」
□ merry	「陽気な」
□ mild	「温厚な」
□ nice	「優しい，親切な」
□ outgoing	「社交的な，人見知りをしない」
□ patient	「辛抱強い」
□ polite	「礼儀正しい」
□ self-conscious	「自覚をもった」
□ sensible	「分別のある」
□ sincere	「誠実な」
□ smart	「賢い，頭の良い」
□ spontaneous	「自然体である」
□ sweet	「優しい」
□ thoughtful	「思いやりのある」
□ wise	「賢明な」

登場人物の「心情・心理状態」を表す形容詞	
□ afraid	「おびえて，怖がって」
□ amazed	「びっくりした」
□ angry	「怒って」

□ astonished	「驚いて」 ▶ surprised よりも強い驚きを表す。
□ boring	「退屈な，退屈させるような」
□ calm	「落ち着いて」
□ certain	「確信して」
□ confident	「自信を持って」
□ content	「満足して」
□ dejected	「落胆して，落ち込んで」
□ delighted	「喜んで」
□ depressed	「元気がない，落ち込んで」
□ disappointed	「がっかりしている」
□ eager	「熱望して」
□ enthusiastic	「熱狂した」
□ envious	「うらやましがって」
□ frightened	「どきっとする，身がすくむような」 ▶ scared に近い意味合い。どちらかと言うと scared が一般的に使われる。
□ furious	「激怒して」
□ glad	「喜んで」
□ hesitant	「ためらって」
□ horrible	「不親切な，不快な」
□ hostile	「敵意をもって」
□ keen	「熱中して」
□ nervous	「びくびくして，ピリピリして」
□ offended	「傷つけられている」
□ overwhelmed	「圧倒されている」
□ pleased	「うれしい」
□ proud	「誇りに思って」
□ reserved	「遠慮ぎみの」
□ scared	「おびえた」
□ serious	「真剣な」
□ shocked	「ショックを受けて」
□ sure	「確信して」
□ surprised	「びっくりして」

□ terrified	「恐れている，恐怖におののいている」 ▶ 自制心を失うほどの大きな恐怖を感じている状態で，scared や afraid，frightened よりも強い恐れ。
□ thankful	「感謝して」
□ thrilled	「興奮している，ワクワクしている」
□ unhesitating	「ためらわない，即座の」
□ unwilling	「～したがらない」
□ weary	「うんざりした，疲れ果てて」
□ willing	「喜んで～したがって」
□ worried	「心配そうな」

PART I

第4回 試行テスト第4問の問題演習

第４問は，グラフなどの資料を含む記事やレポートなどを読んで，必要な情報を読み取る問題です。グラフや表が示されるだけではなく，それに関する記事やレポートも同時に与えられます。つまり，**グラフと記事から得られる複数の情報を組み合わせて答えを出す力**が求められることになります。

記事やレポートには書き手の意図があるはずなので，**書かれている内容の展開を理解し，どういう意図がこめられているのかを押さえる**ことが重要になってきます。

第4問

You are doing research on students' reading habits. You found two articles.

Reading Habits Among Students **by David Moore**

July, 2010

Reading for pleasure is reading just for fun rather than for your school assignment or work. There is strong evidence linking reading for enjoyment and educational outcomes. Research has shown that students who read daily for pleasure perform better on tests than those who do not. Researchers have also found that reading for fun, even a little every day, is actually more beneficial than just spending many hours reading for studying and gathering information. Furthermore, frequent reading for fun, regardless of whether reading paper or digital books, is strongly related with improvements in literacy.

According to an international study, in 2009, two-thirds of

15-year-old students read for enjoyment on a daily basis. The graph shows the percentage of students who read for enjoyment in six countries. Reading habits differed across the countries, and there was a significant gender gap in reading in some countries.

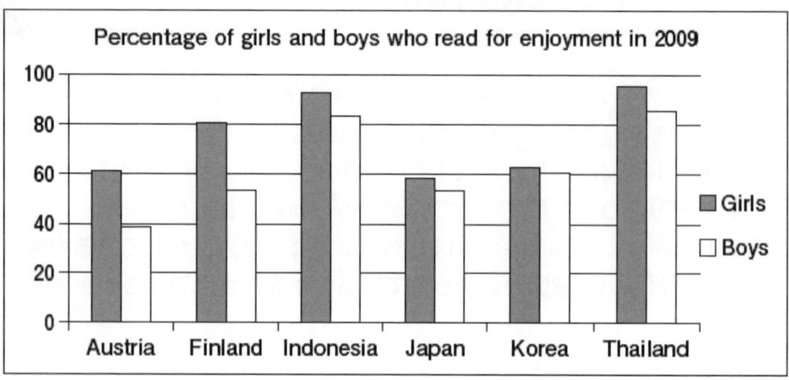

In many countries, the percentage of students who read for enjoyment daily had decreased since the previous study in 2000. Back in 2000, on average, 77% of girls and 60% of boys read for enjoyment. By 2009, these percentages had dropped to 74% and 54%, respectively.

In my opinion, many students today do not know what books they should read. They say that they have no favorite genres or series. That's why the percentage of students who read for pleasure daily has been decreasing. Parents and teachers should help students find interesting books in order to make reading for pleasure a daily routine.

Opinion on "Reading Habits Among Students" **by Y. T.**

August, 2010

As a school librarian, I have worked in many different countries. I was a little sad to learn that fewer students around the world read for enjoyment daily than before. According to David Moore's article, approximately 60% of female students in my home country reported they read for enjoyment, and the gender gap is about 20%. I find this disappointing.

More students need to know the benefits of reading. As David Moore mentioned, reading for pleasure has good effects on students' academic skills. Students who regularly read many books get better scores in reading, mathematics, and logical problem solving. Also, reading for enjoyment has positive effects on students' mental health. Research has shown a strong relationship between reading for fun regularly and lower levels of stress and depression.

Regardless of these benefits, students generally do not spend enough time reading. Our daily lives are now filled with screen-based entertainment. Students spend a lot of time playing video games, using social media, and watching television. I think students should reduce their time in front of screens and should read books every day even for a short time. Forming a reading habit in childhood is said to be associated with later reading proficiency. School libraries are good places for students to find numerous resources.

問 1 Neither David Moore nor the librarian mentions [21].

① gender differences in reading habits
② problems connected with reading digital books
③ the change in reading habits among students
④ the importance of reading regularly in childhood

問 2 The librarian is from [22].

① Austria
② Finland
③ Japan
④ Korea

問3 According to the articles, reading for pleasure has good effects on students' [23]. (**You may choose more than one option.**)

① choice of career
② educational success
③ mental well-being
④ views of social media

問4 David Moore states that students [24], and the librarian states that they [25]. (Choose a different option for each box.)

① are busier than ever before
② cannot decide what books to read
③ choose similar books as their parents
④ enjoy playing with electronic devices
⑤ get useful information from TV

問5 Based on the information from both articles, you are going to write a report for homework. The best title for your report would be "[26]."

① Like It or Not, Reading Classic Novels is Important
② Make Reading for Entertainment a Part of Your Daily Life
③ Pleasure Reading is Becoming Popular in Different Countries
④ School Libraries: Great Resources for Doing School Projects

第4問 解答＆攻略法

記事とグラフからの情報の統合がカギ！

出題のネライは？

グラフや表の読み取りのコツは，**グラフの中で特に目の付くところを押さえること**です。グラフはデータの特徴を視覚的に理解してもらうためのものなので，グラフの「目立つ特徴」に読み解くヒントがあります。

例えば，今回の問題で扱われている，「2009年における楽しみのために読書をする男女のグラフ」においては，**すべての国で，毎年男子より女子のほうが割合が高い**という点に注目です。

また，第4問では，そのような特徴が生じた**理由や原因**を問う問題も出されます。つまり，**複数の情報を組み合わせて答えを出す力**が求められるのです。

正確に，速く解くには？

問題には2つの記事がありますが，1つは生徒の読書習慣に関する記事で，資料としてグラフが付いています。もう1つはその記事を受けて図書館員が意見を述べている文章ですね。

つまり，上でも述べましたが，**複数の記事からの読み取り**がこの問題の大きな特徴です。**それぞれの記事の意図や情報を把握する**と同時に，**両方の記事から総合的に判断する**ことも必要になってきます。

まず，**割合や絶対量を比較するグラフ**では，「最大」と「最小」となっているところがポイントです。

次に，**変化を表すグラフ**では，「単調な変化（増減／減少）」か「複雑な変化」かをまずチェックし，「複雑な変化」の場合は「変曲点（増加から減少，あるいは減少から増加に転じているところ）」がポイントです。

また，「一定」「横ばい」「変化がない」といったこともデータの読み取りのポイントとなります。

〈訳〉あなたは生徒の読書習慣を調べています。あなたは2つの記事を見つけました。

生徒の読書習慣

デイビッド・ムーア
2010年7月

楽しみとしての読書は，学校の宿題や課題のためというよりも楽しむためだけに読むことです。楽しみとしての読書と教育的効果とを結びつける強力な証拠があります。調査では，楽しみとしての読書を毎日する生徒は，それをしない生徒よりもテストでよりよい結果を出すということがわかっています。研究者たちはまた，毎日わずかな時間であっても楽しみのために読書をするのは，勉強や情報収集のために多くの時間を読書に費やすよりも実際には有益であることを発見しました。さらに，頻繁に楽しみのために読書をすることは，紙での書籍を読むか，電子書籍を読むかにかかわらず，知能の向上に強く関係します。国際的な研究によると，2009 年には 15 歳の生徒の 3 分の 2 は日常的に楽しみとして読書をしていました。グラフは 6 か国において楽しみとして読書をする生徒の割合を示しています。読書習慣は国によって異なり，いくつかの国では読書に有意なジェンダーギャップがありました。

多くの国では，日々楽しみのために読書をする生徒の割合は，2000 年の前回調査から減少しました。2000 年に遡ると，平均して女子の 77% と男子の 60% が楽しみのために読書をしていました。2009 年まで，これらの割合は，それぞれ 74% と 54% に下がりました。

私の意見では，今日では多くの生徒が，どんな本を読むべきかわかっていません。彼らはお気に入りのジャンルやシリーズがないと言います。それが日々楽しみとしての読書をする生徒の割合が減少した理由です。親や教師は，楽しみとしての読書をすることを日課とするために，生徒が興味を持つ本を見つける手助けをするべきです。

「生徒の読書習慣」についての意見　Y. T.

2010 年 8 月

学校図書館員として，私は多くの異なった国で働いてきました。私は，日々楽しみとして読書をする生徒が，世界中で以前より少なくなっていると知って，少し悲しい気持ちです。デイビッド・ムーアの記事によれば，私の母国の女子生徒の約 60% は，楽しみのために読書をしていると報告しており，ジェンダーギャップは約 20% です。私はこれに失望しています。

より多くの生徒が読書の恩恵について知る必要があります。デイビッド・ムーアが述べたことですが，楽しみのための読書は，生徒の学力によい効果があります。常に多くの本を読む生徒は，読解，数学や論理的問題解決で成績がよくなります。また，楽しみのための読書は，生徒の精神的健康にもよい影響があります。研究では，常に楽しみのためにする読書とストレスや鬱のレベルの低下との，強い関係を示しています。

これらの恩恵にもかかわらず，生徒たちは一般に読書に十分な時間を費やしていません。私たちの日々の生活は，今や画面を通した娯楽で満たされています。生徒はテレビゲームをしたり，ソーシャルメディアを使ったり，テレビを見たりして多くの時間を費やします。私は，生徒は画面の前にいる時間を減らし，たとえ短い時間でも毎日本を読むべきだと思います。子どものころから読書をする習慣を形成することは，のちの読解力に関係すると言われています。学校の図書館は，生徒にとって数多くの資料を見つけるのに適した場所です。

重要語句

- □ *A* rather than *B*「B よりもむしろ A」 □ link「結びつける」
- □ furthermore「さらに」 □ literacy「読み書きの能力」
- □ significant「かなり多い」 □ gender gap「ジェンダーギャップ，性差」
- □ previous「前の，以前の」 □ respectively「それぞれ」
- □ school librarian「学校司書」 □ approximately「おおよそ，ほぼ」
- □ regularly「定期的に」 □ depression「鬱」
- □ fill with ～「～で満たす」 □ reading proficiency「読解力」
- □ numerous「多数の」

問１の解答解説

まずは設問文を見てみましょう。

Neither David Moore **nor** the librarian mentions [21].

Neither *A* nor *B* で「**A も B も（～し）ない**」という意味です。つまり，**デイビッドも図書館員も言及していないものを選ぶ**ということですね。

ということは，**どちらか一方でも言及していれば，それは不正解**です。記事を読みながら，言及している選択肢を見つけたら消去していきましょう。

では，デイビッドの記事から見ていきます。第１段落で，楽しみとしての読書を毎日する生徒は，テストでよい結果を出すこと，また，楽しみのためにする毎日の読書は知能の向上に強く関係することを述べています。これは④に関係することだと言っていいでしょう。

また，第２段落の最後に次のような記述があります。

there was **a significant gender gap in reading** in some countries

読書にジェンダーギャップ，すなわち男女間の性差のある国があることを述べていますね。これは①のことです。

また，第3段落全体で楽しみのために読書をする生徒の割合が減少していることを述べています。これは③でいう読書習慣の変化にあたりそうですね。

では，次に図書館員（Y. T.）の記事も確認しましょう。こちらはデイビッドの記事を引用する形で，第1段落の最後で，「ジェンダーギャップに失望している」と述べています。つまり，①のことですね。

また，第3段落第5文にも注目です。

> **Forming a reading habit in childhood is said to be associated with later reading proficiency.**

「子どものころから読書をする習慣を形成することは，のちの読解力に関係すると言われている」と述べています。これは④のことですね。

そうすると，どちらも言及していないのは②になりますが，どうでしょうか。

デイビッドの記事の第1段落に電子書籍という言葉が出てきます。

> frequent reading for fun, regardless of whether reading paper or **digital books**, is strongly related with improvements in literacy.

でも，「電子書籍に関連する問題」は述べていませんね。ここは惑わされないように注意しましょう！

〈設問の訳〉デイビッド・ムーアも図書館員も［ 21 ］に言及していません。

〈選択肢の訳〉

① 読書習慣におけるジェンダーギャップ
② 電子書籍を読むことに関連する問題
③ 生徒の読書習慣の変化
④ 子どものころに日常的に読書をする大切さ　　**正解** ②

得点率80%Get!

設問文の意味を取り違えないように！　2つの記事で言及していないものを選ぶのは，どちらか一方の記事で言及しているものを消すことだ。

問1は，設問文に出てくる Neither *A* nor *B* の意味を正しく理解していないと，正解の選択肢を選べません。また，正しく訳せたとしても，2つの記事で言及していないことを探すってたいへんですよね。

ここで発想の転換。これはつまり，どちらか一方の記事で言及していることは不正解とイコールだということに気づきましたか？

言及していることを探すのであれば，探しやすいですよね。あとは2つの記事を順に見ながら，選択肢に書いてある内容が出てきたら，その時点で選択肢を消去していけばいいのです。

問2の解答解説

「図書館員の出身国」ですから，図書館員の記事に書いてあるんじゃないでしょうか？ まずはそちらから見ていきましょう。出身国に関係する記述は，次の部分しかないようです。第1段落第3文ですね。

According to David Moore's article, **approximately 60% of female students in my home country** reported they read for enjoyment, and **the gender gap is about 20%**.

in my home country とあるので，図書館員の国のことについて述べていることがわかります。そして，女子生徒の約60%が楽しみのための読書をしていて，ジェンダーギャップが約20%ということですね。

うーん，でもこの文だけでは，どこの国のことかさっぱりわかりませんね。

では，デイビッドの記事はどうでしょう。ここでは誰の国というような記述はありませんが,「**2009年の，楽しみのために読書をする少年少女の割合**」を，6つの国（オーストリア，フィンランド，インドネシア，日本，韓国，タイ）を例にグラフで示しています。

そう，**国名があるのはこのグラフだけ**なんです。このグラフに先ほどの図書館員の説明に当てはまるものがあれば，それが出身国というわけですね。

グラフはすべて男子生徒の割合が女子生徒の割合より少ない。だから，女子生徒の割合が60%でジェンダーギャップが20%ということは，男子生徒の割合は約40%ということになります。これに合うのは，①のオーストリアですね。

この問題は，記事の内容とグラフから情報を結びつけるわけですが，グラフの値を記事でストレートに述べるのではなく，言い換えのような表現になっています。つまり，**2つの情報を読み取って判断する能力が試されている**のですね。

〈設問の訳〉図書館員は［ 22 ］の出身です。

〈選択肢の訳〉

① オーストリア　② フィンランド
③ 日本　④ 韓国

正解 ①

得点率 90 %Get!

記事とグラフから情報を読み取る場合は，グラフの説明の表現に注意して考えよう。

記事とグラフから必要な情報を読み取ることが第４問のねらいです。グラフと，グラフについての説明は，必ずしもストレートには結び付きません。

問２では，グラフの説明に approximately 60% of female students「女子生徒の約 60%」と the gender gap is about 20%「ジェンダーギャップは約 20%」とあります。男子生徒の割合を直接数値で示していないんですね。

グラフはすべて女子生徒のほうの割合が大きいから，60% − 20% = 40%ということで，男子生徒の割合は約 40%ということになります。

このように，２つの記事から読み取った情報をよく考えて判断する必要があるんですね。

問３の解答解説

設問文には，According to the article<u>s</u> とあります。つまり，両方の記事が対象で，**両方かどちらか一方で述べられている内容を選ぶ**ということです。

まずここが押さえられていないと正解できません。選択肢の内容を頭に入れて，記事を読んでいき，当てはまるものがあった時点で選んでしまえばいいですね。

デイビッドの記事を見てみましょう。第１段落第３文です。

> Research has shown that students who read daily for pleasure **perform better on tests** than those who do not.

楽しみのために読書をする生徒のほうが，**テストでよい結果を出す**ことが書かれていますね。

今度は図書館員の記事です。第２段落第２文に注目しましょう。

> reading for pleasure has **good effects on students' academic skills**

こちらでは，楽しみのための読書は，**生徒の学力によい効果がある**と書かれています。

どちらも② **educational success**「教育上の成功」と言えそうですね。

さらに図書館員の記事の第２段落第４文を見てみましょう。

> Also, reading for enjoyment has positive effects on students' **mental health**.

楽しみのための読書は，生徒の精神的健康もよい影響があることを述べていますが，この **mental health を言い換えたもの**が，③ **mental well-being**「精神の健康」です。

①と④はどちらも述べられていないので誤り。

〈設問の訳〉記事によれば，楽しみのための読書は生徒の［23］によい影響があります。（選択肢を２つ以上選んでもよい。）

〈選択肢の訳〉

① 職業の選択　② 教育上の成功

③ 精神の健康　④ SNS の見方

正解 ②，③

問４の解答解説

デイビッドの記事で，彼の意見が述べられている次の部分に注目！ 最終段落の冒頭です。

In my opinion, many students today do not know what books they should read.

In my opinion とあるので，彼の意見が述べられている部分だとわかりますね。この後に注目すると「今日では多くの生徒が，どんな本を読むべきかわかっていません」と述べています。これは②の内容と合いますね。

今度は図書館員の記事です。最終段落の，次の文に注目しましょう。

Students spend a lot of time playing **video games, using social media, and watching television**.

生徒たちはテレビゲームをし，ソーシャルメディアを使い，テレビを見て多くの時間を過ごすとあります。

このテレビゲーム，ソーシャルメディア，テレビを総称したのが，④の **electronic devices**「電子機器」だと気づきましたか？

〈設問の訳〉デイビッド・ムーアは，生徒たちは［24］と述べ，図書館員は，彼らは［25］と述べています。（それぞれの空所に異なる選択肢を選びなさい。）

〈選択肢の訳〉

① 今までより忙しい　② どういう本を読むか決められない

③ 親と似た本を選ぶ　④ 電子機器で遊ぶことを楽しむ

⑤ テレビから有用な情報を得る

正解 24 ②　25 ④

問５の解答解説

２つの記事を基にレポートを書く場面を想定しているので，**両方に共通する**

主張は何かを考えて判断することが必要になります。

さて，両方に共通するキーワードは何か。考えてみましょう。

reading for pleasure「楽しみのための読書」

そう，両方とも「楽しみのための読書」について述べています。どちらも読書の現状を憂い，読書には効用があることをふまえ，毎日本を読むことが望ましいと考えているのですね。

したがって，これに一番近い選択肢を探せばいいわけです。正解は②です。

選択肢では，Reading for Entertainment となっていますが，これは **reading for pleasure を言い換えているに過ぎない**のです。

①はどちらの記事でも述べていません。

楽しみでする読書の男女生徒の割合はデイビッドの記事で述べられていますが,「さまざまな国で人気になっている」のではなく，逆に減少しているので③も×。

④の図書館については，図書館員の記事の最終段落で触れられていますが，デイビッドの記事では触れられていないので誤り。

〈設問の訳〉両方の記事の情報をもとに，あなたは宿題でレポートを書くことになっています。あなたのレポートとして最適なタイトルは「 26 」でしょう。

〈選択肢の訳〉

① 好きであろうとなかろうと，古典小説を読むことは大切である
② 娯楽としての読書をあなたの日常生活の一部とする
③ 楽しみの読書はさまざまな国で人気になってきている
④ 学校の図書館：学校の課題のための偉大な財産

正解 ②

単語力を増やそう！③ グラフや図表に関する重要表現

CD❷-89

「数」「量」に関する語句	
□ more than one	「2つ以上」 ▶ more than ～は「～」の値を含まない。
□ under ～	「～未満」（～の値を含まない）＝ less than ～＝ below ▶ 含むときは～ and under「～以下」 〔例〕No child **under** the age of sixteen will be admitted to the theater.「16歳未満の子どもはその劇場に入ることを認められません」
□ over ～	「～以上」（～の値を含まない）＝ more than ～ ▶ 含むときは～ and over「～以上」
□ one-third	「3分の1」
□ two-thirds	「3分の2」＝ two over three
□ (a) half	「2分の1」
□ three halves	「2分の3」
□ a quarter	「4分の1」
□ three quarters	「4分の3」
□ a dozen	「12個の」
□ half a dozen	「6個の」
□ the other pairs	「残り2個ずつ」 〔例〕They set aside two of the six balls and weighed **the other pairs**.「彼らは6個のうち2つをわきに置き，**残り2個ずつ**の重さを測定した」
□ twice as much [many] ～ as ...	「…の2倍の～」
□ half as much [many] ～ as ...	「…の半分の～」
□ three times as ～ as ...	「…の3倍の～」
□ half the number of ～	「～の半分の数」

□ only a few[little]	「わずかの～」
□ quite a few[little]	「たくさんの～」
□ not a few[little]	「たくさんの～」
□ the second most	「2番目に多い」
□ the third most	「3番目に多い」
□ one million[a million]	「100万」
□ three and a half million	「350万」
□ ten million	「100万」
□ a[one] hundred million	「1億」
□ a[one] billion	「10億」
□ a number of ～	「たくさんの～」
□ the number of ～	「～の数」
□ three to one	「3対1」
□ 15% more than ～	「～より15% 多い」
□ 20% less than ～	「～より20% 少ない」
□ a little less than ～	「～よりやや少なめに」

「量」「計測」に関する語句	
□ weigh	「～の重さを量る」
□ analyze	「～を分析する」
□ quantity	「量」
□ amount	「量」
□ the first[second] step	「最初の[2回目の]計量・計測」
□ the single remaining step	「残っている最後の1回の測量・計測」
□ every two years	「2年おきに」
□ frequency	「頻度」
□ quality	「質」
□ volume	「体積」〔V：体積を表す記号〕
□ degree	「程度」
□ extent	「程度」

□ unit	「単位」
□ at the age of ～	「～の年齢で」
□ distance	「距離」
□ surface	「表面」〔S：面積を表す記号〕
□ object	「物体」
□ area	「面積」
□ square	「平方，正方形」
□ triangle	「三角形」〔tri- = three〕
□ cube	「立方」〔cc = cubic centimeter〕
□ radius	「半径」〔r：半径を表す記号〕
□ diameter	「直径」〔d：直径を表す記号〕
□ sphere	「球」
□ velocity	「速度(= speed)」〔v：速度を表す記号〕
□ density	「密度」
□ gravity	「重力」〔g：重力をあらわす記号〕

「重さ」や「距離」を表す単位	
□ pound	「ポンド」▶ 1 ポンド = 約 450g
□ yard	「ヤード」▶ 1 ヤード = 約 0.9m
□ inch	「インチ」▶ 1 インチ = 約 2.5cm
□ mile	「マイル」▶ 1 マイル = 約 1,600m
□ foot	「フィート」▶ 1 フィート = 約 30cm
□ gallon	「ガロン」▶ (液体の単位) 1 ガロン = 約 3.8 ℓ

「上昇」「下落」「増減」を表す語句	
□ go up	「上昇する」
□ rise	「上昇する」
□ soar	「上昇する」
□ increase	「上昇する」
□ *be* on the increase	「上昇する」
□ multiply	「上昇する」 ▶ increase to ～「～の値にまで上昇した」(to は到達点を表す)，increase by ～「～の差で上昇した」(by は差を表す)

	〔例〕More and more videos were being rented in Britain, yet the number of movie tickets sold **increased by** 81 percent from 53 to 96 million.「イギリスではますます多くのビデオがレンタルされていたが，それにもかかわらず映画チケットの売上げ枚数は5,300万枚から9,600万枚へと81% **上昇した**」
□ go down	「減少する」
□ drop	「減少する」
□ fall	「減少する」▶ fall by ～「～の差で減少する」
□ descend	「減少する」
□ decrease	「減少する」
□ reduce	「減少する」
□ *be* on the decline	「減少する」
□ steadily	「絶えず，ずっと，着実な割合で」= constantly
□ dramatically	「劇的に」
□ slightly	「わずかに」
□ sharply	「急激に，突然」= suddenly
□ remarkably	「著しく，顕著に」= markedly
□ considerably	「かなり，相当に」
□ increasingly	「ますます」
□ gradually	「徐々に，だんだんと」= by degrees = increasingly = slowly = little by little
□ highly	「非常に，とても，多いに」

「図・表」関連の語句	
□ figure	「図，図形，イラスト，数字」
□ chart[graph]	「図，グラフ」
□ pie chart[graph]	「円グラフ」
□ bar chart[graph]	「棒グラフ」
□ line chart[graph]	「折線グラフ」
□ table	「表」
□ time table	「時刻表」
□ diagram	「図表，図解，図形」

□ schema	「図式，シェーマ」
□ the following chart	「以下の図」＝ the chart following
□ the above-mentioned	「上記の，前述の」
□ the following figure	「下記の図」＝ the figure below
□ ..., followed by *A*	「そしてその次に A が続く」
□ on the previous [preceding] page	「前のページに」
□ on the next [following] page	「次のページに」

「平均」「割合」などを表す表現	
□ ratio	「割合」＝ rate ＝ proportion ＝ percentage
□ on the average	「平均して」＝ an average
□ at the rate of ～	「～の割合で」
□ every twenty minutes	「20 分毎に」
□ every other [second] day	「1 日おきに」
□ two times a day	「1 日に 2 回」
□ three a month	「1 か月に 3 回」
□ per ～	「～につき，～ごと」＝ a ～
□ 50 kilometers per hour	「時速 50 キロ」

「比較」「対照」を表す語句	
□ contrary to ～	「～に反して」
□ compared to[with] ～	「～と比べて」
□ in comparison with ～	「～と比較して」
□ ～ while ...	「一方で…」
□ ... rather than ～	「～よりもむしろ…」
□ the same as ～	「～と同じ」

□ unlike ～	「～とは異なって」
□ in contrast (to) ～	「(～とは)対照的に」
□ in proportion to ～	「～に比例して」
□ the former / the latter	「前者／後者」
□ on the contrary	「それどころか反対に」 〔例〕That picture doesn't seem ugly to me; **on the contrary**, I think it's rather beautiful.「その絵は私にとって醜いとは思えない。**それどころか反対に**，むしろ美しいと思う」
□ far from that	「それどころか反対に」
□ compare	「～を比較する」
□ comparison	「比較」
□ *A* is equal to *B*	「A は B と等しい」
□ available	「利用可能な」
□ a certain ～	「任意の～，ある～」
□ supreme	「最高の」
□ as far back as ～ ago	「～も前に」 〔例〕**as far back as** 3000 years **ago**「3000 年も**前に**」=「3000 年前と同じくらい遠い過去に」

「時刻」を表す表現	
□ five to four	「4 時 5 分前」▶「～時…前」= ... to ～
□ ten past seven	「7 時 10 分過ぎ」▶「～時…過ぎ」= ... past ～
□ a quarter to three	「3 時 15 分前」▶「～時 15 分前」= a quarter to ～

PART I

第5回 試行テスト第5問の問題演習

第５問は，物語文の読み取りです。英文から，人物の特性やその人物が成しとげたことなどを読み取り，必要な情報を取り出したり，**概要を把握したりすることが大切になってきます。**細かい部分も気を抜かずに読んでいきましょう。

第5問

Your group is preparing a poster presentation entitled "The Person Who Revolutionized American Journalism," using information from the magazine article below.

Benjamin Day, a printer from New England, changed American journalism forever when he started a New York City newspaper, *The Sun*. Benjamin Day was born in Springfield, Massachusetts, on April 10, 1810. He worked for a printer as a teenager, and at the age of 20 he began working in print shops and newspaper offices in New York. In 1831, when he had saved enough money, he started his own printing business, which began to struggle when the city was hit by a cholera epidemic the following year. In an attempt to prevent his business from going under, Day decided to start a newspaper.

In 1833, there were 650 weekly and 65 daily American newspapers, with average sales of around 1,200. Although there were cheap newspapers in other parts of the country, in New York a newspaper usually cost as much as six cents. Day believed that many working-class people were able to read newspapers, but chose not to buy them because they did not address their interests and were too expensive. On September 3, 1833, Day launched *The Sun* with a copy costing just one cent. The introduction of the "penny press," as cheap newspapers became known, was an important milestone in American journalism history.

Day's newspaper articles were different from those of other newspapers at the time. Instead of reporting on politics and reviews of books or the theater, *The Sun* focused on people's everyday lives. It was the first newspaper to report personal events and crimes. It led to a paradigm shift in American journalism, with newspapers becoming an important part of the community and the lives of the readers. Day also came up with another novel idea: newsboys selling the newspaper on street corners. People wouldn't even have to step into a shop to buy a paper.

The combination of a newspaper that was cheap as well as being easily available was successful, and soon Day was making a good living publishing *The Sun*. Within six months, *The Sun*'s circulation reached 5,000, and after a year, it had risen to 10,000. By 1835, sales of *The Sun* had reached 19,000, more than any of the other daily papers at that time. Over the next few years, about a dozen new penny papers were established, beginning a new era of newspaper competition. The success of *The Sun* encouraged other journalists to publish newspapers at a lower price. By the time of the Civil War, the standard price of a New York City newspaper had fallen to just two cents.

Despite his success, after about five years of operating *The Sun*, Day lost interest in the daily work of publishing a newspaper. In 1838, he sold *The Sun* to his brother-in-law, Moses Yale Beach, for $40,000, and the newspaper continued to publish for many years. After selling the paper, Day moved into other business areas, including the publication of magazines, but by the 1860s he was basically retired. He lived quietly until his death on December 21, 1889. Although he had been involved in the American newspaper business for a relatively short time, Day is remembered as a revolutionary figure who showed that newspapers could appeal to a mass audience.

The Person Who Revolutionized American Journalism

■ **The Life of Benjamin Day**

Period	Events
1810s	Day spent his childhood in Springfield
1820s	27
1830s and beyond	28 → 29 → 30 → 31

Benjamin Day

■ **About *The Sun***

▶ Day launched *The Sun* on September 3, 1833.
▶ This newspaper was highly successful for the following reasons: 32

■ **A Shift in U.S. Journalism: A New Model**

▶ The motto of *The Sun* was " 33 ."
▶ *The Sun* changed American journalism and society in a number of ways: 34

問1 Members of your group listed important events in Day's life. Put the events into the boxes [27] ～ [31] in the order that they happened.

① Day created other publications
② Day established a printing company
③ Day gained experience as a printer in his local area
④ Day started a newspaper business
⑤ Day's business was threatened by a deadly disease

問2 Choose the best statement(s) to complete the poster. (**You may choose more than one option.**) [32]

① Day focused on improving the literacy levels of the working class.
② Day introduced a new way of distributing newspapers.
③ Day realized the potential demand for an affordable newspaper.
④ Day reported political affairs in a way that was easy to understand.
⑤ Day supplied a large number of newspapers to every household.
⑥ Day understood what kind of articles would attract readers.

問3 Which of the following was most likely to have been *The Sun*'s motto? [33]

① Nothing is more valuable than politics
② The daily diary of the American Dream
③ *The Sun*: It shines for all
④ Top people take *The Sun*

問 4 Choose the best statement(s) to complete the poster. (**You may choose more than one option.**) 34

① Information became widely available to ordinary people.

② Journalists became more conscious of political concerns.

③ Journalists started to write more on topics of interest to the community.

④ Newspapers became less popular with middle-class readers.

⑤ Newspapers replaced schools in providing literacy education.

⑥ The role of newspapers became much more important than before.

第5問 解答＆攻略法

時系列に出来事を整理しよう！

出題のネライは？

第５問では，ある人物に関する物語や伝記を読んで，その人物がどのような半生を送ったのか，**時系列でストーリをつかむ力**が問われます。

その人物がどのような人物だったのか，どういう業績を残したのかなどを選択肢で選ばせるタイプの問題です。

情報把握の正確さを試すために，**正解が１つではなく，複数選ばせるタイプの問題**も含まれるので，慎重に読む進める必要があります。

正確に，速く解くには？

物語の概要をいかに把握できるかが最大のポイントです。そして，**いつ・何をしたかなどを時系列に整理したり，書かれた内容から推測したりする力**も必要になってきます。

問１は，「あなたのグループのメンバーは，デイの生涯で重要な出来事を書き出しました。空欄 27 ～ 31 に起こった順に出来事を入れなさい」とあります。数字や時を表す語句を中心に見ていけばいいですね。探しながら印などをつけておきましょう。

ただし，複数の表現を合わせて考えないといけないところもありますから，その点は注意が必要です。

問２は，「ザ・サン」が成功した理由を答える問題です。「ザ・サン」の特徴は何かを押さえていきましょう。**正解は１つとは限らない**ので，全部の選択肢を確認する必要があります。

問３は，「ザ・サン」のモットーを選ぶ問題。本文には直接書かれていないので，推測して答えるしかありません。「ザ・サン」の特徴を理解していれば，解ける問題です。

問４は，「ザ・サン」がアメリカのジャーナリズムや社会をどう変えていったかを答える問題です。「ザ・サン」が販売される前と後との違いについて書かれている部分を探していきます。この問題も**正解の選択肢は１つとは限らない**ので，注意しよう。

〈訳〉あなたのグループは，下の雑誌記事の情報を使って，「アメリカのジャーナリズムに革命を起こした人物」という題名をつけたポスターの発表を準備しています。

ニューイングランドの印刷工ベンジャミン・デイが，ニューヨーク市の新聞「ザ・サン」を創刊したことで，アメリカのジャーナリズムを永遠に変えました。ベンジャミン・デイは，1810年4月10日にマサチューセッツ州のスプリングフィールドで生まれました。彼は，10代の頃に印刷工として働き，20歳で印刷所や新聞社で働き始めました。1831年，彼は十分お金を貯めると，自身で印刷ビジネスを始めましたが，翌年，町がコレラの流行に襲われると，苦戦し始めました。会社が倒産するのを防ごうと，デイは新聞を始めることを決心しました。

1833年，650の週刊，65の日刊のアメリカの新聞があり，平均の販売部数はおよそ1,200部でした。国内の他の場所では安い新聞はありましたが，ニューヨークでは，新聞は通常6セントもしました。デイは，多くの労働者階級の人は新聞を読むことができるけれど，彼らの興味に合うものがなく値段もあまりにも高かったので，買わないのだと思っていました。1833年9月3日，デイは，1部たった1セントで，「ザ・サン」を立ち上げました。「1セントの新聞」の導入は，安い新聞として知られるようになり，アメリカのジャーナリズムの歴史にとって重要で画期的な出来事となりました。

デイの新聞記事は，当時の他の新聞の記事とは異なっていました。政治を報じることや本・映画の批評の代わりに，「ザ・サン」は人々の日常生活を重点的に取り扱いました。それは，個人的な出来事や犯罪を報じた最初の新聞でした。アメリカのジャーナリズムにパラダイムシフトをもたらし，新聞は地域社会や読者の生活の重要な一部になっていきました。デイはまた，もう1つの新しいアイデアを思いつきました。それは，新聞売りの少年が街角で新聞を売るというものでした。人々は新聞を買うために店に足を踏み入れる必要さえなくなったのです。

簡単に購入でき価格も安いという新聞の組み合わせは成功し，まもなくデイは「ザ・サン」の発行でよい暮らしを手に入れました。6か月の内に，ザ・サンの発行部数は5,000部に達し，1年後には，10,000部に増えていました。1835年までに，「ザ・サン」の売上は，当時の他の日刊紙のどれよりも多い，19,000部に達したのです。その後数年にわたり，およそ1ダースの1セント新聞が創刊され，新聞競争の新しい時代が始まりました。「ザ・サン」の成功は，他のジャーナリストたちが低価格で新聞を発行することを促しました。南北戦争のときまでに，ニューヨーク市の新聞の標準的な価格はわずか2セントまで下がりました。

成功したにもかかわらず，「ザ・サン」を経営しておよそ5年後，デイは新聞を発行する日々の仕事に興味を失っていました。1838年，彼は「ザ・サン」を義理の兄弟，モーゼス・エール・ビーチに4万ドルで売り，新聞は長年発行され続けました。新聞を売ったあと，デイは雑誌の販売を含む他のビジネス分野に移りましたが，1860年代までに基本的には引退しました。彼は1889年12月21に亡くなるまで静かに暮らしました。デイがアメリカの新聞事業に関わったのは比較的短い時間でしたが，新聞が大衆に訴えることができることを示した革命的人物として記憶されています。

アメリカのジャーナリズムに革命を起こした人物

■ ベンジャミン・デイの生涯

期　間	出来事
1810年代	デイはスプリングフィールドで少年時代を過ごした
1820年代	27
1830年代以降	28 ↓ 29 ↓ 30 ↓ 31

■「ザ・サン」について

▶ デイは1833年9月3日に「ザ・サン」を立ち上げた。

▶ この新聞は次の理由で大いに成功した：32

■アメリカのジャーナリズムの変化：新モデル

▶「ザ・サン」のモットーは“ 33 ”。

▶「ザ・サン」はいくつかの方法でアメリカのジャーナリズムと社会を変えた：34

重要語句

□ go under「(事業などが) つぶれる」 □ address「～に取り組む，扱う」
□ launch「～を刊行する」 □ milestone「画期的なできごと」
□ paradigm shift「パラダイムシフト」(ある時代･集団を支配する考え方が，非連続的・劇的に変化すること) □ novel「斬新な」
□ circulation「発行部数」 □ the Civil War「(アメリカ) 南北戦争」

問１の解答解説

選択肢にある出来事を読み取って，**時系列に整理できるか**がポイント。

本文を見ていくと，第１段落第２文と第３文に次の表現があります。

Benjamin Day was born in Springfield, Massachusetts, **on April 10, 1810. He worked for a printer as a teenager,** ～

デイが生まれたのは1810年ですね。そして10代の頃に印刷工として働いたとありますから，1820年代の出来事は③です。

次は，第１段落第４文を見てみましょう。

In 1831, when he had saved enough money, **he started his own printing business**, which **began to struggle when the city was hit by a cholera epidemic the following year**.

デイは，1831年に印刷ビジネスを始めたのですね。これは②の出来事。

そして，その翌年町にコレラが流行し，印刷ビジネスは苦しくなりました。⑤には **a deadly disease** とありますが，これは **a cholera epidemic を言い換えている**のです。

さらに進んで第２段落第４文を見てみましょう。

On September 3, 1833, Day launched *The Sun* with a copy costing just one cent.

ここに1833年にデイが「ザ・サン」を立ち上げたことが書かれていますから，④に合いますね。

そして第５段落第２文と第３文には次のように書いてあります。

In 1838, he sold *The Sun* ～. **After selling the paper, Day moved into other business areas, including the publication of magazines, ...**

1838年に「ザ・サン」を売って雑誌の事業を行ったんですね。これは①の内容です。順序を整理すると，③→②→⑤→④→①ということになります。

〈設問の訳〉あなたのグループのメンバーは，デイの生涯で重要な出来事を書き出しました。空欄 27 ～ 31 に，起こった順に出来事を入れなさい。

〈選択肢の訳〉

① デイは他の出版物を作った
② デイは印刷会社を創設した
③ デイは地方の印刷工として経験を得た
④ デイは新聞事業を始めた
⑤ デイの仕事は致命的な病気で脅かされた

正解 27 ③　28 ②　29 ⑤　30 ④　31 ①

得点率 80 %Get!

時系列に整理する場合は，数字だけではなく時を表す表現や前置詞にも注意しよう。

問1のように，出来事を時系列に整理する場合，当然「数字」や「時間」を表す語句に目がいきますよね。でも，それだけでは「時」を特定できないことがあります。例えば，第1段落第3文の as a teenager。「10代の頃」という意味だけど，これだけでは何年頃のことかわかりませんね。でも，その前の第2文に1810年に生まれたことが書いてあります。これがあるから，1820年代ということがわかったのです。第1段落第4文の the following year も同様ですね。

このように，起点があってそこから年や年代などが特定できることもあるので読み誤らないようにしましょう。

また，as a teenager の as は「～の頃」という意味の前置詞。この前置詞も時を表す表現にはついてきます。at（一時点や年齢など），in（季節や年月），on（日付や曜日など）や before（～よりも前に），after（～のあとに）など，前置詞によっても意味が変わってくるので注意しましょう。

問2の解答解説

「ザ・サン」が成功した理由を選べばいいのです。選択肢を見ていきましょう。

①は本文中では述べられていません。

②は，第3段落第5文に注目です。

Day also **came up with** another novel idea: **newsboys selling the newspaper on street corners**. People wouldn't even have to step into a shop to buy a paper.

come up with で「**～を思いつく**」という意味。デイは斬新なアイデアを思いついたのですね。それが，街角で新聞売りの少年が新聞を売るというものだったわけです。これは②に該当します。

③は，第２段落第３文に注目です。

Day believed that many working-class people were able to read newspapers, but chose not to buy them **because they did not address their interests and were too expensive**.

because 以下に，労働者階級の人が新聞を買わない理由が書かれています。それは，「彼らの興味に合うものがなく値段もあまりにも高かった」という理由ですね。

デイは，これを信じていたのです。つまり，どうすれば需要があるかをわかっていたことになる。したがって，③も正解です。

④は，「わかりやすい方法で政治的な事柄を記事にした」のではなく，第３段落第２文に *The Sun* focused on people's everyday lives. とあるように，人々の日常生活を重点的に取り扱ったので，誤りです。

⑤は，すべての家庭に新聞を配達したのではないので，これも誤り。

⑥は，第３段落第２～４文に注目しましょう。

Instead of reporting … It led to a paradigm shift in American journalism, with newspapers **becoming an important part of the community and the lives of the readers**.

「ザ・サン」は結局，アメリカのジャーナリズムにパラダイムシフトをもたらし，新聞は地域社会や読者の生活の重要な一部になったんですね。どういう記事が読者を引きつけるかわかっていたということですね。

〈設問の訳〉ポスターを完成させるために最もよい言葉を選びなさい。（選択肢は２つ以上選んでもよい。）

〈選択肢の訳〉

① デイは労働者階級の識字レベルを改善することに焦点を当てた。
② デイは新聞を配布する新しい方法を導入した。
③ デイは手ごろな価格の新聞の潜在的需要をわかっていた。
④ デイはわかりやすい方法で政治的な事柄を記事にした。
⑤ デイはすべての家庭に多くの新聞を配達した。
⑥ デイはどういう記事が読者を引きつけるかを理解していた。

正解 ②，③，⑥

得点率 90 %Get!

instead of が出てきたら，その前後の文は要注意だ。

第３段落第２文に，Instead of reporting on politics and reviews of books or the theater, *The Sun* focused on people's everyday lives. とありますね。この instead of ～は「～の代わりに，～ではなくて，～をしないで」という意味で，「変更」や「変化」を示したり，「代案」を示したりする場合などに使われます。

また，文頭だけでなく文の間にくることもあるので，この語句を見つけたら，その前後は特に注意して内容を把握しておきましょう。共通テストでもねらわれやすいポイントです。

問３の解答解説

「『ザ・サン』のモットーとして最もふさわしいものは次のどれか」とあります。モットーとは，目標や指針となるような標語のことですね。

本文中に書かれていれば簡単だけど……，うーん，見つかりませんね。

だとすると，**本文の内容を把握したうえで，どの選択肢がふさわしいかを推測する必要があります。**

これまでも見てきたとおり，「ザ・サン」は次のような新聞でしたね。

- １セントの安い新聞（第２段落）
- 人々の日常生活に重点を置いた新聞（第３段落）
- 地域社会や読者の生活の重要な一部（第３段落）
- 街角で新聞を売る（第３段落）
- 他のどの日刊紙よりも多い部数（第４段落）

つまり，安くて，日常に重点を置いた内容で，手に入れやすくて広く人々に受け入れられた新聞と言えそうです。これにふさわしい選択肢は③ですね。

〈設問の訳〉「ザ・サン」のモットーとして最もふさわしいものは次のどれですか。

〈選択肢の訳〉

① 政治以上に価値のあるものはない

② アメリカン・ドリームの日記

③ 「ザ・サン」：それはすべてのために輝く

④ トップの人は「ザ・サン」を選ぶ

正解 ③

問４の解答解説

「ポスターを完成させるために最もよい言葉を選びなさい」とありますから，**「ザ・サン」がジャーナリズムや社会を変えた点**を探せばいいのですね。

当てはまるものはすべて選ばなければならないので，選択肢は全部見て判断する必要があります。

①は，第４段落の冒頭に **The combination of a newspaper that was cheap as well as being easily available was successful** とあり，安くて手に入れやすい新聞の組み合わせは成功したと書かれています。

そして，第４段落第３文では，**By 1835, sales of *The Sun* had reached 19,000, more than any of the other daily papers at that time.** とあり，最も売れる日刊紙になったことがわかります。

このことを合わせて考えると，①は当てはまりますね。

②は，政治を報じる代わりに，日常生活に重点を置いたので誤り。

③は，第３段落第２文，**Instead of** で始まる部分から第４文で，「ザ・サン」は政治を報じる代わりに，人々の日常生活に重点を置き，個人的な出来事や犯罪を報じたことが書かれています。そして，新聞は地域社会や読者の生活の重要な一部になったとありますから，これも当てはまります。

④と⑤は，どちらも本文中に書かれていないので，誤り。

⑥は，第３段落第４文に **It led to a paradigm shift in American journalism, with newspapers becoming an important part of the community and the lives of the readers.** とあり，新聞が地域社会や読者の生活の重要な一部になったことがわかりますから，これも当てはまります。

〈設問の訳〉ポスターを完成させるために最もよい言葉を選びなさい。（選択肢は２つ以上選んでもよい。）

〈選択肢の訳〉

① 情報は広く一般の人が利用できるようになった。
② ジャーナリストは政治的な問題をより意識するようになった。
③ ジャーナリストは社会が関心を持つ記事をより多く書き始めた。
④ 新聞は中流階級の読者にはほとんど人気がなくなった。
⑤ 新聞は識字教育を提供するうえで学校に取って代わった。
⑥ 新聞の役割は以前よりもはるかに大きくなった。

正解 ①，③，⑥

PART I

第6回 試行テスト第6問A/B の問題演習

第６問は，ＡとＢの２つに分かれています。どちらも長文で英検２級～準１級レベル。**英文の概要や要点を把握すること，情報を整理することが**求められます。また，**論理展開を理解する力，要約する力**も大切な要素になってきます。

さあ，もうひと踏ん張りがんばりましょう。

第6問A

You are preparing for a group presentation on gender and career development for your class. You have found the article below.

Can Female Pilots Solve Asia's Pilot Crisis?

[1] With the rapid growth of airline travel in Asia, the shortage of airline pilots is becoming an issue of serious concern. Statistics show that the number of passengers flying in Asia is currently increasing by about 100,000,000 a year. If this trend continues, 226,000 new pilots will be required in this region over the next two decades. To fill all of these jobs, airlines will need to hire more women, who currently account for 3% of all pilots worldwide, and only 1% in Asian countries such as Japan and Singapore. To find so many new pilots, factors that explain such a low number of female pilots must be examined, and possible solutions have to be sought.

[2] One potential obstacle for women to become pilots might be the stereotype that has long existed in many societies: women

are not well-suited for this job. This seems to arise partly from the view that boys tend to excel in mechanics and are stronger physically than girls. A recent study showed that young women have a tendency to avoid professions in which they have little prospect of succeeding. Therefore, this gender stereotype might discourage women from even trying. It may explain why at the Malaysia Flying Academy, for instance, women often account for no more than 10% of all trainees enrolled.

[3] Yet another issue involves safety. People may be concerned about the safety of aircraft flown by female pilots, but their concerns are not supported by data. For example, a previous analysis of large pilot databases conducted in the United States showed no meaningful difference in accident rates between male and female pilots. Instead, the study found that other factors such as a pilot's age and flight experience better predicted whether that person is likely to be involved in an accident.

[4] Despite the expectation that male pilots have better flight skills, it may be that male and female pilots just have skills which give them different advantages in the job. On the one hand, male pilots often have an easier time learning how to fly than do female pilots. The controls in a cockpit are often easier to reach or use for a larger person. Men tend to be larger, on average, than women. In fact, females are less likely than men to meet the minimum height requirements that most countries have. On the other hand, as noted by a Japanese female airline captain, female pilots appear to be better at facilitating communication among crew members.

[5] When young passengers see a woman flying their plane, they come to accept female pilots as a natural phenomenon. Today's female pilots are good role models for breaking down stereotypical views and traditional practices, such as the need to

stay home with their families. Offering flexible work arrangements, as has already been done by Vietnam Airlines, may help increase the number of female pilots and encourage them to stay in the profession.

[6] It seems that men and women can work equally well as airline pilots. A strong message must be sent to younger generations about this point in order to eliminate the unfounded belief that airline pilots should be men.

問1 According to the article, the author calls the current situation in Asia a crisis because [35].

① many more male airline pilots are quitting their jobs than before
② the accident rates are increasing among both male and female pilots
③ the number of female pilots has not changed much for the last few decades
④ the number of future pilots needed will be much larger than at present

問2 According to the article, there is little difference between men and women in [36].

① how easily they learn to operate airplanes
② how likely they are to be involved in accidents
③ how much time they can spend on work
④ how people perceive their suitability for the job

問 3 In Paragraph [4], the author most likely mentions a Japanese female airline captain in order to give an example of [37].

① a contribution female pilots could make to the workplace
② a female pilot who has excellent skills to fly a plane
③ a problem in the current system for training airline pilots
④ an airline employee who has made rare achievements

問 4 Which of the following statements best summarizes the article? [38]

① Despite negative views toward female pilots, they can be as successful as male pilots.
② Due to financial problems the percentage of female students in a pilot academy in Asia is too small.
③ In the future many countries worldwide may have to start hiring more female pilots like Asian countries.
④ There is little concern about increasing female pilots in the future because major obstacles for them have been removed.

第6問A 解答＆攻略法
「段落」ごとの要約をせよ！

出題のネライは？

第6問Aは，身近な話題や社会的な話題についての英文を読んで，**概要や要点を把握していく力**が問われます。

今回は，「グループプレゼンテーションの準備」という設定で，アジアの女性パイロットに関する記事を読み取る問題です。

どういうように論理が展開するか，また，どういうことを言ってるのかを**要約する力**も大切になります。

正確に，速く解くには？

問1，問2はあらかじめ設問と選択肢を確認して，どういう情報を探せばいいかという目的を持って本文を読むほうが効率的ですね。

問1は，「記事によると，[35]ので，筆者はアジアの現在の状況を危機と呼んでいます」とあります。それぞれの選択肢が何を「危機」と捉えているかを頭に入れて本文をよみましょう。

問2は，「記事によると[36]において，男女の間でほとんど違いはありません」とあります。この「男女の間」は，男性パイロットと女性パイロットの間のこと。つまり，差がない部分の記述を探すのですね。

問3は，「第4段落で，筆者は[37]の例を示すために，日本の女性機長に言及している可能性が最も高い」とあります。段落を指定しているので，第4段落だけに絞って読み込めばよさそうです。「日本の女性機長」に言及している部分を探せば解決ですね。

問4は要約の問題。段落ごとにどういう内容が書かれているかを整理しましょう。メモを取ってもOK。そして，各段落の内容を見渡して，どういうことが言えるのかを考えましょう。

〈訳〉あなたは授業でジェンダーとキャリア開発についてのグループ発表の準備をしています。あなたは以下の記事を見つけました。

女性パイロットはアジアのパイロット危機を解決できるのか

[1]　アジアでの飛行機旅行の急速な成長により，航空会社のパイロット不

足が重大な懸念事項となりつつあります。統計では，アジアでの飛行機の乗客数は現在，1年に約1億人増えています。もしこの傾向が続くのなら，次の20年の間にこの地域で新しいパイロットが22万6,000人必要となるでしょう。これらの職をすべて埋めるためには，航空会社は女性をもっと雇う必要がありますが，女性は現在，世界の全パイロットの3%を占めており，日本やシンガポールのようなアジア諸国ではわずか1%しかいません。とても多くのパイロットを見つけるためには，そのような女性パイロットの少なさの説明となる要因は調べられなければならず，可能な解決策が追求されなければなりません。

[2]　女性にとってパイロットになることへの潜在的障害の1つは，女性はこの仕事に向いていない，という多くの社会で長く存在している固定観念かもしれません。これは，男子が機械学に優れている傾向にあり，女子よりも身体的に強いという見方から一部では発生していると思われます。最近の研究では，若い女性は成功する見込みがほとんどない職業を避ける傾向にあることが明らかになりました。ゆえに，この男女間の固定観念のため女性は挑戦することさえ思いとどまっているのかもしれません。それが，例えばマレーシアの航空専門学校で，女性がいつも入学した全訓練生のわずか10%しか占めていない理由を説明しているかもしれません。

[3]　さらにもう1つの問題は安全性に関連しています。人々は女性パイロットが操縦する飛行機の安全性について心配しているかもしれませんが、その心配はデータによって立証されていません。例えば，アメリカで行われた大規模パイロットデータベースの以前の分析では，男女のパイロット間で事故率に有意な差はありませんでした。その代わりに，パイロットの年齢や飛行経験のような他の要因が，その人が事故に巻き込まれる可能性が高いかをよく予測したことが研究でわかりました。

[4]　男性パイロットはより優れた飛行技能があるという予想があるにもかかわらず，男女のパイロットはその仕事で異なる強みとなる技能を持っているに過ぎないのかもしれません。一方で，男性パイロットはよく女性パイロットよりも操縦の仕方を簡単に習得します。コックピットでの操縦装置は，大きな人たちにとって，たいてい届きやすくまた使いやすくなっています。概して男性は女性より大きい傾向にあります。実際，女性は多くの国が定める最低身長条件を満たすことが，男性より可能性が低いです。他方では，日本の女性機長が言及しているように，女性パイロットのほうが，乗務員との間のコミュニケーションを円滑にすることに長けているようです。

[5]　若い乗客が自分たちの飛行機を操縦する女性を見れば，自然現象として女性パイロットを受け入れるようになります。今日の女性パイロットは，家族と一緒に家にとどまるのが義務のような画一的な見方や伝統的な慣行を打ち破るよい手本です。ベトナム航空ですでに行われているように，柔軟な就労形態を提供することは，女性パイロットの数を増やすのに役立ち，彼女たちがその職業にとどまるのを促すかもしれません。

[6]　男性と女性は航空機パイロットとして同等に申し分なく働けると思われます。この点について，航空機パイロットは男性であるべきだという根拠のない考えを取り除くために，この点について若い世代に強いメッセージが発信されなければなりません。

重要語句

□ statistics「統計」 □ worldwide「世界の」
□ sought「seek（～を探す）の過去形・過去分詞形」
□ obstacle「障害」 □ stereotype「固定観念」
□ well-suited「適切な，適合した」 □ excel「優れている」
□ discourage *A* from ～ing「A に～することを思いとどまらせる」
□ as noted by ～「～が述べているように」
□ facilitate「～をやりやすくする」
□ role model「模範的人物，ロールモデル」
□ flexible「柔軟な」 □ eliminate「～を排除する」
□ unfounded「根拠のない」 □ belief「信仰」

問 1 の解答解説

「記事によると，[35]ので，筆者はアジアの現在の状況を危機と呼んでいます」とあります。この設問にある「現状の危機」の理由を答える問題ですね。

では，どういう「危機」なのでしょうか。タイトルを見てみると「パイロット危機」とありますから，パイロットに関することだと考えられます。

また，第 1 段落第 1 文に次のようにあります。

... the shortage of airline pilots is becoming **an issue of serious concern.**

「パイロット不足が深刻な懸念事項になっている」とありますから，**危機＝パイロット不足**，ということですね。注目するのは，第 1 段落第 3 文です。

If this trend continues, **226,000 new pilots will be required** in this region over the next two decades.

「もしこのままなら，20 年以内にはこの地域で新しいパイロットが 22 万 6,000 人必要となる」ことを述べているのが読み取れましたか。

つまり，大幅な増員が必要なわけです。④の内容にピッタリですね。

〈設問の訳〉記事によると，［ 35 ］ので，筆者はアジアの現在の状況を危機と呼んでいます。

〈選択肢の訳〉

① はるかに多くの男性の航空会社のパイロットが以前よりも仕事を辞めている
② 男性と女性両方のパイロットの間で事故率が増えている
③ 女性パイロットの数がこの数十年でそれほど変わっていない
④ 必要とされる将来のパイロットの数が現在よりもずっと多くなる

正解 ④

問 2 の解答解説

「記事によると，［ 36 ］において，男女の間でほとんど違いはありません」。

この設問文で出てくる「男女の間」というのは，男性パイロットと女性パイロットのことです。両者にほとんど差がないことが述べられている部分を探すということですね。第 3 段落第 3 文の内容に注目しましょう。

For example, a previous analysis of large pilot databases conducted in the United States **showed no meaningful difference in accident rates between male and female pilots**.

男女のパイロット間で事故率に有意な差がなかったことが述べられています。これに当てはまる選択肢はあるでしょうか……。

次の選択肢に注目しましょう。

② **how likely they are to be involved in accidents**

いかに事故に巻き込まれる可能性があるかということを述べていますね。これは，先ほどの文の **accident rates**「**事故率**」と同じこと。つまり，**本文の内容を別の表現で言い換えている**わけです。

ここに気づけるかどうかがこの問題のポイントですね。

〈設問の訳〉記事によると，［ 36 ］において，男女の間でほとんど違いはありません。

〈選択肢の訳〉

① いかに簡単に飛行機の操縦を習得するか
② いかに事故に巻き込まれる可能性があるか

③ どのくらいの時間を仕事に費やすことができるか

④ どのくらいの人々が仕事への適性を理解しているか　**正解** ②

問3の解答解説

「第4段落で，筆者は 37 の例を示すために日本の女性機長に言及している可能性が最も高いです」とあります。

「第4段落で」とあるので，第4段落に絞って内容をしっかり見ていけばいいですね。また，「日本の女性機長に言及している可能性が最も高い」とありますから，日本の女性機長について書かれている部分を探せばよいということです。第4段落の最後の文に，日本の女性機長について次の記述があります。

On the other hand, **as noted by a Japanese female airline captain**, female pilots appear to be better at facilitating communication among crew members.

as noted by a Japanese female airline captain で「日本の女性機長が言及しているように」とありますから，このあとに続く文の内容を把握すれば答えられるはずです。

女性パイロットは乗務員とのコミュニケーションに長(た)けていると書かれています。つまり，女性パイロットの長所を述べているんですね。

では，選択肢はどうでしょう。①は，「女性パイロットが仕事場に対してできる貢献」ということですが，先ほどの長所がこれと合いますね。したがって①が正解です。

他の選択肢も確認しておきましょう。②は，操縦技能についての言及はなく，第3段落にも，男女のパイロット間で事故率に有意な差はなかったとあるので誤りです。③と④についてはどこにも述べられていません。

〈設問の訳〉第4段落で，筆者は 37 の例を示すために日本の女性機長に言及している可能性が最も高いです。

〈選択肢の訳〉

① 女性パイロットが仕事場に対してできる貢献

② 飛行機を操縦するのに優れた技能を持っている女性パイロット

③ 飛行機パイロットを養成するための現在のシステムにおける問題

④ めったにない実績を上げた航空会社の従業員　**正解** ①

得点率80%Get!

on (the) one hand と on the other hand が出てきたら，書かれている内容に注意！

第４段落に出てきましたね。on (the) one hand は「一方では」，on the other hand は「他方では」という意味を表します。２つの異なる内容を対比させて表現するときに，セットで使われることが多い表現です。何を対比しているのかをしっかり押さえましょう。

第４段落の冒頭で，男性パイロットと女性パイロットでは，異なる強みとなる技能を持っているに過ぎないのかもしれないと書かれていました。そして，On the one hand 以下で，男性パイロットの長所（操縦の習得が早く，装置を使いやすい）が，On the other hand 以下では女性パイロットの長所（乗務員とのコミュニケーションを円滑にすることに長けている）についての説明が述べられていました。

つまり，男性パイロットと女性パイロットの長所を対比しているんですね。

問４の解答解説

「記事を最もよく要約しているのは，次のどれですか」とあります。段落ごとに，書かれている内容をまとめてみましょう。

第１段落：アジアでのパイロット（特に女性）不足の深刻化
第２段落：問題点①――女性はパイロットに向かないという固定観念
第３段落：問題点②――女性のパイロットの操縦に対する安全性への不安
第４段落：男性パイロットと女性パイロットの異なる強みとなる技能
第５段落：女性パイロットは受け入れられつつあるので，柔軟な労働形態の導入で，女性パイロットの増加と仕事の継続の可能性あり
第６段落：男性も女性もパイロットとして仕事に差がないことを若い世代に伝える必要がある

つまり，女性パイロットが不足しているけど，女性パイロットへの不信感もある。しかし，男性と女性のパイロットにはそれぞれ特長があり，仕事では差がないということですね。選択肢を見てみましょう。

① Despite **negative views toward female pilots**, they can be **as** successful **as** male pilots.

negative views toward female pilots は「女性パイロットへの否定的

な見方」ということですが，これは第 2，3 段落で述べられている内容ですね。

as ～ as ... は「**…と同じくらい～**」という意味ですから，「女性のパイロットは**男性パイロットと同じくらい成功できる**」ということになります。

本文ではどうかというと，男性パイロットと女性パイロットにはそれぞれに強みがあり，仕事では大きな差はないと述べています。つまり，女性パイロットは男性パイロットと同様に活躍できるということですから，①の内容に合いますね。

②では「アジアの航空専門学校の女子生徒」とありますが，本文で書かれているのは女性パイロットのことなので誤り。

③では「世界中」とありますが，本文はアジアのことで，他の世界については述べていません。

④には「女性パイロットへの障害は取り除かれた」とありますが，まだそこまではいっていないので誤りです。

〈設問の訳〉記事を最もよく要約しているのは，次のどれですか。

〈選択肢の訳〉

① 女性パイロットへの否定的な見方にもかかわらず，彼女たちは男性パイロットと同じように成功できる。

② 財政的な問題のため，アジアの航空専門学校での女子生徒の割合はあまりにも小さい。

③ 将来的に世界中の多くの国々が，アジア諸国のようにより多くの女性パイロットを雇用し始めなければならないかもしれない。

④ 女性パイロットへの主要な障害は取り除かれたので，将来，女性パイロットが増えることについて，不安はほとんどない。

正解 ①

得点率 90 %Get!

本文を要約するには，まず各段落の内容を押さえよう。

共通テストでは，本文の論理展開を理解し，要点を把握する力が試されます。

いきなり全部を読んで，要点は何だと考えるより，ひとつひとつの段落で何が書かれているかを押さえていきましょう。簡潔にまとめることで，段落ごとの展開もわかりやすくなり，全体として何が書かれているかを理解しやすくなります。問 4 のような要約を答える問題に限らず，段落ごとに何が書かれているかを整理するのは，内容を把握するうえで大切なポイントです。

第6問B

You are studying about world ecological problems. You are going to read the following article to understand what has happened in Yellowstone National Park.

Yellowstone National Park, located in the northern United States, became the world's first national park in 1872. One of the major attractions of this 2.2-million-acre park is the large variety of animals. Some people say that Yellowstone is the best place in the world to see wolves. As of December 2016, there were at least 108 wolves and 11 packs (social families) in the park. By the 1940s, however, wolves had almost disappeared from Yellowstone National Park. Today, these wolves are back and doing well. Why have they returned?

The wolves' numbers had declined by the 1920s through hunting, which was not regulated by the government. Ranchers on large farms raising cattle, horses, and sheep did not like wolves because they killed their animals. When the wolves were on the point of being wiped out by hunting, another problem arose — the elk herds increased in number. Elk, a large species of deer, are the wolves' principal source of food in the winter. The elk populations grew so large that they upset the balance of the local ecosystem by eating many plants. People may like to see elk, but scientists were worried about the damage caused by the overly large population.

To solve this problem, the U.S. government announced their intention to release young wolves brought from Canada. It was hoped that the wolves would hunt the elk and help bring down the population. However, because many ranchers were against bringing back wolves, it took about 20 years for the government and the ranchers to agree on a plan. In 1974, a team was appointed to oversee the reintroduction of wolves. The government published official recovery plans in 1982, 1985, and finally in 1987. After a long period of research, an official environmental impact statement was issued and 31 wolves were released into Yellowstone from 1995 to 1996.

This project to reduce the number of elk was a great success. By 2006, the estimated wolf population in Yellowstone National Park was more than 100. Furthermore, observers believe that the wolves have been responsible for a decline in the elk population from nearly 20,000 to less than 10,000 during the first 10 years following their introduction. As a result, a lot of plants have started to grow back. The hunting of wolves is even allowed again because of the risk from wolves to ranchers' animals. While hunting wolves because they are perceived as a threat may seem like an obvious solution, it may cause new problems. As a study published in 2014 suggested, hunting wolves might increase the frequency of wolves killing ranchers' animals. If the leader of a wolf pack is killed, the pack may break up. Smaller packs or individual wolves may then attack ranchers' animals. Therefore, there is now a restriction on how many wolves can be hunted. Such measures are important for long-term management of wolf populations.

問1 The decline of wolves in Yellowstone National Park in the early 1900s resulted in [39].

① a decrease in the number of hunters, which was good for the wolves

② a decrease in the number of ranchers, which reduced the human population

③ an increase in the number of elk, which damaged the local

ecosystem

④ an increase in the number of trees and plants, which helped elk to hide

問 2 Out of the following four graphs, which illustrates the situation the best? [40]

①

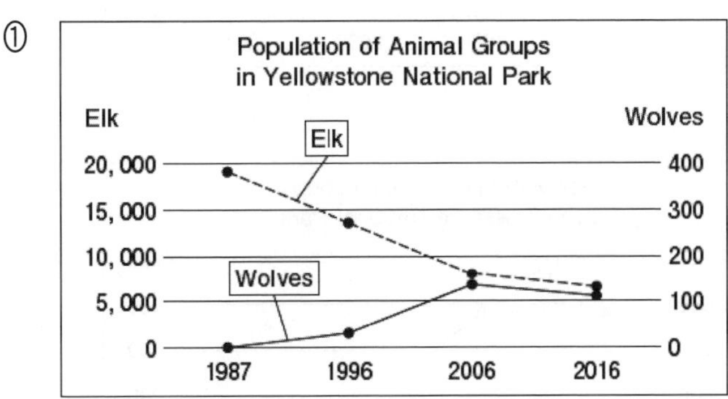

②

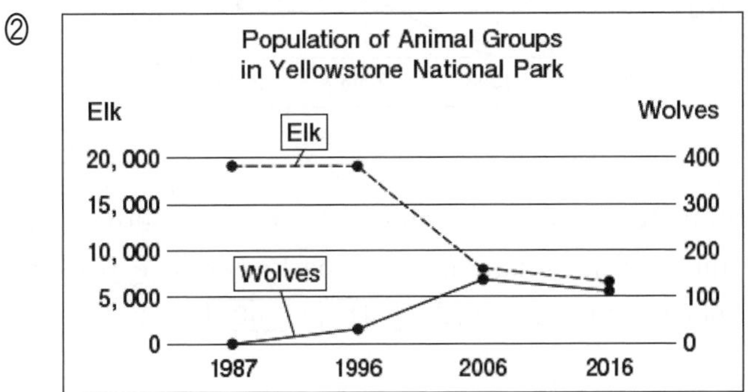

③

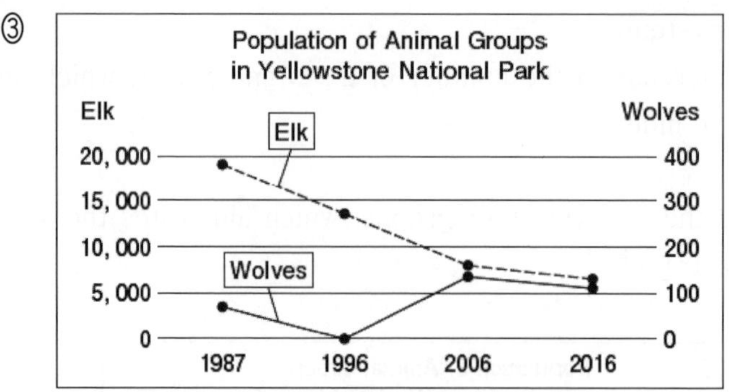

④

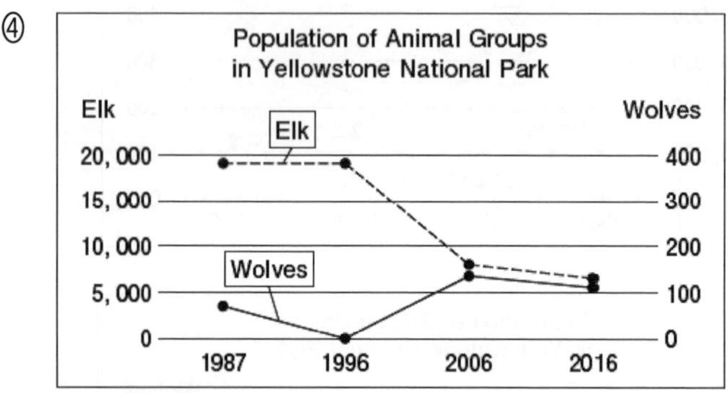

問3 According to the article, which two of the following tell us about the current situation in the park? (**Choose two options.** The order does not matter.) [41] · [42]

① More travelers are visiting the park than thirty years ago.

② One species was saved but another has become extinct instead.

③ People have started hunting wolves around this area again.

④ The park has both wolves and elk, as well as rich vegetation.

⑤ There is a new rule to reduce the elk population in the park.

問 4 The best title for this article is [43].

① A Decrease in the Number of Ranchers' Animals
② Addressing Problems With Nature's Balance
③ Nature Conservation Around the World
④ Releasing Elk in National Parks

第6問B 解答&攻略法

 出題のネライは？

第6問Bも身近な話題や社会的な話題についての英文です。今回はイエローストーン国立公園での出来事についての記事を読み取っていきます。

Aと同様，**記事の概要や要点の把握，情報の整理，全体の要約**がポイントです。また，問題の選択肢にグラフがあるなど，目新しい出題もあります。

論理展開を押さえながら，必要な情報はどれかをよく考えていきましょう。

 正確に，速く解くには？

それぞれの設問でポイントとなる点を押さえてから読み進めるのはこれまでと同じ。目的を持って読み進め，効率的に取り組むことを意識しましょう。何度も読み返すと時間のロスにもなりますからね。

問1は，「イエローストーン国立公園内のオオカミの減少は，1900年代初期に［39］という結果になりました」。19XXと書かれているところの記述にスポットを当てるわけですね。

問2は，記事の内容に合うグラフを選ぶ問題。グラフは「**イエローストーン国立公園における動物群の個体数**」についてのものですね。あとは本文のそれに関する記述とグラフとを比較すればいいわけです。

問3は，公園の現在の状況を尋ねられています。2000年以降のことが書かれている部分を探し出していけばよさそうです。

問4は，「この記事に最適なタイトルは［43］です」とあります。ということは，要約するということですね。段落ごとに述べられていることを簡潔に整理して，全体の内容を考えて選択肢を見ていきましょう。

〈訳〉あなたは世界の生態学的な問題について勉強しています。あなたは，イエローストーン国立公園で起こったことを理解するために，次の記事を読むつもりです。

アメリカ北部に位置するイエローストーン国立公園は，1872年に世界初の国立公園になりました。この220万エーカーの公園の大きな魅力の1つは，さまざまな種類の動物たちです。イエローストーンは，オオカミを見るのに世界で最適な場所だと言う人もいます。2016年12月の時点で，その公園には少なくとも 108 匹のオオカミと 11 の群れ(社会的家族)がいました。しかし 1940 年代までに，オオカミはイエローストーン国立公園からほとんど姿を消してしまいました。今日では，これらのオオカミは戻ってきてうまくやっています。なぜ彼らは戻ってきたのでしょうか。

オオカミの数は，狩猟によって 1920 年代までに減少していましたが，狩猟は政府によって規制されていませんでした。牛，馬，羊を飼育する大規模農場の経営者は，オオカミが彼らの動物たちを殺すので好きではありませんでした。オオカミが狩猟によってまさに全滅しようとしていたとき，ヘラジカの群れの数が増えるという別の問題が生じました。ヘラジカは，シカの大型種で，オオカミの冬の主な食料源です。ヘラジカの個体数はとても多くなり，彼らは多くの植物を食べることで地域の生態系のバランスを崩しました。人々は，ヘラジカを見るのは好きかもしれませんが，科学者たちは過剰な個体数によって発生する被害について心配していました。

この問題を解決するため，アメリカ政府はカナダから連れてきた若いオオカミを解き放つ意向を表明しました。オオカミがヘラジカを狩り，その個体数を減少させることが期待されました。しかし，多くの牧場経営者がオオカミを連れ戻すことに反対であったため，政府と牧場経営者が計画に同意するのに約 20 年かかりました。1974 年，オオカミの再導入を監督するためにあるチームが任命されました。政府は公式の復興計画を 1982 年，1985 年，そして最後に 1987 年に公表しました。長期間にわたる調査の後，公式の環境影響評価書が出され，31 匹のオオカミが 1995 年から 1996 年までにイエローストーンに解き放たれました。

ヘラジカの数を減少させるためのこのプロジェクトは，大成功を収めました。2006 年までに，イエローストーン国立公園内のオオカミの推定個体数は 100 匹を超えていました。さらに，オオカミの導入後最初の 10 年間に，ヘラジカの個体数が 20,000 匹近くから 10,000 匹未満に減少したことはオオカミによるものだと監視員は信じていました。結果として，多くの植物が再び生長し始めました。オオカミから牧場経営者の動物への危険があるため，オオカミの狩猟も再び許可されました。オオカミは脅威として考えられているため，オオカミの狩猟は明白な解決策のように思われるかもしれませんが，新たな問題が生じる場合があります。2014 年に発表された研究が示唆しているように，オオカミの狩猟は，オオカミが牧場経営者の動物を殺す頻度を増やすかもしれません。オオカミの群れのリーダーが殺されると，その群れは分裂する可能性があります。より小さな群れと個々のオオカミは，牧場経営者の動物を襲うかもしれません。そこで，今では何匹のオオカミを狩ることができるかの制限があります。そのような方策がオオカミの個体数を長期間管理するのには大切です。

重要語句

□ wolf「オオカミ」（複数形は wolves） □ pack「群れ」
□ rancher「牧場経営者」 □ wipe put ～「～を絶滅させる」
□ elk「ヘラジカ」 □ herd「群れ」 □ ecosystem「生態系」
□ oversee「～を監視する」 □ reintroduction「再野生化，再導入」

問 1 の解答解説

まずは設問文を確認しよう。

The decline of wolves in Yellowstone National Park **in the early 1900s resulted in** [39].

A* result in *B で「**A のため B という結果になる（結果をもたらす）**」という意味。A には原因や理由となる事柄，B にはどういう結果になったかという内容が入ります。

設問文では，A に当たるのが，1900 年代初期におけるイエローストーン国立公園のオオカミの減少ということ。つまり，オオカミが減ってどういう結果になったのかということが尋ねられているわけです。

また，**in the early 1900s**「1900 年代初期」と時期が明記されているので，19XX のように年が書かれている部分を拾っていきましょう。さらに「初期」とあるので，1950 年よりも前のことに絞ればいいですね。

次の記述が目に留まりましたか。第 2 段落の第 1 文です。

The wolves' numbers had declined **by the 1920s** ～

これはまさに，*A* resulted in *B* の A の部分ですね。そして，続く第 3 文に次の記述があります。

When the wolves were on the point of being wiped out by hunting, **another problem arose — the elk herds increased in number**.

「ヘラジカの群れの数が増えた」という別の問題が発生したのですね。

さらに第 5 文には次のようにあり，地域の生態系を崩したとあります。

The elk populations grew so large that **they upset the balance of the local ecosystem by eating many plants**.

これらを合わせて考えると，③がピッタリ一致しますね。

〈設問の訳〉イエローストーン国立公園内のオオカミの減少は，1900 年代初期に［39］という結果になりました。

〈選択肢の訳〉

① オオカミにとっては好都合な狩猟者の数の減少
② 人口を減らした，牧場経営者の数の減少
③ 地元の生態系を破壊したヘラジカの数の増加
④ ヘラジカが隠れるのに役立つ木や植物の数の増加　正解 ③

問2の解答解説

選択肢がグラフという，目新しい出題ですね。本文の情報を正確に読み取り，整理することが大切になります。

グラフは，**オオカミとヘラジカの数の推移**を，年を追って示したものです。オオカミとヘラジカの記述を探し，年ごとの数がどうなっているかを説明している部分をチェックしていきましょう。

第1段落第5文です。

By the 1940s, however, **wolves had almost disappeared** from Yellowstone National Park.

1940年代までに，オオカミはイエローストーン国立公園からほとんどいなくなっているのですね。

続いて，第3段落第6文です。

After a long period of research, an official environmental impact statement was issued and **31 wolves were released into Yellowstone from 1995 to 1996**.

「1995年から1996年にかけて，31匹のオオカミがイエローストーンに解き放たれた」とあります。ここまでのオオカミの数の推移をまとめると，1940年代…0匹，1996年…31匹ということになります。

ここでグラフを見てみると，これに当てはまるのは①と②に絞られますね。

さらに本文を読み進めてみると，第4段落第2文に注目です。

By 2006, the estimated wolf population in Yellowstone National Park was **more than 100**.

2006年までに，オオカミの推定個体数は100匹を超えたのですね。さらに次の文では，ヘラジカの個体数に言及しています。

Furthermore, observers believe that the wolves have been responsible for **a decline in the elk population from nearly 20,000 to less than 10,000 during the first 10 years following** their introduction.

オオカミの導入後10年で，ヘラジカの個体数が20,000匹近くから10,000匹未満に減少したんですね。オオカミの導入は1995年から1996年で，そこから10年ということは2006年ということ。これに当てはまるのは②しかありません。

〈設問の訳〉下記の4つのグラフのうち，状況を最もよく示しているのはどれですか。

正解 ②

問3の解答解説

選択肢を見ていきましょう。

①の「旅行者」については，本文では述べられていないので誤り。

②は，別の種が絶滅したという話はなく，本文に出てくるオオカミやヘラジカは共存しているので誤り。

③については，第4段落第4，5文の**As a result**「**結果として**」以降で述べられている内容に注目しましょう。

> **As a result**, a lot of plants have started to grow back. The hunting of wolves is even allowed again because of the risk from wolves to ranchers' animals.

この文の前までに，オオカミやヘラジカの増減について述べられていて，「その結果」として（現在）どうなったかということが書かれています。

植物が再び生長し始めたことと，再びオオカミの狩りが始められたことが書かれていますから，③の内容と合いますね。

④については，多くの植物が再び生長し始めたということは，豊富な植生があるということになりますね。また，問2のグラフの問題でも見たように，オオカミとヘラジカは共生していますから，これも正解です。

⑤の「新しい規則を作った」という記述はどこにもありません。

〈設問の訳〉記事によると，公園の現在の状況について述べていることは次のうちどの2つですか。（2つの選択肢を選びなさい。順番は関係ありません。）

〈選択肢の訳〉

① 30年前よりも多くの旅行者が公園を訪れている。
② 1つの種は救われたが代わりに別の種は絶滅した。
③ 人々はこの地域の周辺で再び狩猟をし始めた。
④ 公園には豊富な植生と同様に，オオカミとヘラジカが両方いる。
⑤ 公園内のヘラジカの個体数を減少させるための新たな規則がある。

正解 ③，④

得点率 80 %Get!

「原因」と「結果」を表す表現に注意しよう。

今回のような説明的文章では，「原因」と「結果」の関係に注意しましょう。

問１に出てきた *A* result in *B* は，Ａが「原因」，Ｂが「結果」でしたね。

また，問３では As a result が出てきました。このあとには「結果」が記述されていましたね。

このほか，第２段落第５文の so ～ that ... は「～なので（原因）…（結果）」という意味で，「原因」と「結果」を表す表現です。

次のような語句も覚えておくといいでしょう。

〈原因〉because (of) / as / since「～なので，～だから」

〈結果〉therefore / consequently / so「それで，その結果」

因果関係は，内容を理解するうえで大切なだけでなく，出題のねらい目でもあるので，見つけたらしっかりと内容を押さえておきましょう。

問４の解答解説

この記事はそもそもどういうものだったか，最初の説明文に戻って確認してみましょう。冒頭に，次のように書かれていましたね。

You are studying about **world ecological problems**.

「世界の生態学的な問題」について学んでいるのですね。

次に，本文の各段落を見てみると，次のようにまとめることができます。

第１段落：1940 年代にほぼいなくなったオオカミが，2016 年 12 月時点で 108 匹に増えたのはなぜか。

第２段落：1920 年代までに家畜を襲うオオカミは狩猟により減少したが，代わりにヘラジカが増加した。→植物を食べ生態系が崩れた。

第３段落：ヘラジカを主食とするオオカミを連れてきて，解き放った。

第４段落：ヘラジカの数が減り植物が再び育ちはじめるとともに，オオカミの狩猟も再度行われている。→オオカミを狩る数に制限を設けた。

オオカミが増えすぎると農場の動物への問題があり，ヘラジカが増えすぎると植物への問題があって，生態系が崩れるのですね。そして，オオカミの狩猟の数を制限することが，長期的に管理するのに必要だと言っていいます。

これは，**オオカミやヘラジカの数のバランスを保つことが必要だ**ということですね。つまり，②の「自然均衡の問題」に当てはまります。

〈設問の訳〉この記事に最適なタイトルは［ 43 ］です。

〈選択肢の訳〉

① 牧場経営者の動物の数の減少　② 自然均衡の問題への取り組み
③ 世界中の自然保護　④ 国立公園内でのヘラジカの解放

正解 ②

得点率 90 %Get!

長文の内容を論理的に理解するには，ディスコース・マーカーに着目しよう。

先ほどの問3では，As a result「結果として」に注目しましたね。

英文を論理的に読むことができると，「このあとの話の展開はきっとこうだ」というように，話の流れを予想できるようになります。つまり，速読に役立つ記号がディスコース・マーカーなのです。

以下のようなディスコース・マーカーに注目して読んでいくと，論理の展開がわかりやすくなりますよ。

〈逆接〉but / however「しかし」
〈例示〉for example / for instance「例えば」
〈追加〉furthermore/moreover/ in addition「さらに」，also「～もまた」
〈対比〉one ～ , the other ...「一方は～もう一方は…」
〈言い換え〉in other words「言い換えれば」，in short「要するに」
〈原因〉because / as「～なので」，due to「～のため」
〈結果〉so / therefore「それで，その結果」
〈主張の裏づけ〉in fact「実際に」

特に，「言い換え」や「結果」のディスコース・マーカーの後に筆者の主張が書かれることが多いので，要チェックです。ディスコース・マーカーに印を付けてみるなど，論理の展開を予測しながら読む練習をしておきましょう。

単語力を増やそう！④
いろいろなディスコース・マーカー

ディスコース・マーカー（Discourse Marker）とは，**文章の論理展開・因果関係の標識となる役目をする語句**のことで，「論理語」とも呼ばれます。問題の解法上の有効な武器になるので，ここで知識を蓄えておきましょう。

CD❷-90

逆 接　英文のテーマ(主題)に関して，相反する主張や事例を述べていく展開を示す。	
□ A . However, B .	「しかしながら」
□ A . Nevertheless, B .	「それにもかかわらず，それでもやはり，しかしながら」
□ A . Nonetheless, B .	「それにもかかわらず，それでもなお」
□ A . Still, B .	「しかしながら」
□ A . Yet, B .	「しかし」 〔例〕Seeing bears in the wild can be one of the most memorable experiences on camping trips in national parks. **Yet**, it can also be a dangerous one if care is not taken.「野生の熊を見ることは国立公園でのキャンプの最も記憶に残る体験の１つになることがある。**しかし**，それは気をつけていないと危険なことになりかねないのだ」

対比・対照　英文のテーマ(主題)に関して，ある主張や事例を対比していく展開を示す。筆者の論旨を明確に展開するために対比表現を利用することは多く，逆接表現同様に，流れを変えるものと考えて，未知要素の推理やより細かな内容の把握に積極的に利用していく。	
□ A . On the other hand, B .	「A，他方では B」
□ A , while B .	「A，一方では B」
□ A , whereas B .	「A，一方では B」▶ while より堅い語。
□ A . Instead, B .	「そのかわりに，そうではなく」

□ [A]. Meanwhile, [B].	「一方で」
□ [A]. In comparison, [B].	「比較して，対照的に」
□ [A]. In contrast, [B].	「対照的に」
□ Compared with [A], [B].	「A と比べて B」 ▶ 前に述べられたことと対照してそれとは別のことを述べるのに使う。**A と B は同じ性質の語句**(A が複数形なら B も複数形，など) 〔例〕**Compared with** other mammals, humans miss a lot of smells.「他の哺乳類**と比べて**，人間は多くの臭覚を失っている」

譲 歩　B とは対比的な A を認めつつ，B を強く主張するときの文脈。	
□ (Al)though [A], [B].	「A だけれども B である」 ▶ A と B はともに SV ... 構造。
□ Even if [A], [B].	「たとえ A だとしても B である」 ▶ A と B はともに SV ... 構造。
□ In spite of [A], [B].	「A にもかかわらず B である」 ▶ A は名詞(動名詞)で，B は SV ... 構造。
□ Despite [A], [B].	「A にもかかわらず B である」 ▶ A は名詞(動名詞)で，B は SV ... 構造。

結論・結果　前に述べられたことの結果を言い表すために使う。	
□ [A]. As a result, [B].	「結果として，要するに」 ▶ A は原因・理由を表し，B がその結果を表す。
□ [A]. Thus, [B].	「したがって」
□ [A]. As a consequence, [B].	「したがって」
□ [A]. In consequence, [B].	「したがって」
□ [A]. Consequently, [B].	「したがって」
□ [A]. Because of this, [B].	「こんなわけで」

□ A . For this reason, B .	「こういう理由で」 ▶ A が原因を表し，B が結果を表す。 〔例〕Garlic can reduce one's risk of suffering from health problems. **For this reason,** people who eat garlic have much to be happy about.「にんにくは病気にかかる危険性を減らすことがある。**こういう理由で**，にんにくを食べる人には良いことがたくさんある」
□ A . In conclusion, B .	「結果として，要するに」
□ A . Therefore, B .	「したがって」
□ A , with the result that B .	「そのために」
□ A . So B .	「こういうわけで，その結果」
□ A . Hence, B .	「故に，したがって」
□ A . This[That] is why B .	「こういうわけで / そういうわけで」 ▶ A が「原因・理由」で B が「結果」。
□ A . This[That] is because B .	「これは[それは] ～だからである」 ▶ A が「結果」で B が「原因・理由」。

主張の裏づけ・根拠　筆者の主張や意見を述べた後，その裏づけとして，根拠やデータを述べて，主張の正しさや正当性をアピールするときに使う。	
□ A . Actually, B .	「実際に」
□ A . In fact, B .	「実際に」

読者の思い込みや予想に反する事実	
□ A . As a matter of fact, B .	「(ところが)実際は」

具体例の提示　抽象的なこと，漠然としたことを述べた後，読者の理解をさらに求めるために，より具体的な例をあげるときに使う。	
□ A . For example, B .	「例えば」
□ A . For instance, B .	「例えば」

言い換え　一般用語から専門用語への言い換えや，抽象語から具体語への言い換えなど。	
□ [A], namely [B].	「すなわち」 ▶ 文頭で用いることはない。挿入的に使われるので注意。
□ [A]. In other words, [B].	「換言すれば，言い換えると」

追加・繰り返し　前に述べられたことに加えて，新しい情報を述べるときに使う。	
□ similarly	「同様に」
□ in addition to this	「これに加えて」
□ additionally	「そのうえ，さらに」
□ also	「さらに」▶ 文頭や文中で使うことができる。
□ moreover	「さらに」
□ besides	「その上」 〔例〕It's too early to leave; **besides,** it's raining. 「出るには早すぎるし，**その上**雨も降っている」
□ then	「それから」 〔例〕She cut the tape on the box; **then** she slowly opened the lid of it.「彼女は箱のテープを切った。**それから**ゆっくりと箱のふたを開けた」
□ again	「また，さらに」▶ 文頭で使う。

単語力を増やそう！⑤ ディスコース・マーカーの識別

続いて，ドリル形式でディスコース・マーカーをマスターしていきましょう。

●問題

(1)〜(10)の英文の［　　］に入れるのにふさわしいディスコース・マーカーを，①〜⑩の中から選びなさい。（文頭に来る語も小文字で示してあります）

① as a result　② actually　③ while　④ as a matter of fact
⑤ however　⑥ in other words　⑦ although　⑧ also
⑨ this is because　⑩ for example

(1) The early Chinese did not have a symbol for zero. ［　　］, their invention of the abacus(*soroban*) seems to suggest that they understand the concept.

●攻略のポイント！〈逆接を見抜く〉

however は，英文のテーマ（主題）に関して相反する主張や事例を述べていく展開を示します。接続副詞なので，完全な文と完全な文の間で使われるのが原則。ときに文中に挿入される場合もあります。

［A］. However, ［B］.「しかしながら」

〈訳〉昔の中国人にはゼロを表す記号がなかった。しかしながら，彼らのそろばんの発明は彼らがゼロの概念を理解していたように思える。　正解 ⑤

(2) The ancient Romans believed that the right side of the body was the good side, ［　　］ the left side held evil spirits.

●攻略のポイント！〈対比・対照関係を押さえる〉

while は，英文のテーマ（主題）に関して，ある主張や事例を対比していく展開を示します。等位接続詞で，次のように文中で使われます

［A］, while ［B］.「…，一方では〜」

〈訳〉古代ローマ人は体の右側は善良だが，一方，左側には邪悪な霊が宿ってい

ると信じていた。　**正解** ③

(3) ＿＿＿ such monsters touch our deepest fears, they are very popular.

攻略のポイント！〈「譲歩」の意味をきちんと理解しておく〉

譲歩とは，B とは対比的な A を認めつつ，B を強く主張するときの文脈。

(Al)though [A], [B].「A だけれども B である」

A と B はともに SV …構造です。

〈訳〉このような怪物は我々の奥深い恐怖に触れるけれども，とても人気がある。

正解 ⑦

(4) If you learn more synonyms and antonyms, you can improve your vocabulary. ＿＿＿, you will be able to express yourself to others more fully and clearly.

攻略のポイント！〈原因・結果（因果関係）を押さえる〉

[A]. **As a result,** [B].「結果として，要するに」

A は原因・理由を表し，B がその結果を表す。As a result の直後には通例，コンマがあるのが特徴。

〈訳〉もしもっと同意語や反意語を身につければ，語彙力が上がる。その結果，自分の考えを他の人にもっと十分に明確に表現できるようになるだろう。

正解 ①

(5) Compared with other mammals, humans miss a lot of smells. ＿＿＿ over time we have come to rely mainly on sight.

攻略のポイント！〈原因・結果（因果関係）を押さえる〉

[A]. **This[That] is because** [B].「A は B だからである」

A が「結果」で B が「原因・理由」を表す。This is because や That is because の直後にはコンマは打たれないのが原則。

〈訳〉他の哺乳類と比べて人間は多くの臭覚を失っている。これは，時が経つにつれて，私たちは主として視覚に頼るようになったからである。

正解 ⑨

(6) Garlic may be linked to good health. [　　], some studies show that garlic can reduce one's risk of suffering from health problems.

攻略のポイント！〈作者が述べたテーマを裏づけ・データ・根拠を探す〉

作者が述べた考えやテーマの後には，その裏づけ（supporting idea）が必要。よって，「実際に」の後は「データ・研究」といった語句（some studies show that …）が続きます。

[A]. **Actually** [B]「実際に」

〈訳〉にんにくは健康に良いとされているらしい。実際に，ある研究によれば，にんにくは病気にかかる危険性を減らすことがある。 **正解** ②

(7) Most people think that the duck-billed platypus only lives in remote rivers in Australia. [　　], though, platypuses can be found in rivers near large cities throughout eastern Australia.

（注）duck-billed platypus「カモノハシ」，though「しかし」（副詞用法）

攻略のポイント！〈思い込み，予想に反する事実を述べる〉

一般の人々や多くの人々が思い込んでいる通念や予想とは反対の事実を述べるときに使うのが，as a matter of fact「ところが実際は」。

[A]. **As a matter of fact** [B]「（ところが）実際は」

〈訳〉カモノハシはオーストラリアの遠く離れた川にしか住んでいないとほとんどの人が思っている。しかし実際は，カモノハシはオーストラリア東部の大都市近くの川で見つけられる。 **正解** ④

(8) While words with similar meanings are called synonyms, words with opposite meanings are called antonyms. [　　], "glad" and "happy" are synonyms, and "pleasure" and "pain" are antonyms.

攻略のポイント！〈具体例の提示を読みとる〉

いわゆる**抽象・具体**の文脈。特にダブルクォーテーション記号（“ ”）は具体的な語句の表示で使われます。

[A]. **For example,** [B]「例えば」

〈訳〉よく似た意味を持つ語は同意語と呼ばれるが，一方反対の意味を持つ語は反意語と言われる。例えば，“glad”と“happy”は同意語で“pleasure”と“plain”は反意語である。 **正解** ⑩

> ⑼ While many of the boys said they enjoyed the use of the computer itself, the girls tended to value the computer for how it could help them do something. [　　], computers were often a means for girls, but an end for the boys.

● 攻略のポイント！〈前後関係が言い換え・要約になっている文脈〉

一度述べた内容を短く要約するときに使われるのが，In other words「言い換えると」。

[A]. In other words [B].「言い換えると」

このように，文頭で使われることが多い。

〈訳〉男の子たちの多くはコンピューターを使うことそれ自体が楽しいと言っているのに，女の子たちはコンピューターがどのように役立つのかという点で評価する傾向があった。言い換えると，コンピューターは女の子には手段であり，男の子には目的であることが多かった。 **正解** ⑥

> ⑽ Computers were often a means for the girls, but an end for the boys. The study [　　] found that the boys were more likely than the girls to have and use a home computer.

● 攻略のポイント！〈追加・繰り返しの文脈〉

also「さらに」，similarly「同様に」，in addition to this「これに加えて」，additionally「そのうえ，さらに」などは，追加情報を示すディスコース・マーカーです。

also は文頭や文中で使うことができます。

〈訳〉コンピューターは女の子には手段であり，男の子には目的であることが多かった。研究から，さらにまた，男の子たちは女の子たちよりもパソコンを所有し使う可能性が高いこともわかった。 **正解** ⑧

PART Ⅱ

予想問題解説講義〈リーディング対策編〉

第１回　第１問Ａの予想問題

第２回　第１問Ｂの予想問題

第３回　第２問Ａの予想問題

第４回　第２問Ｂの予想問題

第５回　第３問Ａの予想問題

第６回　第３問Ｂの予想問題

第７回　第４問の予想問題

第８回　第５問の予想問題

第９回　第６問Ａの予想問題

第10回　第６問Ｂの予想問題

PART Ⅱ

第1回 第1問Aの予想問題
伝言メモの読み取り問題

第1問A

You are a member of the cooking club. You are going to participate in a cooking contest that the school will host. You have received a note from Camilla, the club advisor.

Dear members of the cooking club,

Our school is going to hold an explanatory meeting about the contest in the school gym next Tuesday. Participants have to attend the meeting. The contest will be held in the public hall next month. The contest has two sections, traditional dishes and original ones. I've heard that one student from abroad, Scott from France, will participate in the contest. Can you ask him which section he will apply for and let me know? In the contest, I am thinking of asking not only teachers but also club members' parents to be judges. Can you ask your parents if they can be judges?

Best wishes,
Camilla

問 1 The advisor wants you to ask Scott [1].

① how he will get to the public hall
② what French dishes does he know how to cook
③ when he is going to come to Japan
④ which kind of dish, traditional or original, he will make

問 2 The advisor would also like [2] to help to rate dishes.

① members of the staff who work at the public hall
② parents of cooking club students who can be judges
③ people who will be available next Tuesday
④ students who are good at cooking

第1問A　解答＆攻略法

正確に，速く解くには？

問１の問題文に，「顧問はあなたたちに，スコットに［ 1 ］を尋ねてほしいと思っています」とあります。ここで，**顧問はスコットついて何を知りたいと思っているのか**を読み取らないといけないわけですね。

次に，問２では，「顧問はまた，料理を評価することを手伝うために［ 2 ］も望んでいます」とあります。すべての選択肢に，**先行詞が人である関係代名詞**が並んでいますよ。

このことから，**誰かに手伝ってもらいたい**のだということがわかりますね。その２点を突き止めればいいということです。

それでは，本文の内容をチェックしていきましょう。

〈訳〉あなたは，料理クラブの一員です。あなたは，学校が主催する料理コンテストに参加することになっています。あなたは，料理クラブの顧問であるカミラからメモを受け取りました。

料理クラブのメンバーの皆さん
私たちの学校はコンテストについての説明会を来週の火曜日に学校の体育館で開く予定です。参加者はこの説明会に出席しなければなりません。コンテストは来月，公民館で開かれます。コンテストは，伝統的料理と創作料理の２つの部門があります。留学生が１人，フランス出身のスコットがこのコンテストに参加すると聞きました。彼にどちらの部門に申し込むのかを尋ねて，私に知らせてくれますか？ このコンテストでは，先生方だけでなく，クラブのメンバーのご両親にも審査員になるよう頼むことを考えています。あなたのご両親に審査員になってもらえるかどうか尋ねてみてくれますか？

それでは，
カミラ

重要語句

☐ explanatory meeting「説明会」 ☐ participant「参加者」

☐ public hall「公民館」 ☐ section「部門」 ☐ apply for「申し込む」
☐ judge「審査員」

問１の解答解説

まず，与えられた設問文と選択肢の意味をチェックします。

〈設問の訳〉顧問はあなたたちに，スコットに［ 1 ］を尋ねてほしいと思っています。

〈選択肢の訳〉

① 彼はどうやって公民館に行くのか
② 彼は何のフランス料理の作り方を知っているのか
③ 彼はいつ日本に訪れるのか
④ 彼は伝統的料理と創作料理のどちらの料理を作るのか

もう一度，設問文を見てみましょう。

The advisor wants you to **ask Scott** ［ 1 ］.

この下線部の you は誰のことでしょうか。そう，**members of the cooking club**「料理クラブのメンバー」のことですね。そして，to のあとに **ask Scott** とあるので，顧問が料理クラブのメンバーに，スコットに対して尋ねてもらいたい内容を探し出せばいいのです。この点をしっかり押さえて本文を読んでいきましょう。

次の文に目がとまったでしょうか？

Can you ask him which section he will **apply for** and let me know**?**

Can you ask him 〜? は**依頼の表現**でしたね。him はスコットのこと。つまり，スコットに何かを尋ねてほしいわけです。

あとに続く **which section he will apply for** の部分が尋ねたい内容ですね。この section というのは，4 文目で説明していますよ。

そこから，この料理コンテストには２つの部門があるということがわかります。そして，**apply for** は「申し込む」という意味。つまり，**スコットが料理コンテストに出場する際に，２つの部門のうちどちらに応募するのかを知りたい**ということです。

では，選択肢はどうでしょうか。①は how，②は what，③は when，④は which で始まっています。スコットが応募する部門の種類を尋ねたいので，④

の which があやしいですね。

あれ，**which kind of dish, traditional or original, he will make** では，section も apply for も使っていませんね。でも，**kind of dish** は「料理の種類」，さらにそれは，伝統料理なのか創作料理なのかどちらかの種類だと書かれています。つまり，**2つの部門**のことを指していますね。「申し込む」という表現はないけれど，**he will make** は，コンテストでは彼が選んだ部門の料理を作ることになりそうだから，結局は同じことです。

大切なのは，本文とは同じ単語を使っていなくても，結局は同じことを言っているということに気付けるかどうかです。

> which section he will apply for（本文）
> ⇒ which kind of dish, traditional or original, he will make（選択肢）

今回は，2つの部門の種類については本文と同じ単語なので，それがヒントになったかもしれませんね。だけど，それを頼りに選んでしまうとひっかけ問題である可能性もありますよ。

メモの内容が理解できているかどうか，選択肢で使われている語句が本文と同じ意味として言い換え可能かどうか，それが問題を解くカギになりますね！

正解 ④

問2の解答解説

設問文と選択肢の確認から。

〈設問の訳〉顧問はまた，料理を評価することを手伝うために［ 2 ］も望んでいます。

〈選択肢の訳〉

① 公民館で働いているスタッフの職員
② 審査員になることができる料理クラブの生徒の両親
③ 来週の火曜日に都合がつく人
④ 料理が上手な生徒

ここもまずは設問文の確認から。

The advisor would also like ［ 2 ］ **to help** to rate dishes.

この設問文では **to help** に注目しましょう！ これは「手助けするために」という意味ですから，顧問は手伝ってくれる何かを望んでいるわけです。

さらにそのあとを見てみると，「料理を評価する」と続いています。つまり，

「料理を評価するのを手伝うために誰かを望んでいる」んですね。

それはいったいどういう人のことかを考えてみましょう。7 文目には，**not only *A* but (also) *B*「A だけでなく B も」**という表現があります。

I am thinking of asking not only teachers but also club members' parents to **be judges**.

この文は，「先生だけでなくクラブのメンバーの両親も」という意味になります。to 以下にある judge は，この場合「審査員」を表す単語ですね。よって，先生と料理クラブのメンバーの両親に審査員をお願いしたいと考えているということです。

さらに最終文を見ていきましょう。

Can you ask your parents if they can **be judges**?

最終文にはまた，Can you ask ～? という依頼の表現があります。今度は，「あなたたち（＝料理クラブのメンバー）の両親」に if 以下のことを尋ねてほしいとお願いしているわけですね。

be judges とあるので，審査員になってくれるかどうかをご両親に聞いてみてくれない？ ということです。

parents of cooking club students who **can be judges**

これは選択肢②です。**club members' parents = parents of cooking club students = your parents** となりますね。また，**to help to rate dishes** のためには，**can be judges** となってくれる人が必要。「両親」の表現は，簡単な言い換えが全部で 3 つ出てきています。

「料理を評価する」ために，顧問がいったい何を望んでいるのかが理解できていれば，簡単に解けますね。

ただ，本文で顧問は，学校の先生にも審査員をお願いしようと考えていましたね。選択肢には先生を表現する文がないかどうかも気を付けて見ましょう。

正解 ②

得点率90%Get!

何を伝えているメモなのか，全体の主旨に注意しよう！

PART Ⅰでも見てきたように，共通テストでは，言い換え表現が多く出てくる可能性があります。

問1では，本文の Can you ask him which section he will apply for and let me know? の section を，選択肢④で kind of dish と言い換えていましたね。

また，問2では，本文の I am thinking of asking not only teachers but also club members' parents to be judges. の club members' parents を，選択肢②で，parents of cooking club students と言い換えていました。

でも，それだけではなく，情報を読み取り，全体の内容を正しく理解することにも注意していきましょう。

問2について言えば，本文では二文にわたって，審査員になってくれる人を探していることが述べられています。審査員は何のために必要なのか，それは，料理コンテストの料理を judge するために必要なんだってこと。それがわかればこのメモを理解できているということですね。

単語や語句の言い換え表現を身に付けることはもちろん大事なことですが，この文は何を伝えたいのかってことを，読み取った情報から正しく理解することが大切なのです。

英語は単なる教科の一つではなく，実際に使うものだと考えましょう。何かのレビューなど，身近なものに書かれていることの全体の主旨が理解できること，これが重要です！

PART Ⅱ

第2回 第1問Bの予想問題

告知記事の読み取り問題

第1問B

You visited your town's website and found an interesting notice.

Participants wanted: 7th Summer Camp with students from abroad

The schedule for the annual camp at the heather forests has been decided! This year, five exchange students each from the U.S. and Malaysia will attend the camp.

Now we are looking for 50 junior high school students to participate in the camp and 20 high school students to help run the camp. We adult volunteers will be sure to support you.

The Main Camp Schedule (August 4-9)

This is just a brief outline. For details of each day, click **here**.

August 4 (Mon.)	Orientation, making six groups
August 5 (Tue.)	Sports competition among all groups
August 6 (Wed.)	Walk rally competition among all groups
August 7 (Thu.)	Choose one activity and take part in it: Doing yoga, Making cheese, Art experience, Scientific experiment
August 8 (Fri.)	Thinking about your performance in each group, preparing, performing for all members at the

	campfire at night.
August 9 (Sat.)	Having a barbeque lunch, going home

- To register, click **here**, fill out the form, press the submit button.
- If you want to watch a video of the previous camp, click **here**.
- Let's practice camp songs in English! We will sing these songs at the campfire. If you want to know the lyrics, click **here**.

問1 The main purpose of this notice is to find people [3].

① to help with the summer camp
② to teach Japanese to foreign students
③ who can speak foreign languages
④ who have been to the U.S. or Malaysia

問2 During the summer camp the students are going to [4].

① have a barbeque on Wednesday
② participate in an activity of their choice on Thursday
③ play sports on an individual basis on Tuesday
④ ride on a train before noon the last day

問3 Participants in this camp will be able to see how the event is because they can [5].

① apply for the camp online
② check how the last camp went on the website
③ listen to a lot of English music
④ see the heather forests in advance

第1問B　解答＆攻略法

正確に，速く解くには？

まず，与えられた設問に目を通してから本文に目を向けることが基本でしたね。ただし，今回の場合は，それより先に目に入るのは **Participants wanted** だったと思います。

これだけで，**この告知は参加者を募る目的がある**のだなと頭に入れることができます。告知記事に関しては，まずタイトルを見たあとで，設問を見るようにしましょう。

問１は，「この告知の主な目的は [3] 人々を見つけることである」とあります。参加者を募集していることが頭にある状態で読めば，どんな人を募集しているかが書かれている文を見つけやすくなりますね。

問２では，「サマーキャンプの間，生徒は [4] 予定である」とあります。キャンプの内容については，スケジュール表と選択肢を見比べて，一致するものを選んでいきましょう。

問３は，「キャンプの参加者は [5] できるので，どのようなイベントであるか見ることができるだろう」とあります。本文中には「ここをクリック」が４つも並んでいます。クリックすれば何をチェックできるのかを確認しましょう。

〈訳〉あなたは，自分の町のウェブサイトを訪ね，興味深い告知を見つけました。

参加者募集：第７回　留学生と一緒にサマーキャンプ

ヘザー森林での年に１回のキャンプのスケジュールが決定しました！ 今年は，アメリカとマレーシアから各５人の交換留学生がキャンプに参加します。

現在，私たちはこのキャンプに参加する50人の中学生と，キャンプの運営を手伝う20人の高校生を探しています。私たち大人のボランティアももちろんあなたたちをサポートします。

主なスケジュール（8月4日～9日）

これは単なる概要です。各日程の詳細は，ここをクリック。

8月4日(月)　オリエンテーション，6つのグループを作る
8月5日(火)　すべてのグループ間でスポーツ競技会
8月6日(水)　すべてのグループ間でウォークラリー競技会
8月7日(木)　活動を1つ選び，それに参加する：ヨガ，チーズ作り，芸術体験，科学実験
8月8日(金)　各グループで出し物について考え，準備し，夜のキャンプファイヤーでメンバー全員に披露する
8月9日(土)　昼食にバーベキュー，帰宅

- 登録するためにはここをクリックして，フォームに記入し，提出ボタンを押してください。
- 過去のキャンプの映像を見たい場合は，ここをクリック。
- 英語でキャンプの歌を練習しよう！ キャンプファイヤーでこれらの歌を歌います。歌詞を知りたい場合は，ここをクリック。

重要語句

☐ annual「年1回の，毎年の」 ☐ brief outline「概略」
☐ fill out「(書類など) に書き込む，記入する」 ☐ lyrics「歌詞」

問1の解答解説

タイトルに**Participants wanted**とあるように，この告知は**参加者を募集するもの**ですね。では，設問文を見てみましょう。

The main purpose of this notice is to **find people** [3].
「この告知の主な目的は [3] **人々を見つける**ことです」

find peopleとあるので，人を探しているんですね。どのような人を探していて，どのような人に参加してほしいのかを明記した部分を探せばいいわけです。

本文第2段落にある次の文に注目しましょう。

> **we are looking for** 50 junior high school students to participate in the camp and 20 high school students **to help run the camp**.

look for「**〜を探す**」があることに気が付きましたか？ キャンプでは，50人の中学生と20人の高校生を募集しているんですね。

to 以下にそれぞれの役割が示されています。中学生は**to participate in the camp**，高校生は**to help run the camp**。

つまり，中学生はキャンプに参加してほしい対象であり，高校生にはキャンプの運営を手伝ってほしいと伝えているんですね。ここの動詞**run**は「運営する」という意味なので注意しましょう。

では，次に選択肢を見てみましょう。①はto **help** with the summer camp「サマーキャンプを手伝うための人」。つまり，このキャンプの遂行を手伝ってくれる高校生を指しているんですね。

②～④では外国に関係する記述が並んでいますね。本文ではアメリカとマレーシアからの留学生が参加することは書かれていますが，彼らについてはそれしか述べていません。

だから，彼らに日本語を教えることも，外国語を話さないといけないこともないし，彼らの出身国に行ったことがなくても関係ありません。

問題は書いてあることしか答えになりません。したがって，①が正解です。

〈選択肢の訳〉

① サマーキャンプを手伝う
② 外国の生徒に日本語を教える
③ 外国語を話すことができる
④ アメリカかマレーシアに行ったことがある　　**正解** ①

問２の解答解説

ここもまず設問文を確認しましょう。

During the summer camp the students **are going to** [4].
「サマーキャンプの間，生徒は [4] **予定です**」

未来を表す表現，***be* going to**「**～する予定である**」が使われていますね。生徒がキャンプの間にすることが問われているから，スケジュール表と照らし合わせていけばよさそうです。

スケジュールと選択肢では，言い換え表現がないかという点も注意して選択肢を確認していきましょう。

August 4 (Mon.)	Orientation, making six groups
August 5 (Tue.)	**Sports competition among all groups**
August 6 (Wed.)	Walk rally competition among all groups
August 7 (Thu.)	**Choose** one activity and **take part in it**: Doing yoga, Making cheese, Art experience, Scientific

	experiment
August 8 (Fri.)	Thinking about your performance in each group, preparing, performing for all members at the campfire at night.
August 9 (Sat.)	Having a barbeque lunch, going home

まず，①は内容と曜日が違っていますね。④は本文に記載がない内容です。この２つはすぐに消去できます。

残ったのは②と③です。それぞれの文についてもっとよく見てみましょう。

> ② **participate in** an activity of their **choice** on Thursday
> ③ play sports on **an individual basis** on Tuesday

②の **choice** とスケジュールの **choose** とは，どちらも「選択」を表す名詞と動詞ですね。参加者自身でいくつかある option から選んだ活動を行うということです。

participate in は「参加する」という意味で，スケジュールの **take part in** の言い換えになっていますよ。だから，「木曜日にアクティビティーに参加する」は合致します。

③では，**individual** と書かれている部分は，スケジュールでは **Sports competition among all groups** と書かれています。ここは，個別にスポーツを行うのか，すべてのグループで行うスポーツなのかという点で大きな違いがあるんですね。したがって，正解は②です。

ここで大事なのは，一見合っているように見える場合でも，それに付く語句が言い換えられていて結局同じことを意味しているのか，あるいはまったく違う意味となってしまうのかを見極めることです。

１つの単語が合致しているだけで，すぐに答えだと飛びついてしまわないことがポイントです。

〈選択肢の訳〉

① 水曜日にバーベキューをする
② 木曜日に彼らの選んだ活動に参加する
③ 火曜日に個別にスポーツを行う
④ 最終日の昼前に電車に乗る

正解 ②

問３の解答解説

まずは設問文の確認から。

Participants in this camp will **be able to see how the event** is because they can [5].

「このキャンプの参加者は [5] できるので**どのようなイベントであるか見ることができるでしょう**」

the event は「キャンプ」のこと。how は「どんな様子かを」という意味ですね。したがって，**be able to see how the event** で「どのようなイベント（キャンプ）か見ることができる」ということです。

キャンプの参加者は，そういうことが前もってできるということですね。理由・原因を表す because のあとに，**they can** があることに注目しましょう。「なぜなら，彼らは～ができるから」，「イベント（キャンプ）の様子がわかりますよ」となるわけです。

さて，キャンプの告知とスケジュールの他に与えられている情報には，**click here**「ここをクリックすれば～が見られるよ」という案内が４つありますね。

１つ目は各日程の詳細，２つ目は登録案内，３つ目は過去のキャンプの映像が見たい場合にクリックしてください，と記載されています。告知の冒頭には **annual camp** と記載されていたことを思い出しましょう。

そうです，このキャンプは年に１回開催されているんですね。それで **a video of the previous camp**「過去のキャンプ映像」があるわけです。この映像を見ることで，この毎年恒例のキャンプがどんな感じなのか雰囲気がわかりそうじゃないですか？

そして，４つ目は歌詞が知りたいなら，という意味ですね。したがって，どうやら３つ目の「映像」がカギとなりそうです。

ということで選択肢を見ていきましょう。

②には，**check how the last camp went on the website**「ウェブサイトで昨年のキャンプがどうだったかを確認できる」とあります。last camp がチェックできるということは，過去の映像を見ることに当てはまるのがわかりますね。

さて，他の選択肢も確認しましょう。Just in case!

①は，オンラインで応募することで，例えば，キャンプの様子がわかる何かが送られてくるような記載はありません。

③は，英語の曲はクリックすることで聴けるけど，それでキャンプの様子

がわかるというには根拠として弱いですね。

④の「(開催地である) ヘザー森林を前もって見ることができる」，というのもキャンプの様子を知るには情報不足です。正解は②です。

〈選択肢の訳〉

① オンラインでキャンプに申し込むことが
② ウェブサイトで昨年のキャンプがどうだったかを確認
③ 多くの英語の歌を聴くことが
④ 前もってヘザー森林を見ることが

正解 ②

得点率90%Get!

タイトル・表・注記に，問題の答えとなる文が分散していることに注目しよう！

告知記事には，まず何かを伝えたいという「目的」があります。したがって，当然タイトルには一目でわかる表現があるはずです。新聞や雑誌の見出しと同じですね。

同じことを伝えるのでも，言い方はたくさんあります。We are currently recruiting (seeking) participants や participants needed など，異なる表現を知識として蓄えておきましょう。

問2は，表から読み取れる複数の情報をまとめることが求められています。企画の内容は主にここに書いてあるわけですから，自分が参加するつもりになって，設問の答えを探せばいいですね。

こういうビジュアル読解問題には，「注記」があることがあります。ここは絶対見るようにしましょう！アスタリスク（*）や●の記載がある場合は，それに続く文が答えとなることがあるんです。

第1問Bでは, オープンキャンパスや講座のお知らせ, コンペティションの説明, 旅行会社のツアーの詳細などの出題パターンも考えられます。

見出し，表（記号を交えたものなども含む），金額，条件など，たくさんある情報の中から必要な情報を選び，さらに本文と選択肢を照合して判断しなければなりません。

ふだんから身近にある告知記事を見て，いろいろなパターンに慣れておきましょう。

PART Ⅱ

第3回 第2問Aの予想問題

ウェブサイトの読み取り問題

第2問A

Summer vacation is about to start in your school, so you want to get a part-time job. On a website, you found some interesting information about part-time jobs.

Let's have a productive summer vacation with part-time jobs!

We at Job Partner have information about three part-time jobs for high school students who want to improve their skills or find meaning and enjoyment in working.

If you are interested, please follow the steps below to apply.

Step1: Check information about jobs

1. Poolside food stand

- You need to have some swimming ability just in case.

2. Concert reception

- A concert by a popular orchestra will be held at Rebecca Hall.
- The concert hall will provide you with a uniform.
- You can listen to the orchestra free of charge on the last day.

3. Assistant cook

- In a restaurant inside a theme park which is open

only in summer, you will assist the cooks.

- There is possibility that you will also serve food.
- Experience not required

Step2: Submit your application

1. Fill out your name, address, telephone number, email address, the number of the job that you want, and your reason for applying on the application form.
2. Attach a picture of yourself to the form.
3. Press the submit button. You will receive a confirmation email.

Step3: Select the day for your job interview

1. We will call you after we review your application, and decide the day of the job interview together. *We will inform you by email if you are not selected.

COMMENTS from users of this website

Summer *May 25,2019 at14:15*

If you have problems at work, the staff on the website offer you kind assistance.

Ann 9 *June 3,2019 at10:34*

I got a job last summer through this website. I had some tough times, but had a great experience.

問 1 This website would be useful if you wanted to [6].

① become a full-time employee
② earn money without difficulty
③ get a job related to music
④ work as an experienced person

問2 If you want to complete the application on the website, you have to send [7] pieces of information about yourself along with a picture of yourself.

① five
② six
③ seven
④ eight

問3 People who want to work in the food service industry might gain valuable experience because you [8].

① can eat delicious food for free
② hand food to customers in uniform
③ have an opportunity to cook
④ work at a restaurant where music is played

問4 According to the website, one **fact** (not an opinion) about the jobs on offer is that [9].

① it is hard to get through on the phone
② the kind staff always help you
③ the result is decided in three days
④ rejected applicants will be notified

問5 According to the website, one **opinion** (not a fact) about the jobs on offer is that [10].

① one man had a part-time job last year
② these jobs are not fun
③ the work experience will mature you
④ you need to send your application by post

第2問A　解答＆攻略法

正確に，速く解くには？

この問題も，第１問Ｂのときと同じように，最初に**見出しとイラスト**に目がいくと思います。**part-time jobs**はわかりやすい単語ですね。「アルバイトをしよう！」ってことかなと，察しがつきますね。

そして，リード文を読むと，やっぱりそうだとなるわけです。３つのステップ（手順）があって，その下にはコメント欄があるなと，サッとテキスト情報とイラストを把握したら，設問に移りましょう。

第２問になったら，いきなり問５まで増えました。ちょっと多いですが，どういった問題があるのか，さっと目を通しちゃいましょう。ここでじっくり設問と選択肢を一つひとつ読む必要はありません。

かと言って，何にも考えず語句を目で追うだけでは意味はありませんよ。キーワードだと思う語句を押さえておけば，答えにつながりそうな箇所に見当がつきますし，数字が選択肢にあったら，本文中に時間や個数，列挙されているものが出てきたとき，それに注意を向けることができます。

〈訳〉あなたの学校では夏休みが始まろうとしているので，あなたはアルバイトをしたいと思っています。ウェブサイトで，あなたはアルバイトに関していくつかの興味深い情報を見つけました。

アルバイトで実りある夏休みにしよう！

ジョブパートナーの私たちには，技術を向上させたい，または働くことの意味や楽しみを見つけたいと思っている高校生に向けた，３つのアルバイトに関しての情報があります。
興味のある方は，以下の手順に従って応募してください。

ステップ１：仕事に関しての情報をチェックする

1．プールサイドの屋台

● 念のため，多少泳ぐ能力が必要です。

2．コンサートの受付

● レベッカホールで開かれる有名なオーケストラによるコンサートです。

● コンサートホールは制服を提供します。
● 最終日には無料でオーケストラを聴くことができます。

3. 調理補助

● 夏季のみオープンしているテーマパーク内のレストランで調理の補助をします。
● 食事の給仕をする可能性もあります。
● 経験不問

<u>ステップ2：申込書を提出する</u>

1. 申込用紙に，あなたの名前，住所，電話番号，e メールアドレス，あなたがやりたい仕事の番号，志望動機を記入する。
2. フォームにあなたの写真を添付する。
3. 提出ボタンを押してください。確認メールを受け取ります。

<u>ステップ3：面接の日を選ぶ</u>

1. あなたの申込書を検討したあとにお電話しますので，一緒に面接日を決めます。*選ばれなかった場合は e メールにてお知らせします。

このウェブサイトの使用者からのコメント

Summer　2019年5月25日　14時15分

もし職場で問題がある場合，ウェブサイトのスタッフが親切な援助を申し出てくれます。

Ann 9　2019年6月3日　10時34分

このウェブサイトを通して昨年の夏に仕事を得ました。多少苦労はしましたが，素晴らしい経験でした。

重要語句

☐ *be* about to *do*「(今まさに) ～するところである」
☐ productive「生産的な，実り多い」
☐ just in case「念のため，万が一」 ☐ free of charge「無料の」
☐ experience not required「経験不問」 ☐ application form「申込用紙」
☐ confirmation email「確認のメール」

問1の解答解説

設問文を見てみると，この問題は，何かをしたければ，このウェブサイトは役立つという，その「何か」を読み取る問題ですね。このウェブサイトを使う気持ちになって選択肢をチェックしましょう！

まず，①はタイトルに合いませんね。このサイトは**夏休み中のアルバイトの募集**であって，正社員用のサイトではありません。

②の **earn money without difficulty** は「苦労せずにお金を稼ぐ」という意味ですね。このウェブサイトには，お金に関する記述がまったくないので，これも合いません。

③と④については，**アルバイト情報を確認する**ことで答えがわかりそうなので，詳しく見ていきましょう。

このウェブサイトでは3つのアルバイトを紹介しています。1. **プールサイドの屋台**，2. **コンサートの受付**，3. **調理補助**です。

③では **related to**「関係がある，関連している」があります。**a job** を後ろから修飾して，「音楽に関係する仕事」という意味ですね。

さて，紹介されているアルバイトの中に，音楽に関係する仕事がありますよ。

You can **listen to the orchestra** free of charge on the last day.

人気のオーケストラによるコンサートの受付で，最終日にはアルバイトの人も演奏を聴くことができると書かれた2に合致しますね。

④は，as an experienced person「経験者として」という内容が，調理補助の項目にある experience not required「経験不問」に合いませんし，残り2つのアルバイトにも，それに該当しそうな記述はありません。したがって，③が正解です。

〈設問の訳〉もしあなたが [6] たいなら，このウェブサイトは役立つでしょう。

〈選択肢の訳〉

① 正社員になり　　② 苦労せずにお金を稼ぎ
③ 音楽に関係する仕事を得　　④ 経験者として働き　　**正解** ③

問2の解答解説

問2は，設問文より先に選択肢の数字に目がいきませんか？ 選択肢を見てみると，4つの数字が並んでいますね。

設問文ではまず，**pieces of information** に注目しましょう！ そのあとには **about yourself** がありますから，選択肢の数字は「あなた自身の情報の数」

ということになります。

ここで気をつけてほしいのは，さらにそのあとには **along with**「～と一緒に」があることです。「あなたの写真と一緒に，あなたの情報を○つ送ることで申込書が完成する」ということは，つまり，この数字に「写真」は含まれないということです。

設問文にある語 application がステップ２の表題に入っているので，本文に目を通したときにステップ２に答えがありそうだな，とわかりますね。

> 1. **Fill out** your name, address, telephone number, email address, the number of the job that you want, and your reason for applying **on the application form**.

ステップ２の１では，**fill out**「**記入する，書き込む**」と **on the application form**「**申込用紙に**」の間に，記入する必要事項が書かれていますね。

数えてみると「あなたの名前」「住所」「電話番号」「e メールアドレス」「あなたがやりたい仕事の番号」「志望動機」の６つで，すべてあなたに関する情報です。

ステップ２の２にある，あなたの写真を添付することは含まないので，正解は②です。

〈設問の訳〉もしあなたがウェブサイトの申込書を完成させたいなら，あなたの写真と一緒に［ 7 ］つのあなた自身についての情報を送らなければなりません。

〈選択肢の訳〉

① 5　② 6　③ 7　④ 8　　**正解** ②

得点率 80 %Get!

数字や物が列挙されている場合はチェックしておこう！

本問は，申し込みの提出に必要なものはいくつあるかを答える問題でしたね。数字や名前が一つひとつ挙げられている場合は，それに関する問題が出題されやすいのです。

その数字や列挙されている物の種類が何を表しているかをよく理解しておく必要がありますね。ステップに沿って読み進める際に，数字やものの種類が出てきたら，あとでわかるように確認しておきましょう！

この問題は，手順が書かれた説明書を読み解く形式で作られているので，「作成方法」,「参加方法」などが題材になってきます。ふだんからいろんな種類の「方法」のパターンに慣れておくと，この形式の問題に強くなれますよ。

問3の解答解説

設問文を読むと，何らかの理由によって外食産業で働きたい人々は貴重な経験を得られるかもしれない，ということがわかりますね。

飲食関係の仕事をしたい人がこのウェブサイトを通してアルバイトをするなら，何のアルバイトに興味を抱くでしょうか？

先ほどの3つの職種の中では**プールサイドの屋台と調理補助が当てはまりそうだと推測できます**。屋台の説明は,「万が一のためにあなたも泳げる必要がある」と書かれているだけで，仕事内容については書かれていません。それなら，もう1つの調理補助の概要と選択肢を見てみましょう。

③の「**料理をする機会がある**」ことは，将来飲食関係の仕事に就きたい人にはいい経験になりそうですね。本文中の項目にある「調理補助」の内容に合致するのでこれが正解です。

項目には他にも，**料理を給仕する可能性もある**とありますね。それについて書かれている選択肢は②の **hand food to customers** です。

「料理を給仕する」のと「手渡す」ことは同じ意味ですから，これもいい経験になると思いますよね。でも，うしろに **in uniform**「**制服を着て**」があります。

コンサートの受付には with a uniform とあるけど，調理補助ではそのような記述がありません。レストランだし制服貸与があるのでは, とも思えますが，これは推測しすぎなので気をつけましょう。

④も同じ理由で消去できます。「**レストランで働く**」までなら問題ありませんが，**where music is played** という関係副詞節を伴って,「音楽がかかっているレストラン」と書かれています。これも，レストランなら大抵音楽はかかっているという推測は「しすぎ」です。

①についてはそもそも項目に書かれていないので誤りです。

〈設問の訳〉外食産業で働きたい人々は [8] ので，貴重な経験を得るかもしれません。

〈選択肢の訳〉

① 無料で美味しい料理を食べることができる

② 制服を着て客に料理を手渡す

③　料理をする機会がある
④　音楽のかかっているレストランで働く　**正解** ③

問4の解答解説

第2問の最大の特徴と言える,「事実」と「意見」を判断し,答える問題です。問4は個人的な意見ではなく,**「事実」を選んで答える問題**ですね。

選択肢を整理していきましょう。①は **it is ～ to *do*** の形式主語の形をとって,「～が難しい」という表現を使っています。

get through on the phone は「電話で相手に通じる」という意味。つまり,「つながりにくい」ということですね。ウェブサイトの運営会社やアルバイト先への電話での連絡がつきにくいことは,ウェブサイト上で書かれていません。

たとえ,コメント欄で誰かが「連絡がつきにくかった」と投稿していたとしても,**そう思う度合いは人によって異なるので,「意見」となります**。①は誤り。

②の kind staff については,コメント欄で Summer さんが the staff on the website offer you kind assistance と言及しています。

でも,これはあくまで **Summer さんが思った個人的な意見**です。②も誤り。

③の the result は,この場合,採用通知のこと。**アルバイト応募の結果について書かれているのはステップ3**ですね。

採用者には電話で連絡し,面接日を一緒に決めること。そして,**選ばれなかった人にはeメールで知らせること**。この2点は事実だと言えますね。

ただし,「3日以内に」と限定したことは記載がありませんから,事実としての情報が足りず,誤りです。

④の **rejected applicants will be notified** は「不合格の応募者に通知される」という意味ですね。**you are not selected** と **rejected applicants**, **inform** と **be notified** がそれぞれ言い換え表現になっていて,これが意見ではなく「事実」なので,正解となります。

〈設問の訳〉ウェブサイトによると,提供している仕事についての1つの事実(意見ではない)は,[9]ということです。

〈選択肢の訳〉

①　電話がつながりにくい
②　親切なスタッフがいつもあなたを助ける
③　3日以内に結果が決まる
④　不合格になった応募者は通知される　**正解** ④

問5の解答解説

今度は問4とは反対に，「事実」ではなく「**意見」を選択する問題**です。「意見」ということは，ウェブサイトではなく，コメント欄を確認することで個人の意見を拾えそうですね。選択肢とコメント欄の両方を見てみましょう！

①の「1人の男性が昨年アルバイトをした」というのは，本文またはコメント欄に記載があれば，**意見ではなく事実だと言えます**。でも，コメント欄に「昨年の夏に仕事を得た」とあるのは女性のAnn9さんだけで，男性のSummerさんは事実かどうかもわからないので，誤りですね。

②の「仕事は楽しくない」はまさしく意見です！ でもそのように書いている投稿者はいるでしょうか？ Summerさんは仕事の経験については特に触れず，スタッフのホスピタリティがよかった点を挙げているだけですね。

Ann9さんは昨年の夏にアルバイトをして，つらい時間だったと言っています。これだけなら，楽しくなかったんだと思えて正解になりそうですが，butが続いて，had a great experienceだったと前向きな意見を言っていますよね。「大変なアルバイトだったけれども，素晴らしい経験をした」と述べているので，アルバイトの経験をしたことで成長できたと思っていると感じ取れます。③はまさにそれをほのめかしている意見ですね。

ということで，②は間違いで，③が正解です。④は，申込書を郵送するとはどこにも書いてないし，オンラインで提出する方式のため**事実でも意見でもない**ので誤りです。

〈設問の訳〉ウェブサイトによると，提供している仕事についての1つの意見（事実ではない）は，［ 10 ］ということです。

〈選択肢の訳〉

① 1人の男性が昨年アルバイトをした
② これらの仕事は楽しくない
③ この仕事の経験はあなたを成長させる
④ 申込書を郵送する必要がある

正解 ③

得点率90%Get!

「事実」と「意見」の区別は，整理すればわかるので，慌てず解こう！

個人の「意見」ではない「事実」には，例えば以下のようなものがあります。

- 手順や仕組みなどが説明されていること
- 誰かが賞を取った，何かに選ばれたなど，すでに起こったこと

- 性別や立場が明確にわかる人物が行ったこと
- 何が原料や素材となって作られているのかが述べられているもの

多くの事実は本文中に記載されていることがほとんどですが，コメントで「子どもたちとそれを作ったよ」といった報告があれば，これは「事実」になりますよね。反対に「個人の意見」には，次のようなものがあります。

- 「簡単だ」,「難しい」などの難易度を示すコメント
- 「親切な」,「態度が悪い」などの，個人が他人から受ける印象
- 「おいしい」,「まずい」,「楽しい」,「つまらない」などの感情表現
- 「もっとこうしたほうがよい」などのアドバイス，または「完璧」などの称賛

「意見」なので，たいていはコメント欄に寄せられた投稿内から探せるはずです。しかし，本文中に「このレシピはマスタードを加えるとさらにおいしくなるよ！」といった説明があれば，それは個人の意見ですね。

必ずしも意見だからといってコメント欄にあるとは限らないわけです。

PART Ⅱ

第4回 第2問Bの予想問題

記事を読んで答える問題

第2問B

Your English teacher gave you an article to help you prepare for a debate in the next class. A part of this article with one of the comments is shown below.

Single-Use Plastic and Environmental Problems

By Robert Smith, U.S.A.

5 OCTOBER 2019・5:23PM

Single-use plastic products are very useful, but they become trash and have a negative impact on the environment. According to an announcement by UNEP in 2018, over 50 countries are trying to deal with the problem of single-use plastic. The state of Maharashtra in India banned single-use plastic in 2018. If you break this law, you will be fined or possibly arrested, depending on the situation.

One member of a wildlife protection organization stated, "Instances of wildlife accidentally eating plastic bags are becoming more common." He also said, "It is more important that the lives of animals be saved than that we have useful things for human beings."

A scholar said that there is a proverb that "you can often find in rivers what you cannot find in oceans" in India. In recent years, some products which can be eaten or which melt in water have been developed, and they are used the same way as plastic but are not likely to become trash. These are great inventions caused by a change in thinking, and they can help resolve this problem. However, some people disagree with such ideas. They have stated, "We oppose the movement to try not to use plastic straws because paper straws become unusable quickly."

32 Comments

Newest

Donna Foster 25 November 2019・10:15AM

I did not realize the plastic trash problem is so serious. It is important to take whatever action we can. For example, I can refuse to use plastic products as much as possible.

問1 According to the law in the state of Maharashtra which is mentioned in the article, people who use single-use plastic will [11].

① be warned strictly by the police
② make a social contribution
③ pay a fine for their crime
④ usually spend a few days in a prison

問2 Your team will support the debate topic, "Single-use plastic should not be used." In the article, one **opinion** (not a fact) helpful for your team is that [12].

① It is necessary that wildlife be protected even if we stop using plastic products

② laws to protect the environment should be put in place around the world

③ many other countries besides India are trying to reduce the use of single-use plastic

④ the number of countries which have resolved the plastic waste problem is less than 50

問3 The other team will oppose the debate topic. In the article, one **opinion** (not a fact) helpful for that team is that [13].

① only people who are interested in environmentally friendly products should use the new products

② plastic straws are in demand and are easier to use than paper straws

③ products which are not harmful to the earth are great ideas and great technology

④ there are many people who want to continue to use plastic straws

問4 In the 3rd paragraph of the article, the Indian proverb means that people can [14].

① figure out problems without changing their way of thinking

② generate innovative ideas by changing their perspective

③ modify paper straws so that they are easy to use

④ return everything to the soil or the ocean

問5 According to her comment, Donna Foster [15] the idea of refusing to use single-use plastic products.

① has no particular opinion about
② partly agrees with
③ strongly agrees with
④ strongly disagrees with

第2問B　解答＆攻略法

正確に，速く解くには？

この記事は，Robert Smith さんによるインターネット上で公開されている記事のようです。問 5 まで問題があるので，設問にサッと目を通してみましょう。

問 1 は，使い捨てプラスチックを使うと人はどうなるのかが問われています。Maharashtra という，見慣れない単語が出てきますね。

law は「法律」という意味だから Maharashtra はどうやら地名で，そこの法律のことだとわかります。本文では**この単語に注意しながら読んでいけばいい**ですね。

問 2 と問 3 は，この問題の特徴であるディベートに関する問題です。「事実」ではなく，**賛成派と反対派のそれぞれに役立つ「意見」**を選びます。

つまり，記事の中には**誰かの個人的な意見が述べられている文がある**んだなということがわかりますね。

続いて問 4 には，「第 3 段落では」と，範囲を限定していますね。チェックしなければならない箇所がわかりやすいから簡単そう！と一見思ってしまいがちですが，その分，**ダイレクトに本文と選択肢の言葉がつながる可能性は低い**んです。the Indian proverb means というのは，「インドのことわざ（格言）は～を意味する」なので，ことわざの内容を指す部分が理解できないと答えはわかりません。

問 5 は，記事の下に書かれているコメントを投稿している女性が，**記事のトピックに対してどう感じているか**という問題。彼女のコメントの内容をよく確認してみましょう。

〈訳〉あなたの英語の先生はあなたに，次の授業で行うディベートの準備に役に立つ記事をくれました。いくつかあるコメントの 1 つとともに，この記事の一部が下に示されています。

使い捨てプラスチックと環境問題

ロバート・スミスの投稿，アメリカ

2019 年 10 月 5 日・午後 5 時 23 分

使い捨てプラスチック製品はとても便利ですが，ごみとなって環境に悪影響を及ぼします。2018 年の UNEP(国際連合環境計画)による報告によると，50 か国を超える国が使い捨てプラスチックの問題に対処しようとしています。インドのマハーラーシュトラ州は2018年に使い捨てプラスチックを禁止しました。もしこの法律を破った場合は，状況によって罰金を支払うか逮捕されるでしょう。

野生動物保護団体のメンバーの 1 人は「野生動物が誤ってプラスチック袋を食べてしまう例がより一般的になってきています」と述べました。彼はまた，「動物の命が救われることは人間にとって有益なものを手に入れることよりもとても重要なことです」と言いました。

ある学者は，インドでは「海で見つからないものが川でよく見つかる」ということわざがあると言いました。近年，製品の中には，食べることができたり水に溶けたりするものが開発されており，それらはプラスチックと同じように使われていますが，ごみにはなりにくいです。これらの製品は，考えの変化によって生まれた素晴らしい発明であり，この問題の解決に役立てることができます。しかしながら，中にはこのようなアイディアに反対する者もいます。彼らは，「私たちは紙のストローはすぐに使えなくなるので，プラスチックストローを使わないようにする運動には反対です」と述べています。

32 件のコメント
最新
ドナ・フォスター　2019 年 11 月 25 日・午前 10 時 15 分
プラスチックのごみ問題がとても深刻だとは気が付きませんでした。私たちにできることは何でも行動することが大切です。たとえば，私はできるだけ多くのプラスチック製品の使用を拒否することができます。

重要語句

- □ single-use plastic「使い捨てプラスチック」
- □ trash「ごみ，くず，廃物」 □ negative impact「悪影響」
- □ Maharashtra「マハーラーシュトラ州（インドの州の 1 つ）」
- □ scholar「学者」 □ proverb「ことわざ，格言」

問1の解答解説

タイトルの意味はわかりましたか？ **single-use**は「**使い捨て**」，**environmental problems**は「**環境問題**」なので，使い捨てプラスチックの環境問題が話題なんですね。

では，設問文から見てみましょう。

According to **the law** in the state of Maharashtra which is mentioned in the article, people who **use single-use plastic** will [11].

Maharashtra（マハーラーシュトラ）は見慣れない単語だと思いますが，これは固有名詞です。マハーラーシュトラ州の法律によると，使い捨てプラスチックを使うとどうなるのかということが問われています。

Maharashtraやlawがキーワードになりそうですね。これらを本文から探すと，第1段落に見つけることができます。3文目に，2018年にマハーラーシュトラ州が「**使い捨てプラスチックを禁止した**」とあり，続く最終文には，違反した場合のことが述べられていますね。

you will **be fined** or possibly **arrested**, depending on the situation

depending on the situationは「**状況により**」という意味。使い捨てプラスチックの使用を禁止する法律に違反した場合，状況次第で**be fined**「**罰金を科される**」，もしくは**be arrested**「**逮捕される**」可能性があるということですね。うーん，かなり厳しい。空所にはこのような内容が入るんですね。

では，選択肢はどうでしょうか？ ③に**fine**があります。こちらは「**罰金**」（名詞）で，「罪に罰金を支払う」という意味になっていますよ。本文ではbe fined（動詞）で出てきていたけど，結局本文と同じことを言っていることに気付きましたか？ ③が正解ですね。

①と②は，記事の中では**まったく言及されていません**。④は，spend ～ in a prisonが本文のbe arrestedの言い換えと言えそうですが，a few daysのような期間については，本文では言及していませんね。

〈設問の訳〉この記事で言及されているマハーラーシュトラ州の法律によると，使い捨てプラスチックを使う人々は [11] でしょう。

〈選択肢の訳〉

① 警察から厳しく注意される
② 社会的な貢献をする
③ 罪に罰金を支払う

④　たいてい，刑務所の中で数日過ごす　**正解** ③

問2の解答解説

この問題ではまず，自分がディベートのトピックを支持する，つまり，「賛成派」の立場であるということを認識しましょう。使い捨てプラスチックの使用に反対なんですね。

選択肢を見ると，①は「プラスチック製品の使用を止めたとしても，**野生動物が保護されることが必要だ**」とあります。これは意見ですね。

本文を見ると，第２段落で野生動物保護団体のメンバーの１人が意見を述べています。

> "Instances of wildlife accidentally eating plastic bags are becoming more common."
> "It is more **important** that the **lives of animals** be saved than that we have **useful things** for human beings."

「野生動物がビニール袋を誤って食べてしまうことが増えている」ことと,「人間にとって便利な物を手に入れることよりも，動物の命を救う方がずっと大切だ」ということ，つまり，「**プラスチック製品が動物にとって脅威となる可能性があるのなら，使うことをやめたほうがいい**」ということです。

useful things はプラスチック製品のこと。**necessary と important**，**wildlife be protected と lives of animals be saved** が言い換えとなっていることに注意しましょう。結局，①はトピックを肯定する意見と言えますね。

②は意見ですが，本文では述べられていません。③は本文と内容は一致しますが，意見ではありませんね。④は本文の内容とは合わない事実です。

〈設問の訳〉あなたのチームは「使い捨てプラスチックは使用されるべきではない」というディベートのトピックを支持します。記事の中で，あなたのチームに役に立つ１つの意見(事実ではない)は [12] ということです。

〈選択肢の訳〉

①　たとえ私たちがプラスチック製品の使用を止めたとしても，野生動物が保護されることが必要である

②　環境を守る法律は世界中で制定されるべきである

③　インドの他にも多くの国々が使い捨てプラスチックを減らそうとしている

④ プラスチック廃棄問題を解決している国の数は50より少ない

正解 ①

得点率 80 %Get!

直接話法と間接話法に注意しよう！

本文では，発言を「そのまま」伝える直接話法や伝聞を表す間接話法が使われていますね。前者は，発言内容には引用符（“ ”）が付き，その前には，He stated, とか She said, などの，「言った」，「述べた」という意味の言葉がきます。

後者は，引用符は付かず，発言内容の代名詞や時制などを話し手の視点からとらえ直して，said や〈told ＋人〉の後の that 節の中で表現します（that は省略可能）。

本文では，ある学者がインドのことわざについて話していたことを筆者が述べていましたね。どちらにせよ，この問題では，話者の話した内容がとても重要です！だから，発言や伝聞には注意して「誰が何を話していたか」をしっかり把握しておきましょう。

問 3 の解答解説

もう一方のチームは，問 2 とは逆に「**反対派**」の立場，すなわち，使い捨てプラスチックの使用に賛成ということですね。

もう一方のチームに役立つ意見なので，トピックに **oppose**「反対する」意見を選択肢から見つけないといけませんね。選択肢を確認してみましょう。

①は，「環境に優しい製品に興味がある人のみ新製品を使用すべき」という意見です。でも，**そのような意見を述べている人の話は出てきません**ね。

③は，**地球を害さない製品はとても素晴らしい**と褒めています。これは，記事の中で製品の説明をしたあとに**筆者の意見**として捉えられる文（第 3 段落第 3 文），These are great inventions と内容が一致しています。

しかし，この問題では「反対派」，つまり，**使い捨てプラスチック賛成派の意見**としては役に立つとは言えません。

②の「プラスチックストローは需要があり，**紙ストローよりも使いやすい**」というのは，1 つの意見ですね。この意見に沿った内容を述べているのは，本文の第 3 段落 4 文目から最終文です。

However に着目しましょう。これは逆接の接続詞で，それまでのことと反対の内容を述べるようなときに使われるので，注意が必要です。

反対している一部の人々の意見には，「**紙のストローはすぐに使えなくなる**

からプラスチックのストローが便利。だから，使い捨てプラスチックを使用しないとする動きには反対だ」ということが述べられています。

これは②と一致しますし，さらに**反対派の意見**として使えますね。

④も，「使い捨てプラスチックを使用し続けたい」と述べているわけですから，反対派の言い分と言えますが，**many people** と書かれています。

本文には多くの人が使い捨てプラスチックの使用を望んでいるとは書かれていません。また，**there are**「**～がいる, ある**」の形で表した内容は説明であり，間違った事実として書かれている文であって，意見とは言えませんね。

したがって，②が正解です。

〈設問の訳〉もう一方のチームはディベートのトピックに反対します。記事の中で，そのチームに役に立つ１つの意見(事実ではない)は［13］ということです。

〈選択肢の訳〉

① 環境に優しい製品に興味のある人だけが新しい製品を使うべきだ
② プラスチックストローは需要があり，紙のストローよりも使いやすい
③ 地球を害さない製品はすばらしいアイディアでありすばらしい科学技術である
④ プラスチックストローを使い続けたい人が大勢いる　　正解 ②

得点率90%Get!

ディベート問題では，自分の立場や答える内容は意見か事実かをしっかり認識しよう！

問２は，使い捨てプラスチックの使用禁止を支持するのに役立つ意見，問３は，逆に反対するのに役立つ意見を選ぶ問題でしたね。

どちらの問題も意見を選ぶ問題でしたが，事実を選ぶ問題も考えられますね。設問文を読んだら，まず賛成なのか反対なのか，自分がどちらの立場なのかをしっかり認識しておきましょう。

さらに，選択肢は意見を選ぶのか事実を選ぶのかを間違えないように注意しましょう。選択肢には，本文の内容と一致するもの，部分的に一致するもの，本文にないものなどが考えられます。意見か事実かの判断については，意見は主観的なもので，人によって違ったりすること，事実は客観的で誰もがそうだと認められるものでしたね。

この種の問題はよく出題されますから，数多く解いて，慣れておきましょう。

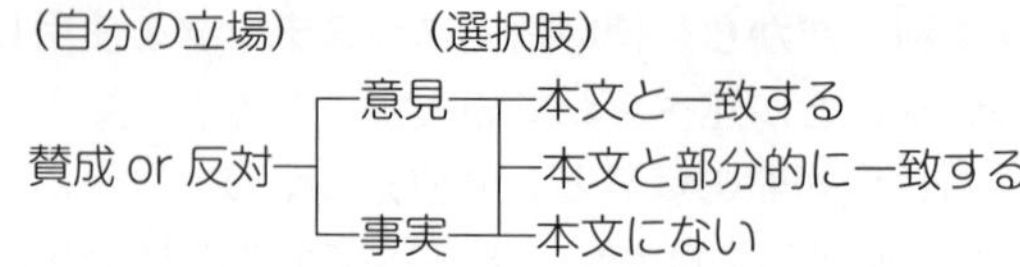

問 4 の解答解説

まずは設問文の確認から。**the Indian proverb** は「インドのことわざ」という意味。第 3 段落にあるこのことわざが意味することを答える問題です。

では，そのことわざを探しましょう。**proverb** をキーワードに読んでいきます。次の文ですね。

> A scholar said that there is **a proverb** that **"you can often find in rivers what you cannot find in oceans"** in India.

" " の部分がことわざです。「**海で見つからないものは川でよく見つかる**」という意味。この記事の内容から，**このことわざが当てはまる事柄は何か**と言っているんですね。

そして，3 文目に次の文があります。

> These are great inventions caused **by a change in thinking**, and they can help resolve this problem.

「これら製品は，**考えの変化によって**生まれた素晴らしい発明であり，この問題の解決に役立てることができる」ということですね。

これはどういうことを言っているのか……，そこがポイントです。つまり，**発想の転換によって解決できることがある**ってことですね。

では，選択肢はどうでしょう。②の **by changing their perspective**「**観点を変えることによって**」に注目。そう，ここは本文と同じことを述べているんですね。

考え方の転換によっていいアイディアが生まれることを述べているので，これが正解です。

①は，ことわざとは反対の意味。③や④は，いずれもことわざと共通する内容ではありません。

〈設問の訳〉記事の第 3 段落で，インドのことわざは，人々は [14] できるという意味です。

〈選択肢の訳〉

① 考え方を変えずに問題を解決することが
② 物の見方を変えることで革新的なアイディアを生むことが
③ 使いやすいよう紙ストローを変えることが
④ すべてのものを土壌または海に還すことが　正解 ②

問5の解答解説

ドナ・フォスターがどういう立場でコメントしているのかを見極める問題ですね。彼女のコメントをチェックしましょう。

> I did not realize the plastic trash problem is so serious. **It is important to take whatever action we can.** For example, **I can refuse to use plastic products** as much as possible.

ドナ・フォスターは，設問と同じ**refuse**を使って，「できるだけ使い捨てプラスチックを使わないなど，できる行動をすることが大切だ」ということを述べています。つまり，彼女は使い捨てプラスチックの使用に反対の立場なんですね。

これは選択肢の中で「強く賛成する」に当てはまります。したがって，③が正解です。

①は立場を表明していませんし，④は彼女とは反対の立場。彼女のコメントに肯定的な部分はないので，②も当てはまりませんね。

〈設問の訳〉ドナ・フォスターのコメントによると，彼女は使い捨てプラスチック製品を使うことを拒否する考え［ 15 ］。

〈選択肢の訳〉

① に特に特定の意見を述べていません　② に部分的に賛成です
③ に強く賛成です　④ に強く反対です

正解 ③

PART Ⅱ

第5回 第3問Aの予想問題

ブログを読んで答える問題

第3問A

You found the following story in a blog written by a female exchange student in your school.

Fishing at Sea

Tuesday, July 16

I went on a sea fishing tour with my host family last Sunday. We left the house early in the morning because I heard the morning and afternoon tours were in different places, and the morning tour was at a place where the fish were easy for beginners to catch.

I and my host brother Keita borrowed fishing equipment on the tour. We were told that we had to always follow the captain's instructions. Then we got in the boat, and after about 30 minutes, we arrived at the fishing spot.

A fish took my bait shortly after I started. The fish was very big, so my host father helped me bring it in using a net. I caught only one fish after all, but we caught three kinds of fish in total. One was a slender fish called a sardine, one had stripes and was called a parrot fish, and one was a flatfish. We took a picture of us each holding the fish we had

caught.

We made the fish we caught into sashimi and grilled fish. I had never eaten raw fish until that day, but it was delicious.

問 1 On this sea fishing tour, [16].

① even beginners are likely to catch fish easily on the morning tour
② nobody should talk to the captain when he is driving the boat
③ you can catch three kinds of fish on each tour
④ you need to wear appropriate clothes and bring your own equipment

問 2 You learned that the writer of this blog [17].

① caught a flatfish, and Keita caught a parrot fish
② caught a parrot fish after a short time, and was pleased
③ caught three fish in 30 minutes after they started fishing
④ had her host father help her with fishing and caught a sardine

第3問A　解答＆攻略法

正確に，速く解くには？

イラスト付きのブログ記事から，概要を把握する能力が求められる問題です。日記のような文章なので，抵抗なく挑戦できたんじゃないでしょうか。

文章は比較的易しいですが，文法を正しく理解して，状況や問われている問題を正確に読み取る必要があります。

問 1 は**ツアーに関すること**，問 2 は**このブログの筆者自身のこと**について問われているということを，ブログを読む前に頭に入れてから挑みましょう。

何に注目すべきかがわかった上で解くのとそうでないのとでは，スピードが全然違いますからね。

〈訳〉あなたは自分の学校の女子交換留学生が書いた，ブログの次の話を見つけました。

海での魚釣り
7月 16 日(火)

この間の日曜日，私はホストファミリーと海釣りツアーに行きました。私は午前中と午後のツアーは別の場所で，午前中のツアーは初心者にとって魚を釣りやすい場所であると聞いたので，私たちは早朝に家を出ました。

私とホストブラザーのケイタは釣り道具をそのツアーで借りました。私たちは常に船長の指示に従わなくてはならないと言われました。それから私たちはボートに乗って，大体 30 分後に釣り場に到着しました。

始めてからまもなく魚が私のエサにかかりました。その魚はとても大きかったので，ホストファザーがネットを使って魚を引き込むのを手伝ってくれました。私は結局たったの 1 匹しか釣れませんでしたが，私たちは合計で 3 種類の魚を釣りました。1 つはイワシという細長い魚で，1 つはしま模様のイシダイという魚，そしてもう 1 つはカレイでした。私たちは捕まえた魚をそれぞれ手に持って自分たちの写真を撮りました。

私たちは捕まえた魚を刺身と焼き魚にしました。私はその日まで生魚を食べたことがありませんでしたが，とてもおいしかったです。

重要語句

☐ instruction「命令，指示」 ☐ shortly「すぐに，間もなく」
☐ after all「結局」

問１の解答解説

このブログのタイトルは **Fishing at Sea** なので，内容は「釣り」についてだということがわかりますね。

設問文では，**sea fishing tour**「海釣りツアー」というキーワードに注目すればいいでしょう。

続いて，選択肢の①と③には，それぞれ morning tour，each tour と書かれていることから，ツアーは１つではなさそうです。他に，beginners や own equipment など，自分で拾えそうな語句は，本文を読んだときに反応できるように頭に入れておきましょう。

本文では，because 以下，**I heard (that) S＋V ～.**「**～だと聞いた**」という伝聞表現を使って，このツアーについて彼女が知っていることを書いています。

これが早朝に釣りに向かった理由となるわけです。それによると，まず，午前と午後の２つのツアーがあって，場所が異なることがわかりますね。

そして and 以下の文では，午前のツアーで行く釣り場について，**関係副詞 where を使って説明**しています。そうすると，午前のツアーでは初心者でも魚が釣れやすいことがわかりますね。

①は ***be* likely to *do*** で「**～しそうな**」という表現を用いて，初心者でも簡単に釣れそうだという意味の文になっています。

easy は形容詞，easily は副詞で品詞は異なりますが，どちらも魚を釣ることが簡単だと説明しています。表現は違っても同じことを言っていると気付けば，①が正解だとわかりますね。

〈設問の訳〉この海釣りツアーでは，[16]。

〈選択肢の訳〉

① 午前中のツアーでは初心者でも簡単に魚が釣れそうです
② 誰も船長がボートを運転しているときには彼に話しかけるべきではありません
③ それぞれのツアーで３種類の魚を釣ることができます
④ 適切な服装をして自分の道具を持ってくる必要があります

正解 ①

問２の解答解説

設問文から，**このブログの筆者は何を経験したか**がわかればいいですね。選択肢を読むと，魚の種類がいくつか登場していることがわかります。

まずは，釣りが開始された後の話が書かれている第３段落を見てみましょう。

１文目では，彼女が釣りを始めた後，魚が my bait を取ったと書かれていますね。その直後の文で，彼女が魚を釣ったことがわかるので，bait はエサだと推測できます。

shortly は「**すぐに，まもなく**」という意味の副詞。つまり，彼女は開始してすぐに魚を釣ることができたということです。

４文目には，彼女たちが釣った魚の特徴が書かれています。

> **One was a slender fish** called a sardine, **one had stripes** and was called a parrot fish, and **one was a flatfish**.

「細長い」，「しま模様がある」，「カレイ（平たい魚）」というそれぞれの魚の特徴がわかります。

最終文には，We took a picture of us **each holding the fish we had caught**. とあることから，自分たちが**釣った魚をそれぞれ手に持って写真を撮った**ことがわかりますね。

その写真がイラストです。このブログの筆者は，３文目で，「結局１匹しか釣れなかった」と書いており，彼女が手に持っている魚が，自分で釣った１匹の魚であることに気が付いてほしいところです。

イラストと，本文で説明されている魚の特徴から，彼女が釣った魚は parrot fish「イシダイ」いうことになります。

選択肢②の after a short time は shortly と同じ時間幅の表現。and 以下の (She) **was pleased** は「**喜ぶ，うれしい**」という意味です。

イラストの表情や，最終段落では初めて食べた刺身が美味しかったと書いていることから，彼女が満足していることがうかがえますね。したがって②が正解です。

〈設問の訳〉あなたはこのブログの筆者が［ 17 ］ということを知りました。

〈選択肢の訳〉

① カレイを釣り，ケイタはイシダイを釣った

② すぐにイシダイを釣り，喜んだ

③ 釣りを開始してから 30 分以内に３匹の魚を釣った

④　釣りでホストファザーに手伝ってもらい，イワシを釣った

正解　②

得点率90%Get!

基本の文法を押さえよう！

問１の本文では，関係副詞を使ってそのツアーの特徴を説明し，選択肢では，言い換えによって同じ意味となる文を正解としています。

また，本文では〈hear + SV〉の形を使った文が出てきましたが，hear は知覚動詞なので，〈hear + OC〉という使い方も可能ですね。

正しく文法を知っておくことで，なんとなくこういう意味かなと解釈していたものも，自信をもって読解できるようになります。

例えば, a picture of us each holding the fish (that) we had caught では，holding が現在分詞となって，「(それぞれが) 魚を手に持っている私たちの写真」という意味になります。その魚はどんな魚かというと，目的格の関係代名詞 that が省略されて「私たちが捕まえた魚」と説明しています。

この１文だけでも，文の構造を知っていればパッとイメージがわきますね。文意を正確に把握するには，基本的な「文法力」が大事ですよ。

第6回 第3問Bの予想問題
雑誌記事を読んで答える問題

第3問B

You found the following story in a local magazine.

It is important to put yourself in someone else's shoes
Anthony Gardner (a private tutor)

People from different countries sometimes have different values from each other depending on their national characters. However, I believe that regard for the feelings of others is not much different between countries.

I teach English to Tatsuya as a tutor. He is a quiet person and he does not often start conversations with other people, but he is thoughtful. His family often accepts students from abroad, and now one student who is from America, Greg, is staying at their house. Tatsuya was glad to see Greg. Greg tried to talk to Tatsuya frequently or to do things with him, to get along with him. Tatsuya told me the following story. One day, they were having Chinese food. Tatsuya was surprised because Greg was using chopsticks very well. Tatsuya said, "You are good at using chopsticks." Greg said, "Why are you saying such things? It is nothing special." It sounded like he was a little mad. Tatsuya thought he had made Greg feel uncomfortable, so he was sorry for that.

Another day, Greg invited Tatsuya to go somewhere with him

the following weekend. Tatsuya said that anywhere was fine because he thought he would like to go wherever Greg felt like going. Greg said "Why don't you ever have your own opinion?" strongly.

Tatsuya was hurt by the words and he apologized. Greg said "For what? You don't need to apologize to me." Tatsuya did not think he needed to change his personality, but he thought he should change the way he speaks so that other people will not misunderstand him. Greg came toward Tatsuya at that time, and said "I may have said too much. I am sorry." Tatsuya was relieved to hear that.

After I heard that, I told Tatsuya that you may be able to avoid misunderstandings if you can think about what kind of person the other person is, and not just meaning of the words they say.

問1 According to the story, Tatsuya's feelings changed in the following order: [18].

① astonished → happy → sorry → pained → relieved
② astonished → pained → sorry → happy → relieved
③ astonished → sorry → happy → relieved → pained
④ happy → astonished → pained → relieved → sorry
⑤ happy → astonished → sorry → pained → relieved
⑥ happy → pained → astonished → sorry → relieved

問2 When Tatsuya said that Greg was good at using chopsticks, Greg seemed angry because he thought that Tatsuya [19].

① had gotten jealous
② had pointed out his bad habit
③ was being mean to Greg

④ had praised him for a minor thing

問3 From this story, you learned that Tatsuya [20].

① decided to persist with his opinion from now on even if he argues with others
② is not going to change himself and his way of thinking, no matter what Greg says
③ learned he should think about what the other person is like when he communicates with someone
④ should not say unnecessary things because people who are from different countries have different values

第3問B　解答＆攻略法

正確に，速く解くには？

まず設問を見て，次に本文を確認することは，今までと変わりません。問1は，**タツヤの感情の変化を読み取り，時系列に沿って正しく並べたものを選ぶ問題**です。

本文と選択肢の表現は言い換えられていることが多いので，**気持ちを表す形容詞**を多く知っていれば，それだけ問題も解きやすくなります。

問2は，なぜグレッグが怒っているように見えるのか，その理由が問われています。彼の立場になって，言葉の意味や選択肢について考えてみましょう。

問3は，タツヤは何を感じ，考えたのか，文章全体の概要がつかめているかどうかが重要となってきます。部分的に，センテンスだけを読むというのではなく，全段落を総合的に解釈する必要があるということです。

したがって，**話の流れを理解しながら読み進めていくこと**がポイントとなります。わからない単語があってもそこで悩まずに，まずは最後まで読んでみましょう。

〈訳〉あなたは，地域の雑誌で次の話を見つけました。

相手の立場になって考えることは大切である
アンソニー・ガードナー（家庭教師）

時に，異なる国の出身の人々は，国民性によってお互いに違う価値観を持ちます。しかし，私は他人の気持ちに対する敬意は国家間でそれほど大きな違いはないと信じています。

私は家庭教師としてタツヤに英語を教えています。彼は大人しく，あまり自分から他人と会話を始めることはしませんが，思いやりがあります。彼の家族は，しばしば留学生を受け入れていて，現在アメリカ出身のグレッグという１人の生徒が彼らの家に滞在しています。タツヤはグレッグと会えてうれしく思っていました。グレッグはタツヤと仲よくなるために頻繁に話しかけたり，一緒に行動しようとしたりしました。タツヤは私に次の話をしてくれました。ある日，彼らは中華料理を食べていました。タツヤはグレッグがとても上手に箸を使っていたので，驚きました。タツヤは「箸を使うのが上手だね」と言いました。グレッグは「何でそんなこと聞くんだよ？ 特別なことじゃないよ」と言いました。彼は少し怒っているようでした。タツヤは，グレッグに不快な思いをさせてしまったと感じたので申し訳なく思いました。

別の日，グレッグがタツヤを，次の週末にどこか一緒に行こうと誘いました。タツヤはグレッグが行きたいところならどこへでも行きたいと思ったので，どこでもいいよと言いました。グレッグは，「何でいつも自分の意見がないんだよ」と強く言いました。タツヤはその言葉に傷つき，謝りました。グレッグは「何に対して？ 君は僕に謝る必要なんてないんだよ」と言いました。タツヤは，自分の性格を変える必要はなかったと思いましたが，他人が自分を誤解しないように言い方を変えるべきだと考えました。そこへグレッグがタツヤの元へやって来て，「言い過ぎてしまったかもしれない。ごめんね」と言いました。タツヤはそれを聞いてほっとしました。

私はそれを聞いたあと，タツヤに，相手が言う言葉の意味だけでなく，その人がどんな人なのか考えることができれば，誤解を避けることができるかもしれないねと話しました。

重要語句

☐ put oneself in someone else's shoes「相手の立場になって考える」
☐ regard for「～への配慮，心遣い」
☐ get along with「（人と）仲良くやっていく」
☐ nothing special「特にない」 ☐ it sounds like「～のようだ」

問１の解答解説

まずは，いつもどおり設問を見てみましょう。**Tatsuya's feelings changed** は「タツヤの感情は変化しました」，in the following order は「次の順序で」という意味なので，この問題では，**タツヤの気持ちの変化**を追っていきます。

慌てずに確実に読み進めていきましょう！

1. Tatsuya was **glad** to see Greg.（第２段落４文目）
2. Tatsuya was **surprised** because Greg was using chopsticks very well.（第２段落８文目）
3. Tatsuya thought **he had made Greg feel uncomfortable**, so he

was **sorry** for that.（第 2 段落最終文）
4. Tatsuya was **hurt** by the words and he apologized.（第 4 段落 1 文目）
5. Tatsuya was **relieved** to hear that.（第 4 段落最終文）

タツヤの気持ちを読み取ることができる文を順番に並べたものと，それぞれの感情の順番が一致する選択肢は⑤です。

形容詞の言い換えとなっているもの，今回の場合は happy と glad，surprised と astonished は，**語彙力をつけておくことでパッと照合することができる**はずです。

5 つ目の relieved は「安心した」という意味。少し悩みそうなのは，3 つ目の he was sorry には，sorry と pained のどちらを置くかということですね。

でも，4 つ目の hurt という感情は，pained 以外の選択肢を代わりに置くことは難しいので，sorry → pained の順番です。内容からどちらが合致する選択肢か判断しなければならないことに気をつけましょう。

もう 1 つ注意しなくてはいけないことは，**誰の感情か**ということです。mad，feel uncomfortable などは，問われているタツヤの感情ではないですね。混同しないように注意しましょう。

〈設問の訳〉話によると，タツヤの感情は次の順番で変化しました：［18］。

〈選択肢の訳〉

① 驚いた→うれしかった→申し訳ないと思った→傷ついた→安心した
② 驚いた→傷ついた→申し訳ないと思った→うれしかった→安心した
③ 驚いた→申し訳ないと思った→うれしかった→安心した→傷ついた
④ うれしかった→驚いた→傷ついた→安心した→申し訳ないと思った
⑤ うれしかった→驚いた→申し訳ないと思った→傷ついた→安心した
⑥ うれしかった→傷ついた→驚いた→申し訳ないと思った→安心した

正解 ⑤

問 2 の解答解説

まず設問を確認してみましょう。

When Tatsuya said that **Greg was good at using chopsticks**, Greg **seemed angry because** he thought that Tatsuya ［19］.

タツヤがグレッグの箸の使い方を褒めたとき，グレッグは少し怒って，「何でそんなこと言うの？ 何にも特別なことではないじゃないか」と言っています。

Greg said, "**Why are you saying such things? It is nothing special.**" It sounded like **he was a little mad.**

「特別なことは何もない」という言葉から，グレッグは，**箸が使えることは当たり前のことだと思っている**のがわかります。それをふまえて，選択肢を見てみましょう。

まず①は，タツヤが焼きもちをやいたところで，グレッグは怒るでしょうか。2人の会話もかみ合わなければ，それが理解できるような文も書かれていませんね。

②は，タツヤはグレッグが何か行儀の悪いことをしたことを指摘したのではないので，誤りです。

③は，タツヤが意地の悪いことをしたと思われるような文はなく，仮に，タツヤがからかって上手だとうそを言ったのであれば，グレッグの言葉は不自然な返しになります。

④は，タツヤはグレッグの箸の使い方が上手だったから驚いたと理解できますね。でもグレッグは**できて当たり前だと思うこと（ささいなこと）をわざわざ褒められたことにいら立った**のです。

したがって，正解は④です。選択肢のシチュエーションに一つひとつ当てはめてみて，**本文でのやりとり，説明文と最も合うもの**を選びましょう。

〈設問の訳〉タツヤが，グレッグは箸を使うことがとても上手だと言ったとき，グレッグはタツヤが［ 19 ］と思ったので，怒っているように見えました。

〈選択肢の訳〉

① 焼きもちをやいた　② 彼の悪い癖を指摘した

③ 彼に意地悪だ　④ ささいなことで彼をほめた　**正解** ④

問3の解答解説

設問では，あなたが**タツヤに関して何を知ったか**ということが問われています。本文から正答の根拠となる文を見つけることが必要ですね。

2人の間で箸の使い方に関してやり取りがあったあと，グレッグがタツヤを遊びに誘っていますね。

タツヤは，グレッグの気持ちを優先するつもりで anywhere is fine と言ったのですが，再び誤解が生じて，グレッグに「自分の意見がない」と強く言われてしまいます。

そのときにタツヤが思ったことは，下記の文に書かれています。

Tatsuya **did not think he needed to change his personality, but** he thought **he should change the way he speaks so that other people will not misunderstand him.**

タツヤは相手に合わせて**自分を変える必要はない**と思っていますね。だけど，相手に誤解されないようにするには，**the way he speaks**（**伝え方**）**を変えるべきだ**と考えたんですね。

そして，このエッセイを書いている家庭教師は，彼に下記のアドバイスを述べています。

I told Tatsuya that you may be able to **avoid misunderstandings** if you can think about **what kind of person the other person is**, and **not just meaning of the words they say.**

家庭教師は，言葉どおりの意味だけでなく，「その人自身がどのような人なのか」を考えれば誤解を避けられると述べているのです。

これを **what the other person is like** を使って言い換えた③が正解です。タツヤ自身が**伝え方を変えよう**と思っており，さらに**家庭教師からのアドバイスを受け**，誰かとコミュニケーションを取る際にはその人がどのような人なのかを考えるべきだと思ったことが理解できますね。

〈設問の訳〉この話から，あなたはタツヤが［ 20 ］ということを知りました。

〈選択肢の訳〉

① 今後はたとえ相手と口論したとしても自分の意見を貫くと決めた
② グレッグに何と言われようと自分自身や考え方を変えるつもりはない
③ 誰かとコミュニケーションを取るときはその人がどういう人かを考えるべきだと学んだ
④ 出身国が違う人々は異なる価値観を持つので不必要なことは話すべきではない

正解 ③

得点率90%Get!

感情を表す形容詞の語彙を増やそう！

第3問Bでは，問1のように，人物の感情の変化を問う問題が出題されるので，感情を表す表現を多く知っていれば知っているほど解きやすくなります。

下記に並べた表現はぜひ覚えておきましょう（p.52，「単語力を増やそう！②」参照）。

- glad「うれしい」
- satisfied「満足した」
- nervous「神経質な，不安な」
- happy「幸せな，うれしい」
- sorry「申し訳なく思って」
- upset「うろたえた」
- hurt「傷ついた」
- sad「悲しい」
- embarrassed「きまり悪い」
- pleased「喜んで」
- angry「怒った，腹を立てた」
- confused「困惑した」
- shocked「衝撃を受けた」
- surprised「驚いた」
- astonished「驚いた」
- relieved「ほっとした」
- jealous「ねたむ，うらやむ」
- disgusted「むかむかした」

第7回 第4問の予想問題

記事やグラフを読み取る問題

第4問

You are doing research on sleep. You found two articles.

The relationship Between Sleep and Us

By Tanaka Hanae

July, 2019

It is said that Napoleon Bonaparte, Emperor of France, slept only three hours a day. However, according to his secretary, he actually got seven hours of sleep a day, which is enough. In Japan, some people are proud of not getting much sleep.

However, it is becoming clear from various studies in recent years that the number of hours we sleep affects our health. Scientists say that seven hours of sleep is appropriate, and eight hours of sleep is best for high school students. In addition, it is said that between 12:00 a.m. and 6:00 a.m. is the best time to sleep because a hormone called melatonin which leads to good sleep is produced in the largest quantities in your body during this time.

The graph below is the result of a study that a company conducted about the average number of hours of sleep in different countries. Japan stands out for having the fewest hours of sleep. Women in Japan sleep six hours and 40 minutes, and men sleep ten minutes less than women. In comparison, the country with the most hours of sleep is Finland. Aside from

Japanese men and women and Chinese men, all the men and women in the countries surveyed get over seven hours of sleep.

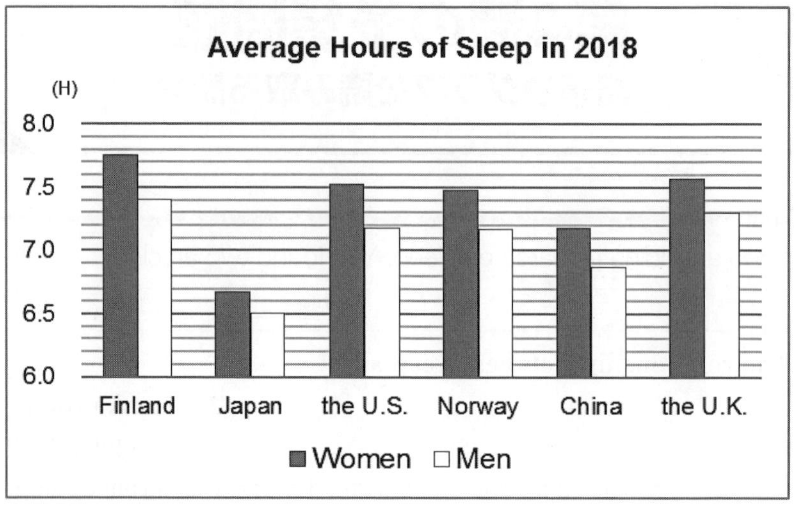

It has become clear that the risk of getting sick increases if you push yourself to do something even though you feel the need to sleep. This is particularly true for young people, so they should not lessen the amount of sleep they get.

Opinion on "The relationship Between Sleep and Us" by A. R.

August, 2019

I work as a teacher at a high school in Japan. After I read Ms. Tanaka's article, I remembered that I was surprised because I heard that my coworkers sleep no more than about five to six hours every day. I also heard that my students often stay up late. As a result, they sometimes look sleepy.

In the graph, there is an only small difference among the U.S., Norway and my home country, but the difference in sleep hours for both genders in my home country is the smallest after Japan. Some junior high schools and high schools have changed the beginning of class time to 10 a.m. Students can sleep for a long time because school starts later, and the purpose is to have students take classes with clear heads. Sleep reduces stress and improves concentration.

However, I think it is important not only to sleep for a long time but also to get good quality sleep. The type of sleep can be roughly divided into two types in which the depth of sleep is different. One is called "REM sleep" and the other one is called "non-REM sleep." It is considered healthy if these two kinds of sleep are repeated one after the other in a cycle with good balance. I have learned that sleep relates directly to health, so I will keep it in mind to sleep well.

問1 Neither Tanaka Hanae nor the teacher mentions [21].

① a hormone which enables good sleep
② the attitude that sleeping fewer hours is a good thing
③ the class starting time that was changed
④ the loss of memory due to lack of sleep

問2 The teacher is from [22].

① Finland
② Norway
③ the U.K.
④ the U.S.

問3 According to the articles, if you want to get a good sleep, you should be careful about [23]. (Choose two options.)

① how much time you spend at school

② repeating cycles of the two kinds of sleep
③ trying not to go to sleep until midnight
④ what time you go to bed

問 4 Tanaka Hanae states that students [24] and the teacher states that they [25] . (Choose a different option for each box.)

① cannot sleep well by reversing their days and nights
② do not need to cut back on the amount of time they sleep
③ had better go to school when they want
④ may be able to focus better on their studies by getting enough sleep
⑤ should know that the shorter sleep hours are, the better

問 5 Based on the information in both articles, you are going to write a report for homework. The best title for your report would be " [26] ."

① How to Study or Work Effectively by Cutting Sleep Hours
② Illnesses Caused by of Lack of Sleep Are Becoming a Problem
③ The Importance of Making Enough Time to Sleep at Night
④ The Mystery of What Happens to the Human Body During Sleep

第4問　解答＆攻略法

正確に，速く解くには？

「睡眠と私たちの関係」について書かれた記事と，「その記事に関する意見」を述べた記事の**2つの記事**から，各筆者の意図を把握し，情報をまとめられることが必要になります。

まず1つ目の記事を読んで，**解けそうな問題は先に解いてしまいましょう**。先に1つ目の記事だけでも判断できる選択肢を残す，あるいは消去することで，**整理しながら2つ目の記事を読む**ことができます。

また，**グラフを参照して選択肢を選ぶ問題**がありますから，グラフについて言及されている文は必ずチェックしておきましょう。

〈訳〉あなたは睡眠について調査しています。あなたは2つの記事を見つけました。

睡眠と私たちの関係

タナカハナエの投稿

2019年7月

フランスの皇帝，ナポレオン・ボナパルトは1日に3時間しか寝ていなかったと言われています。しかし，彼の秘書によれば，実際には，彼は1日に7時間の睡眠を取っていました。これは十分な睡眠です。日本では，あまり睡眠を取らないことに誇りを持っている人もいます。

しかしながら，近年のさまざまな調査から，睡眠時間は私たちの健康に影響があることが明確になってきています。科学者たちは，7時間の睡眠時間が適切であり，高校生には8時間の睡眠が最もよいと言っています。さらに，よい睡眠をもたらすメラトニンと呼ばれるホルモンが，午前0時から午前6時の間に，体の中で最も多く生成されるため，その時間帯に眠ることが最適だと言われています。

下記のグラフはある企業が行った，国別の睡眠時間の平均について調査した結果です。日本は睡眠時間が最も少ないことで目立っています。日本の女性は6時間40分眠り，男性は女性よりも10分少なく寝ています。比較すると，最も睡眠時間が長い国はフィンランドです。日本の男女と中国の男性を別にして，調査された国のすべての男女が7時間を超える睡眠を取っています。

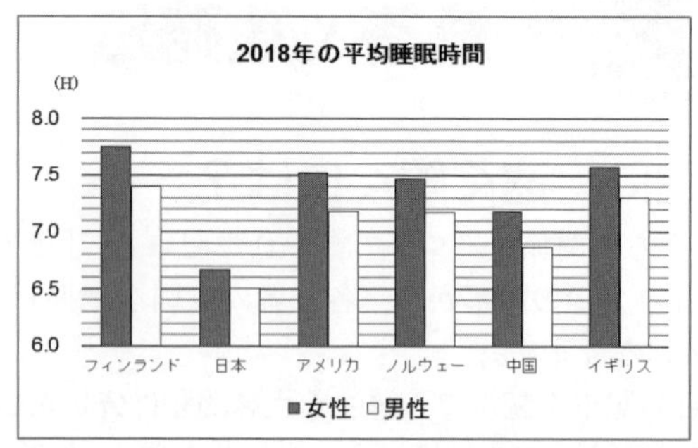

眠る必要があると感じているのに，何かをするために無理をしてしまうと，病気になるリスクが高まることが明らかになりました。これは特に若い人たち当てはまるので，彼らは眠る時間を減らすべきではありません。

「睡眠と私たちの関係」についての意見　　A. R. の投稿
2019 年 8 月

私は日本で教師として働いています。タナカさんの記事を読んだあと，私の同僚は毎日たった 5 ～ 6 時間程度しか寝ていないと聞いたので驚いたことを思い出しました。生徒たちがよく夜遅くまで起きていることも聞きました。結果として，彼らはときどき眠そうです。

グラフでは，アメリカ，ノルウェー，そして私の母国の間にはわずかな違いしかありませんが，私の母国の男女間の睡眠時間の違いは，日本の次に小さいです。中学校や高校の中には，授業の開始時刻を午前 10 時に変更した学校もあります。学校を遅く開始することで生徒たちは長く眠ることができ，その目的は頭がすっきりした状態で生徒たちに授業を受けさせることです。睡眠はストレスを軽減し，集中力を高めます。

しかし，長く眠ることだけではなく，質のよい睡眠を取ることも大切だと思います。睡眠のタイプは，睡眠の深さが違う2つの種類に大別できます。1 つは“レム睡眠”と呼ばれ，もう 1 つは“ノンレム睡眠”と呼ばれます。これら 2 つの種類の睡眠がバランスのいいサイクルで交互に繰り返されれば健康であると見なされます。睡眠は健康に直接関係することがわかったので，きちんと寝ることを心掛けます。

重要語句

□ in addition「さらに，その上」 □ lead to「(結果などを) もたらす」

☐ stand out「目立つ，抜きんでる」
☐ in comparison「比較して，比較すると」
☐ aside from「～は別にして，～のほかに」
☐ push oneself「無理をする」 ☐ one after the other「交互に，交代に」
☐ keep ～ in mind「～を覚えておく，～を忘れない」

問1の解答解説

まずは，いつもどおり設問を見てみましょう。

Neither Tanaka Hanae **nor** the teacher mentions [21] .

まず，注目すべきは，**Neither *A* nor *B*「A も B も～ない」**という表現。タナカさんも教師も，**どちらの記事でも述べていない**選択肢を選べばいいですね。

先ほど，**速く解くためには，1つ目の記事を読んだら，そこで解ける問題は解いてしまおう**とお話ししましたね。

2つ目の記事を読む前に，問題を確認しましょう。

1つ目の記事，第2段落の3文目には，よい睡眠をもたらすメラトニンと呼ばれるホルモンについての言及があり，第1段落の3文目では，日本では，あまり眠らないことを誇りに思っている人がいることが言及されています。したがって，①と②は正解ではないと判断できますね。

2つ目の記事，第2段落の2文目では，教師の出身国では授業の開始時刻を変更した学校があることを述べています。

つまり，2人とも述べていないのは④の記憶喪失についてだけなので，これが正解です。タナカさんは睡眠不足によって病気になるリスクが高くなることを，教師は，睡眠はストレスの削減と集中力を高める効果についてそれぞれ述べていますが，**睡眠不足によって記憶喪失になることは書かれていません**ね。

〈設問の訳〉タナカハナエも教師も [21] に言及していません。

〈選択肢の訳〉

① よい睡眠を可能にするホルモン
② より少ない睡眠時間はよいことだとする態度
③ 変更された授業の開始時刻
④ 睡眠不足による記憶喪失 **正解** ④

問2の解答解説

教師の書いた記事は2つ目なので，とりあえず飛ばしてしまっても OK。出身国がわかる文を抜き出してみましょう。

> In the graph, **there is an only small difference** among the U.S., Norway and my home country, but the difference in sleep hours **for both genders** in my home country is the **smallest after Japan**.

2つ目の記事の第2段落，1文目でmy home countryが出てくるので，この文に注目します。

この問題では，**上記の文章と，タナカさんの記事にあるグラフとを照らし合わせる**必要があります。

まず，文中にはアメリカとノルウェー，そして教師の母国では平均睡眠時間にわずかな違いしかないと述べられています。

グラフを確認すると，その2か国とわずかな差だと考えられるのはフィンランドかイギリスなので，そのどちらかが母国だと推測できますね。

次に，母国は日本の次に**for both genders**「男女で」睡眠時間の差が小さいと述べているので，正解は③のイギリスだとわかります。

実生活の中でも，さまざまな資料から判断し，結論を導き出すことがありますよね。この問題は，グラフや表，記事など，**複数の資料を照合して必要な情報を整理する力**が求められているのです。

〈設問の訳〉教師は［ 22 ］の出身です。

〈選択肢の訳〉

① フィンランド　　② ノルウェー
③ イギリス　　④ アメリカ

正解 ③

得点率80%Get!

グラフから読み取れる情報は必ず問われるということを意識しよう！

第4問の特徴は何と言っても，グラフに関する問題があるということ。問題を確認したときにすぐに目に入ってきますよね。グラフへの苦手意識をなくすことで，解くスピードも変わってくるはずです。

グラフを読むコツは，英語で書いてあっても変わりません。「グラフ全体の傾向をつかむ」こと，「目立つところに注目する」こと，「他と違う，または似ているところに着目する」ことを意識しましょう。

また，横軸が国名なら，国別で比較しているグラフだとわかるし，1つの国で男女差を問われることもあり得ます。タイトルの意味が理解できれば，文章を読む前からあらかじめ書かれていることや，問われそうなことが予想できますね。

グラフを説明するときによく使われる語句も，前もって覚えておきましょう(p.69，「単語力を増やそう！③」参照)。

less than や greater than，in comparison，difference between(among) などは，何かと比較するときによく使われますね。

また，aside from「～は別にして，～の他に」や both genders「男女共に」などの語句を知っていると，自信をもって前後の文脈をつなげることができますね。

得点率 90 %Get!

「目立つところや他と違うところ」の見つけ方

「目立つところを見つける」とはどういうことか，もう一歩踏み込んで説明しますね。グラフはデータの特徴を視覚的に理解してもらうためのものですから，グラフの「目につくところ」に読み解くヒントがあります。

例えば，

① 絶対量や割合を比較するグラフ→「最大」と「最小」となっているところがカギとなります。

② 変化を表すグラフ→「単調な変化（増加または減少)」か「複雑な変化」かをまず確認し，「複雑な変化」の場合は，「変曲点（増加から減少，あるいは減少から増加に転じているところ)」がポイントです。

なお，絶対量や割合に大きな差がないときや目立った変曲点がないときは，「違いがない」，「変化がない」ことがデータの特徴となります。これも大切な特徴の1つですよ。

問 3 の解答解説

問 3 では，「**よい睡眠**」のために気を付ける点を尋ねています。**正解は 2 つあるので注意しましょう。**

まずは 1 つ目の記事から **good sleep** を探しましょう。

it is said that **between 12:00 a.m. and 6:00 a.m.** is the best time to sleep because a hormone called **melatonin which leads to good sleep is produced** in the largest quantities in your body **during this time**.

問１で，**メラトニンがよい睡眠をもたらす**っていう話がありましたね。メラトニンが最も多く体の中で生成される時間帯が書かれています。

夜中の 12 時から午前 6 時まで。during this time「この時間の間」に眠ることでメラトニンがたくさん生まれる＝「よい睡眠」という解釈になるわけです。

つまり，**何時に眠るか**ということを気にかけるわけですから，まず④が正解。

次に２つ目の記事を見てみましょう。最終段落の１文目に **good quality sleep** があるのを見つけられましたか？

> ... I think it is important **not only** to sleep for a long time **but also** to get **good quality sleep**.

not only *A* but (also) *B*「A だけでなく B も」があります。これは必須知識ですね。長く眠るだけでなく，質のよい睡眠も大切だということです。

この後に続く文を確認していきましょう。

> **The type of sleep can be roughly divided into two types** in which the depth of sleep is different. ... It is considered healthy if these **two kinds of sleep are repeated one after the other in a cycle with good balance**.

まず，**睡眠には２種類ある**ことが述べられています。そして，その２種類の睡眠サイクルをバランスよく交互に繰り返すことで健康だと見なされる，とあります。

健康的な眠りというのは，よい睡眠と言えますね。睡眠のメカニズムに関心を持つことは眠りの質を向上させる手助けとなる情報であることを，ここから読み取りましょう。②も正解です。

〈設問の訳〉記事によると，もしよい睡眠を取りたいのなら，[23] に気を付けるべきです。（2 つ選びなさい。）

〈選択肢の訳〉

① 学校でどのくらいの時間を過ごすか
② ２種類の睡眠サイクルを繰り返すこと
③ 真夜中まで眠らないようにすること
④ 何時に就寝するか

正解 ②，④

問４の解答解説

２人の筆者の，それぞれの主張について問われています。タナカさんと教師，それぞれが**生徒たちに関して**述べているとわかる文を選択肢と照らし合わせながら，探し出していきましょう。

タナカさんの記事で生徒について記述されているのは，1.「高校生には８時間の睡眠時間がよいと言われていること」（第２段落）と，2.「若者は睡眠不足による影響が出やすいので睡眠時間を短くするべきではないということ」（第４段落）の２か所です。

選択肢と一致するのは下記の文ですね。

> This is particularly true for **young people**, so **they should not lessen the amount of sleep they get**.

高校生は **young people** ですよね。②の **cut back on** と **lessen** は，睡眠時間を「減らす」という同じ意味です。したがって，[24] の正解は②ですね。

２つ目の記事では，生徒に関する情報は１つ目より多いです。第２段落の最終文に注目しましょう。

> Sleep **reduces stress** and **improves concentration**.

この直前の文では，教師の母国について述べています。それは，授業の開始時刻を変更した学校の目的は，「**生徒に十分な睡眠を取ってもらって，頭がすっきりした状態で勉強してもらいたい**」ということ。

ここが理解できていれば，**improve concentration**「**集中力を高める**」と述べていることが，生徒に対する意見にダイレクトにつながりますね。

④の **focus on** は「**～に集中する**」という意味。したがって，④が [25] の正解です。

〈設問の訳〉タナカハナエは生徒が [24] と述べており，教師は彼らが [25] と述べています。（それぞれの空所には異なる選択肢を選ぶこと。）

〈選択肢の訳〉

① 昼夜逆転することでよく眠れない
② 睡眠時間を減らす必要はない
③ 行きたいときに学校に行くほうがよい

④ 十分な睡眠を取ることで，より勉強に集中できるかもしれない
⑤ 短い睡眠時間であればあるほどよいということを知っておくべきだ

正解 24 ② 25 ④

問５の解答解説

最後の問題は**２つの記事のまとめ**ですね。**両方の記事に共通して主張されている内容**がきちんとつかめていれば，答えられるはずです。

２つの記事を整理しましょう。まず，１つ目の記事では，７～８時間が適切な睡眠時間であることを述べていますね。

問４でも解説したとおり，睡眠時間は減らすべきではないと言っています。２つ目の記事を書いた教師は，まず冒頭で同僚が毎日６時間くらいしか寝ていないことに驚いています。

つまり，この教師はふだん十分な睡眠を取っているということです。母国であるイギリスの平均睡眠時間は男女ともに７時間以上でしたね。

最終文では，睡眠は健康に直接関係するため，よく寝ることを心掛けると意見を述べています。

したがって，２人とも「**睡眠はとても大事**」**だということを総合的に言いたいことがわかります。**

とすれば，正解は③ですね。**根拠となる文から導くと同時に，全体的につかんだイメージに最も合うものを選ぶようにしましょう。**

①は記事と矛盾しているため誤り。②は睡眠が大切であることの裏付けに過ぎません。④は，寝ている間の人の体内については書かれていますが，謎ではなく，解明されている事実の１つであり，この記事で中心に述べられていることではありませんから，誤りです。

〈設問の訳〉両方の記事の情報に基づき，あなたは宿題でレポートを書くことになっています。あなたのレポートに最も適した題は「 26 」でしょう。

〈選択肢の訳〉

① 睡眠時間を短縮して効果的に勉強や仕事をする方法
② 睡眠不足によって起こる病気が問題となっている
③ 夜に眠るための十分な時間を作る重要性
④ 睡眠中に人間の体で何が起きているかについての謎

正解 ③

得点率90%Get!

複数の資料から効率よく情報を集めよう！

第4問では，グラフなどの資料を含めた複数の情報から，問われている内容を理解し，必要な箇所を見つけなければいけません。さまざまな情報源から正解を探すのは，慣れていないうちはなかなか難しいと思います。

効率よく解くためには，下記の順番で解くことをオススメします。

1. 設問にざっと目を通す（問われていることを確認）
2. 1つ目の記事を読む（グラフとそれに関する文章は要チェック）
3. 設問（1つ目の記事を読んでわかる問題に答える）
4. 2つ目の記事を読む（グラフに関する文章は特に注意）
5. 設問（残った設問，選択肢に目を通す）
6. 場合に応じて2つの記事の必要な箇所を読む

問題の1つは総合的な内容を問うことが多いので，記事を読むときには，何を伝えようとしているのかを常に意識して，2つの記事に共通する部分をチェックしながら読むようにしましょう。

PART II

第8回 第5問の予想問題

物語文の読み取り問題

第5問

Your group is preparing a poster presentation entitled "An American Musical Genius Who Achieved Success Around the World," using information from the magazine article below.

Leonard Bernstein, who became famous worldwide as a conductor, was born in Lawrence, Massachusetts, in August, 1918. Bernstein played the piano for the first time at the age of ten, in 1928. He found his aunt's piano that had been stored in his parents' house, and the discovery awoke him to music. Bernstein raised money for piano lessons himself, and his musical performances impressed everyone who heard them.

Beginning in 1935, Bernstein majored in music at Harvard University and learned composition. He met Dmitri Mitropoulos, a conductor, in 1937, and he was greatly affected by Dmitri. Dmitri also listened to a piano sonata Bernstein played and was impressed by his youthful talent. Dmitri invited Bernstein to attend his rehearsals, and Bernstein became determined to make music the center of his life.

After graduating from Harvard University in 1939, he entered the Curtis Institute of Music the same year. He was trained in playing the piano, conducting and composing. In 1940, he took conducting lessons at the Tanglewood Music Center and acquired basic conducting techniques and the secrets of musical expression. A big thing happened in 1943 that made him famous overnight. It happened at a concert by the New York Philharmonic. The conductor who was originally supposed to be conducting had fallen ill and could not take the stage. Bernstein substituted for the conductor, and the concert was a great success. Bernstein became music director of the New York City Symphony Orchestra in 1945 and appeared as a guest conductor with a lot of orchestras around the world because he was a brilliant conductor.

Bernstein's name became even better known throughout the world from his involvement in the American musical "West Side Story," which was first performed in 1957. Bernstein was in charge of composition for the musical. Jerome Robbins directed the musical and arranged the dance performance. Arthur Laurents wrote the script. A variety of his songs which were sung during the musical expressed not only the contrast between love and hate, and romantic themes, but also serious themes and a focus on social problems. In 1960, the musical was made into a movie that was a big hit. At the Academy Awards in 1962, the movie won awards in ten different categories including Best Music, Scoring of a Musical Picture. In addition, the same year the musical "West Side Story" was staged for the first time, Bernstein became the chief conductor of the New York Philharmonic. Furthermore, he was appointed music director in 1958. An American conductor had become a music director of the New York Philharmonic for the first time in history, so that was one of his greatest achievements.

He continued to conduct lots of orchestras even after he retired from his post. He conducted the Boston Symphony Orchestra at the annual Tanglewood Music Festival in the U.S. in August, 1990, and this concert was his last one. In October, he announced his retirement from conducting, and five days after that, he passed away in New York. As Bernstein had decided by when he was young, his entire life exactly filled with music.

The American Musical Genius
Who Achieved Success Around the World

■ The Life of Leonard Bernstein

Period	Events
1910s	Bernstein was born in Lawrence, Massachusetts.
1930s	Bernstein was admitted to Harvard University. 27
1940s	28 ↓ 29
⋮	
1990s	30 ↓ 31

Leonard Bernstein

■ About West Side Story

▶ This is a musical that was first performed publicly in 1957, and its songs were composed by Bernstein.

▶ This musical was highly regarded for the following reasons: 32

■ His glorious history as a conductor

▶ If you had to describe Bernstein, you could say 33.

▶ Bernstein did the following thing at the New York Philharmonic: he 34.

問 1 Members of your group listed important events in Bernstein's life. Put the events into the boxes [27] 〜 [31] in the order that they happened.

① Bernstein conducted at a festival, and that was his final concert.
② Bernstein died a few days after his retirement.
③ Bernstein participated in rehearsals with a conductor.
④ Bernstein was appointed music director of an orchestra.
⑤ Bernstein was trained in expression of music in a conducting class.

問 2 Choose two statements to complete the poster. [32]

① Bernstein and Jerome Robbins wrote all the songs in the musical.
② Bernstein mainly directed and planned the movements of the dancers.
③ it expressed various themes in wonderful songs.
④ the film based on the musical was highly rated.
⑤ the film got ten awards, but not Best Music, Scoring of a Musical Picture.
⑥ the musical was based on a movie which had the same title.

問 3 Which of the following could be said about Bernstein's life in music? [33]

① he established an original way of conducting
② he was a conductor who loved music and was loved by the music world
③ he was a musician who valued effort more than ability

④ he was the first musical genius to graduate from Harvard University

問 4 Choose three statements to complete the poster. 34

① covered for a conductor who became ill, and succeeded in the concert
② excelled in the last musical performance of his life in New York
③ got a lot of inspiration from Arthur Laurents
④ remained in his post at the Philharmonic until right before he died
⑤ assumed the position of chief conductor of the Philharmonic in 1957
⑥ was the first conductor from America to achieve the position of music director

第5問　解答＆攻略法

正確に，速く解くには？

第５問は，ある人物について書かれた「伝記」を読解していく問題です。**時系列に出来事の展開を読み取れるかどうか**がポイントになります。

今までの問題よりも英文が少し難しくなるし，わからない単語も出てくると思います。すべての文を理解できなくても，文脈を捉えてわかる文を確実に答えにつなげていきましょう。

長文の基本の解き方は，まず，**「設問と選択肢」に目を通してから本文を読む**。次に，**本文でわからない単語は推測する→わからなかったら固執せずに次の文へ進む**。読むときは，**その人物の人生において重要そうな箇所にはチェックを入れる**。以上です。

それでは，早速やってみましょう！

〈訳〉あなたの班は，下記の雑誌記事の情報を使って，「世界的な成功を収めたアメリカの音楽の天才」という題のポスター発表の準備をしています。

1918 年 8 月，マサチューセッツ州ローレンスに，指揮者として世界的に有名になったレナード・バーンスタインが誕生しました。バーンスタインは 1928 年，10 歳のときに初めてピアノを弾きました。彼は両親の家で保管されていた叔母のピアノを見つけ，その発見が彼を音楽へと目覚めさせたのです。バーンスタインは，自分でピアノのレッスンのためのお金を集め，彼の演奏は聴く人すべてに感銘を与えました。

1935 年のはじめ，バーンスタインはハーバード大学で音楽を専攻し，作曲を習いました。1937 年，彼は指揮者のディミトリ・ミトロプーロスに出会い，ディミトリから大きな影響を受けました。ディミトリもまた，バーンスタインが演奏するピアノソナタを耳にし，若い才能にとても感動しました。ディミトリは自分のリハーサルに出席するようバーンスタインを招き，バーンスタインは人生の中心を音楽にしようと心に決めました。

1939 年にハーバード大学を卒業後，同年に彼はカーティス音楽院に入学しました。彼はピアノ演奏，指揮，作曲の訓練を受けました。1940 年に，タングルウッド音楽センターで指揮講座を受講し，基本の指揮テクニックや音楽の表現の秘けつを習得しました。彼を一晩で有名にした，ある大きな出来事が1943年に起きました。それは，ニューヨーク・フィルハーモニー交響楽団による演奏会で起こりました。当初，指揮をする予定であった指揮者が病気にかかり，ステージに立つことができなくなったのです。バーンスタインはその指揮者の代役を務め，その演奏会は大成功を収めました。バーンスタインは1945年，ニューヨーク・シティ交響楽団の音楽監督に就任し，彼は素晴らしい指揮者であったために，世界中の多くのオーケストラでゲスト指揮者として登場しました。

バーンスタインの名前は，1957年に初演されたアメリカのミュージカル「ウェスト・サイド物語」に参加したことで，世界中でさらによく知られるようになりました。バーンスタインはこのミュージカルで作曲を担当しました。ジェローム・ロビンスがミュージカルを監督し，ダンスの振付を行いました。アーサー・ローレンツが台本を書きました。劇中で歌われた彼のさまざまな曲は愛と憎しみの対比やロマンティックなテーマだけでなく，深刻なテーマや社会的な問題に焦点をあてたものも表現されました。1960年，ミュージカルは映画化されて大ヒットとなりました。1962年のアカデミー賞で，この映画はミュージカル映画音楽賞を含む，10部門を受賞しました。また，ミュージカル「ウェスト・サイド物語」が初めて演じられたのと同じ年に，バーンスタインはニューヨーク・フィルハーモニー交響楽団の首席指揮者に就任しました。さらに，1958年には音楽監督に任命されました。アメリカ人指揮者が史上初めてニューヨーク・フィルハーモニー交響楽団の音楽監督になったので，これは彼のすばらしい功績の1つでした。

地位を退任した後でさえも，彼は数々のオーケストラの指揮を続けました。1990年8月，彼はアメリカで毎年行われるタングルウッド音楽祭でボストン交響楽団を指揮し，この演奏会が彼の最後の演奏会となりました。10月には指揮活動から引退を表明し，その5日後にニューヨークで死去しました。若き日にバーンスタインが決心したとおり，彼の人生はまさに音楽で満たされていました。

世界的な成功を収めたアメリカの音楽の天才

■ レナード・バーンスタインの生涯

時期	出来事
1910年代	バーンスタインはマサチューセッツ州ローレンスに生まれた。

1930年代	バーンスタインはハーバード大学に入学した。 27
1940年代	28 ↓ 29
:	
1990年代	30 ↓ 31

■ ウェスト・サイド物語について

▶ 1957年，公に初演されたミュージカルであり，劇中歌はバーンスタインにより作曲された。

▶ このミュージカルは次の理由で高く評価された：32

■ 指揮者としての彼の輝かしい歴史

▶ もし，バーンスタインを描写しなければならないとしたら，33 ということができる。

▶ バーンスタインはニューヨーク・フィルハーモニー交響楽団で次のことをした：彼は 34 。

重要語句

□ raise money for「～のための資金を集める」

□ impress「（人）に感銘を与える」（しばしば受け身で用いる）

□ major in「～を専攻する」 □ *be* affected by「～に心を動かされる」

□ determine to *do*「～することを決心する，決意する」

□ *be* supposed to *do*「～することになっている」

□ substitute for「～の代わりをする，代理を務める」

□ brilliant「素晴らしい，才能のある」

□ in charge of「～を担当して，～の責任を持って」

□ a variety of「いろいろな，さまざまな」（of の次には必ず複数名詞を置くことに注意） □ retire from「～から退職する」

□ pass away「（人が）死ぬ」 □ fill with「～でいっぱいになる，満ちる」

□ glorious「輝かしい，名誉ある」

□ describe「～を描写する，～の特徴を述べる」

問 1 の解答解説

プレゼンテーションで使用するポスターを完成させる問題です。設問文に **important events in Bernstein's life** とあるように，バーンスタインの生涯の重要な出来事を年代ごとに空所に埋めていくんですね。

まず，選択肢の出来事を先に頭に入れましょう。それぞれ，①「最後の演奏会で指揮した」，②「亡くなった」，③「リハーサルに参加した」，④「音楽監督に任命された」，⑤「指揮の授業で音楽の表現を訓練した」ですね。

次に，表の年代を確認しましょう。空欄のある年代は「1930 年代」，「1940 年代」，「1990 年代」の 3 つなので，その年代が書かれている箇所を本文で探せばいいですね。

本文中の**西暦**や**年齢**など「**時に関する表現**」をスキャニングしながら情報を読み取って確認しましょう。

1930 年代が第 2・3 段落，1940 年代が第 3 段落，1990 年代が最終段落で確認できそうです。各段落で，選択肢の内容に該当する箇所を見つけていきましょう。

第 2 段落では，4 文目に「ディミトリは自分のリハーサルに出席するようバーンスタインを招いた」とあり，これは③の内容に合いますね。

また，第 3 段落では，3 文目の「1940 年に指揮講座を受講して音楽の表現の秘けつを習得した」が⑤の内容に，8 文目の「1945 年にニューヨーク・シティ交響楽団の音楽監督に就任した」が④の内容に合っているのがわかります。

そして最終段落では，2 文目に「1990 年 8 月の演奏会が彼の最後の演奏会となった」，3 文目に「10 月に引退の 5 日後に死去した」が確認できるので，［30］が①で，［31］が②になります。

ある程度，**どのあたりに書かれている出来事なのか見当を付ける**ことも大切です。**選択肢と年代を確認しながら**，確実に空所を埋めていきましょう。

〈設問の訳〉あなたの班のメンバーはバーンスタインの生涯で重要な出来事をリストにしました。その出来事を，空所［27］～［31］に起こった順に入れなさい。

〈選択肢の訳〉

① バーンスタインはある音楽祭で指揮を行い，それが彼の最後の演奏会であった

② バーンスタインは引退後数日で亡くなった

③ バーンスタインはある指揮者とともにリハーサルに参加した

④ バーンスタインはあるオーケストラの音楽監督に任命された

⑤ バーンスタインは指揮の授業で音楽の表現の訓練を受けた

正解 27 ③ 28 ⑤ 29 ④ 30 ① 31 ②

問 2 の解答解説

正解を 2 つ選ぶ問題ですね。選択肢それぞれについて考えて，判断する必要があります。

ポスターを見てみると，**West Side Story** について書かれている文を探せばいいとわかりますね。このミュージカルについて書かれているのは第 4 段落です。5 文目を見てみましょう。

A variety of his songs which were sung during the musical **expressed** not only **the contrast between love and hate, and romantic themes**, but also **serious themes and a focus on social problems.**

曲のテーマが具体的に述べられていて，さまざまな曲が作られたことがわかります。

③の **various** は「**さまざまな**」という意味の形容詞。**a variety of** はよく使われるイディオムで，「**いろいろな，さまざまな**」という意味。本文の内容と一致するので，③は正解ですね。

続いて 6 文目を見てみましょう。

the musical **was made into a movie** that was **a big hit**

make into で「**〜にする**」という意味なので，このミュージカルは映画化されたことがわかりますね。

big hit は文字どおり大ヒットしたということ。④の選択肢の rate は，第 1 問 A でも，「評価する」という意味で使われていました。

それが highly なので，「高く評価された」という意味です。**based on the musical「ミュージカルを基に」**という部分と，**2 つ言い換えになっています**が，同じ内容なので④も正解となります。

また，映画が多くの賞を受賞したことも，高く評価されたという根拠になりますね。

①は 3 文目でジェローム・ロビンスという名が出てきていますが，彼が作曲したとは書かれていないので，誤りです。

②は，同じく 3 文目で，ジェロームがミュージカルを監督し，ダンスの振付を行ったとハッキリ書いてあるので誤り。

⑤は，**not** Best Music, Scoring of a Musical Picture とあるので，ミュージカル映画音楽賞は獲得できていないことがわかり，7 文目と一致しないので誤り。**including** は，「**～を含めて**」を意味する前置詞です。

⑥は，前述した based on がミュージカルと映画が逆になっていますね。映画を基にミュージカルが作られたのではないので誤りです。

〈設問の訳〉ポスターを完成させるのに 2 つの文を選びなさい。

〈選択肢の訳〉

① バーンスタインとジェローム・ロビンスはミュージカルのすべての曲を書いた。
② バーンスタインは主にダンサーの動きを演出し，計画した。
③ 素晴らしい曲でさまざまなテーマを表現した。
④ ミュージカルを基にした映画が高く評価された。
⑤ 映画は 10 個の賞を受賞したが，ミュージカル映画音楽賞は獲得できなかった。
⑥ ミュージカルは同じタイトルであった映画を基にしていた。

正解 ③，④

問 3 の解答解説

ポスターでは，「**指揮者としての彼の輝かしい歴史**」と書かれていますから，バーンスタイン自身の功績だと考えられる，本文の内容と一致する選択肢を選んでいきましょう。

①の「彼独自の指揮法を確立した」という内容は，**この記事では**，彼は指揮の授業を受け，基本的な指揮テクニックを習ったこと，すばらしい指揮者であることのみに留まり，**"彼独自の"という域を描写していません**。したがって，正解だと言うには**根拠が足りません**。

②は，**彼が音楽を愛し，愛されたことは端々から感じ取れる文**があります。ピアノに触れた 10 歳のときから音楽の魅力に目覚め，自分でお金を集めてまで学びたかったこと，音楽を中心とする人生にしようと決めたこと，その思いのとおり，亡くなる数日前まで音楽に寄り添っていたことなどから，**彼がどんなに音楽を愛していたか**がうかがえますね。

また，音楽の世界で地位ある立場に就き，音楽を広める力を持ったことは，**音楽に受け入れられていた**と言うことができます。

したがって，②は正解になり得ますね。

③は，子どものときから人を魅了する演奏ができたという文からは「才能」を，大学卒業後も自ら訓練を受けたという文からは「努力」を感じることができます。けれど，彼が**どちらを重んじていたかを明確にする記述はありません**。

④は，**彼が初めて**そうなったと書かれているのは，「**ニューヨーク・フィルハーモニーの音楽監督になったアメリカ出身の指揮者**」であって，ハーバード大学が輩出した初めての音楽の天才かどうかは記述がありません。

誰もが「そうであろう」と納得できる②が正解です。

〈設問の訳〉次のうち，バーンスタインの音楽生活について言うことができるものはどれですか。

〈選択肢の訳〉

① 彼は独自の指揮法を確立した
② 彼は音楽を愛し，音楽の世界に愛された指揮者だった
③ 彼は能力よりも努力をずっと重んじる音楽家だった
④ 彼はハーバード大学を卒業した初めての音楽の天才だった　**正解**　②

得点率90%Get!

ターニングポイントとなる出来事を表す語句を見逃さないように！

人物の人生について書かれた問題には，その人物にとって転機となる出来事や気持ちが変化したきっかけなど，重要な出来事が書かれています。それが問題になりやすいことも推測できますよね。

下記のような表現が出てきたら，答えに結び付く可能性が高いのではないかと予測しましょう。

- *be* affected by
- a big thing happened
- believed that ～
- focused on
- determined to
- *be* in charge of
- *be* an important milestone

問 4 の解答解説

ポスターの空所に入るのは**ニューヨーク・フィルハーモニー交響楽団での出来事**に限られます。**正解を 3 つ選ぶ問題**だということに注意しましょう！

まず，第 3 段落にニューヨーク・フィルハーモニー交響楽団について最初の記述がありますね。6，7 文目に注目しましょう。

The conductor who was originally supposed to be conducting **had fallen ill** and could not take the stage. Bernstein **substituted for** the conductor, and **the concert was a great success**.

fallen ill と **became ill**, **substituted for** と **covered for** が言い換え表現で同じ意味なので，①は正解です。

次に，第 4 段落の 8 文目を確認しましょう。

In addition, **the same year** the musical "West Side Story" was staged for the first time, Bernstein **became** the chief conductor of the New York Philharmonic.

ミュージカル「ウェスト・サイド物語」の初演の **the same year**「同じ年」とはいつのことでしょうか？

同じ段落の 1 文目や，ポスターの「ウェスト・サイド物語について」の箇所に，「1957 年に初演された」と書かれていますね。

⑤の **assumed** は assume「(地位に) 就任する」の過去形で，**became** の言い換えになっています。これも本文の内容に合っているので正解です。

最後に，第 4 段落の最終文を確認しましょう。

An American conductor had become a music director of the New York Philharmonic **for the first time in history**, so that was one of his greatest achievements.

問 3 のところで述べたように，ニューヨーク・フィルハーモニー交響楽団で音楽監督になったアメリカの出身者はバーンスタインが初めてだったことが書かれています。

for the first time in history は「史上初の」。⑥の，**the first conductor from America** to achieve the position of music director は本文と同じ内容だから，正解だとわかりますね。

②の彼の最後の演奏会は，ボストン交響楽団との演奏です。③のアーサー・ローレンツも，交響楽団での出来事に関連した記述はありませんね。

④は，亡くなる直前まで交響楽団での地位にとどまったという内容ですが，1990 年の 8 月前に地位を退いていましたね。

〈設問の訳〉ポスターを完成させるのに3つの文を選びなさい。

〈選択肢の訳〉

① 病気になった指揮者の代理を務め，演奏会は成功した
② ニューヨークで開かれた人生最後の演奏会で卓越していた
③ アーサー・ローレンツから多くのインスピレーションを受けた
④ 死ぬ直前までこの交響楽団での地位にとどまった
⑤ 1957年に交響楽団の首席指揮者に就任した
⑥ 音楽監督の地位を獲得した初めてのアメリカ出身の指揮者だった

正解 ①，⑤，⑥

得点率80%Get!

時間的順序の展開を確実に捉えて読解のスキルを高めよう！

第5問では，ポスタープレゼンテーションをする設定の中で，本文から出来事を整理，抽出すること，そして，それを人に伝えるためにはどのように書くかを大きなテーマとしていることがわかります。

設問に答えるためには，出来事を起きた順に理解できることが重要となります。「時」に関する表現が情報をまとめるポイントとなるので，そこに注意しながら読み進めていきましょう。

ただし，必ずしも年代順に記述されているとは限りません。本文では，ニューヨーク・フィルハーモニーの首席指揮者になった年を「ウェストサイド物語」の初演と同じ年と表現していましたね（問4，選択肢⑤）。

こういうこともあるので，その点は注意して読み取る必要があります。

PART Ⅱ

第9回 第6問Aの予想問題
長めの記事を読んで答える問題

第6問A

You are preparing for a group presentation on a major issue that nomadic tribes face for your class. You have found the article below.

The Threat to Nomadic Tribes

[1] Some people move from place to place, but most people who live in Japan commonly settle in the same place for a long time. On the other hand, there are people who keep moving around with sheep or goats all year long, and don't stay in one place. They are called nomadic tribes. Mongolia is famous for its nomadic tribes and you can see their houses called gers throughout Mongolia. As of 2019, nomads account for about 20% of the population of Mongolia. However, the number of people who live nomadic lives seems to be decreasing every year.

[2] There is one kind of natural disaster which threatens nomadic tribes called a dzud. A dzud is commonly understood to be a massive snowfall that sometimes occurs in Mongolia, but in fact, it is a complex disaster and involves not only heavy snow or cold waves but also droughts and water shortages. There are seven categories of dzud that are based on the damage they cause. Drought in summer causes a lack of grass, so nomadic people cannot prepare enough feed to stock up for their

livestock. Additionally, livestock cannot build up large enough reserves of fat to survive a very cold winter. In this situation, if a severe winter with temperatures of less than minus fifty degrees on average follows, the livestock's energy is gradually exhausted, and they will eventually die. Dzuds kill a lot of livestock and are very damaging for nomadic tribes that rely on livestock.

[3] According to one report, a dzud that lasted from 2000 to 2002 killed about eleven million livestock in Mongolia, and another one killed about eight million from 2009 to 2010. In addition, hundreds of thousands of livestock were killed by a dzud that occurred in 2015 and 2016. Dzuds had previously occurred once every ten to twelve years, but now occur once every few years. Furthermore, in the area called the steppe, dzuds occurs almost every year. Nomadic tribes give priority to protection of their livestock, and they tend to cut down on their own food, living expenses, and money spent on their children. Some people who cannot continue a nomadic life move to urban areas. However, it is usually hard for them to get jobs so their lives are miserable.

[4] Loss of livestock is not the only harm dzuds cause. Because heavy snow cuts off nomadic tribes from the outside world, they are not able to receive public medical services or supplies such as food and daily necessities. When children of nomadic tribes become old enough to go to school, they are sent to live in boarding houses which are located in the area where they have resident registration, or in a relative's home near a school. Therefore, the children are affected mentally because they are worried about whether their families who live far away have been harmed by a dzud. In this way, dzuds cause lots of serious problems.

[5] Nomadic tribes have been living with nature since the

distant past. However, dzuds now affect many of them more directly, so it has become hard for them to continue living as they do. It is important to support them and help them maintain their way of life.

問 1 In the article, the author mentions the situation of nomadic tribes in Mongolia in order to [35].

① compare natural disasters that happen in other countries and dzuds
② encourage the nomads not give in to dzuds
③ show that their methods of coping with heavy snow are effective
④ tell people that natural disaster called a dzud is a serious problem

問 2 According to the article, one way that dzuds harm nomads is by [36].

① causing a difference of over fifty degrees between summer and winter
② causing a lack of feed for their livestock
③ causing livestock herds to become larger than the tribes can support
④ causing seven kinds of damage at the same time

問 3 In Paragraph [3], the author likely mentions dzuds that occurred between 2000 and 2016 in order to show there is a possibility of [37].

① dzuds occurring in other countries besides Mongolia

② dzuds taking place more and more often from now on
③ the number of livestock killed by them gradually increasing
④ the steppe playing a key role in preventing dzuds

問4 Which of the following statements best summarizes the article? 38

① Mongolian nomadic tribes are affected by dzuds, and we need to take action to help them.
② Nomadic children who are scared of dzuds will become mentally stronger by staying away from their homes.
③ Nomadic tribes should protect their children rather than their livestock, even if dzuds cause extensive damage.
④ People who used to be nomads cope with dzuds by finding new jobs.

第6問A　解答＆攻略法

正確に，速く解くには？

まず，問４では，本文の要旨が問われていますね。長文に取り組むときは，**「テーマは何か」，「筆者の意見はどうか」を考えて読む**ことを心がけましょう。

また，各段落で述べていることを簡潔に答えられるようになることも大切です。

問１は問題文に，「 35 ために，筆者はモンゴルの遊牧民族の状況に言及しています」とあります。筆者がモンゴルの遊牧民族の状況について，述べている箇所を探せばいいんですね。**nomadic tribes** や **Mongolia** がキーワードになりそうです。

次に問２では，「ゾドが遊牧民に害を与える１つの方法」とありますから，本文中から，ゾドが遊牧民に害を与える具体例が述べられている箇所を見つけていけばいいでしょう。

問３では，「第３段落で，筆者は 37 の可能性があると示すために，2000年から2016年に起きたゾドに言及している」とあります。第３段落に絞って筆者の言いたいことを読み取ります。

問４の要旨については，筆者が最も言いたいことは本文のどこで述べられているかを考えましょう。it is important などの表現が重要なヒントになるはずですよ。

〈訳〉あなたは授業で遊牧民族が直面している主要問題についてのグループ発表の準備をしています。あなたたちは下記の記事を見つけました。

遊牧民族にとっての脅威

[1]　人々の中にはあちこちに引っ越す人もいますが，日本に住むほとんどの人は通常長い間同じ場所に定住しています。一方で，１年中ヒツジかヤギと一緒に転々としている人々がいて，１つの場所に留まりません。彼らは遊牧民族と呼ばれています。モンゴルは遊牧民族が有名で，モンゴル中でゲルと呼ばれる彼らの家を見ることができます。2019年時点で，遊牧民はモンゴルの人口の約20%を占めています。しかし，遊牧生活を送っている人々の数は毎年減っているように思われます。

[2]　ゾドと呼ばれる，遊牧民族を脅かす自然災害の種類の１つがありま

す。ゾドはモンゴルで時々起こる大規模な降雪だと一般に理解されていますが，実は複雑な災害であり，大雪や寒波だけでなく干ばつや水不足も含んでいます。引き起こす被害に基づき，ゾドは 7 つの種類があります。夏の干ばつは草不足を引き起こすので，遊牧民族は家畜用に蓄える餌を十分に用意することができません。さらに，家畜はとても寒い冬を生き残るのに十分な脂肪を蓄積することができません。この状況では，もし平均マイナス 50℃未満の気温が続くのなら，家畜のエネルギーは次第に消耗して，最終的には死ぬでしょう。ゾドは多くの家畜の命を奪い，家畜に依存している遊牧民族にとってとても有害なのです。

[3]　とある報告によれば，2000 年から 2002 年まで続いたゾドはモンゴルで約 1,100 万頭の家畜を殺し，別のゾドは 2009 年から 2010 年までに約 800 万頭を殺しました。さらに，2015 年と 2016 年に起こったゾドによって 10 万頭の家畜が殺されました。ゾドは以前には 10 年から 12 年に 1 度起こりましたが，今では数年に一度起きています。その上，ステップと呼ばれる地域では，ゾドはほぼ毎年起きています。遊牧民族は家畜を保護することを優先し，自分たちの食料，生活費，子どもたちに費やすお金を減らす傾向にあります。遊牧生活を続けられない人々の中には都市地域に移る人もいます。しかし，彼らにとって仕事を得るのはたいてい難しいため，彼らの生活はひどい状態です。

[4]　家畜の損失はゾドが起こす唯一の損害ではありません。大雪は遊牧民族を外側の世界から切り離すので，彼らは公的医療サービスや，食べ物や生活必需品などの供給品を受け取ることができません。遊牧民族の子どもが学校に通う年齢になるとき，彼らは住民登録がある地域にある寄宿舎か学校に近い親戚の家に住むために送り出されます。それゆえ，子どもは遠く離れて暮らす家族がゾドによって害されているかについて不安になるため，精神的に影響を受けます。このように，ゾドは多くの深刻な問題を引き起こします。

[5]　遊牧民族は遠い昔から自然と共に暮らしています。しかし，今やゾドはより直接的に彼らの多くに影響を及ぼしているので，彼らがしているように生活し続けることは難しくなっています。彼らを支援し，彼らの生活様式の維持を助けることが大切です。

重要語句

☐ nomadic tribe「遊牧民族」　☐ Mongolia「モンゴル」
☐ natural disaster「自然災害」

□ dzud「ゾド」（モンゴル特有の自然災害。寒雪害をはじめ，乾害や風害などその被害は多岐に渡る） □ cold wave「寒波」 □ drought「干ばつ」
□ livestock「家畜」 □ build up「（健康・体力など）を増進させる」
□ steppe「ステップ地帯，樹木のない草原地帯」
□ urban areas「都市部」 □ miserable「みじめな，不幸な」

問１の解答解説

設問文の **nomadic tribes in Mongolia** という語句に着目しましょう。言葉の意味がわからなくても nomadic tribes や Mongolia が登場する箇所の周囲を読んでいけば，その言葉の意味がわかってくるはずです。

まず第１段落の第３文で，「彼らは nomadic tribes と呼ばれている」という表現が出てきましたね。

> They are called **nomadic tribes**. **Mongolia** is famous for its nomadic tribes and ...

直前の文で筆者は，「1 年中ヒツジかヤギと一緒に転々としている人々がいる」と述べています。つまり，nomadic tribes はそのような人たちのことですね。

そして，次の文に「モンゴルは nomadic tribes で有名であり」とあります。ということは，設問の nomadic tribes in Mongolia のことが，この後に書かれていると推測できますね。

それでは読み進めていきましょう。まず，第２段落の第１文です。

> There is one kind of natural disaster which **threatens nomadic tribes** called a dzud.

dzud「ゾド」と呼ばれる自然災害についての話題になっていますね。これを筆者は，**「nomadic tribes を脅かすもの」**と表現しています。ここから，筆者はこの災害について問題視しているのではないかと推測できますね。

その後の第２文では，**in fact「実は」**が使われています。

> but **in fact**, it is a complex disaster and ...

この表現は，筆者が**強調して言いたいとき**に使われる表現なので，注意したいですね。その後ろには「それが複雑な災害だ」とありますから，dzud が深刻であることをさらに強調しているのだとわかります。

さらに，段落の最後の文で，「**nomadic tribes にとってとても有害**」と，「dzud の脅威」を繰り返し述べています。

> Dzuds kill a lot of livestock and are **very damaging for nomadic tribes** that rely on livestock.

つまり筆者はこの段落で，dzud が nomadic tribes in Mongolia にとって深刻な問題だと述べているとわかります。

したがって，それを **a serious problem** と言い換えた④が正解ですね。

このように，**設問文に登場する語は一体何なのか**，そして**それについて筆者はどのように述べているか**を押さえていくことで，適切な解答を選んでいけるようになるはずです。

〈設問の訳〉記事では，[35] ために，筆者はモンゴルの遊牧民族の状況に言及しています。

〈選択肢の訳〉

① 他の国で起こる自然災害とゾドを比較する
② 遊牧民がゾドに屈しないように促す
③ 彼らの大雪に対処する方法が効果的であると示す
④ ゾドと呼ばれる自然災害が深刻な問題であると人々に話す

正解 ④

問 2 の解答解説

まず，**nomads** という単語に着目しましょう。意味がわからなくても，問 1 の設問文の nomadic と似ていますから，関連した言葉かもしれないと推測できますよね。

nomads が本文で初めて登場するのは，第 1 段落の 5 文目です。

> ... nomads account for about 20% of the population of Mongolia.

「nomads はモンゴルの人口の約 20% を占める」という意味になりますね。この前の文を確認すると，「モンゴルは nomadic tribes が有名」という内容でした。つまり，その 2 つの文の話がつながるとしたら，nomads は nomadic tribesを言い換えた表現と考えることができます。

設問文のnomadsをnomadic tribesに置き換えると，「dzudsがnomadic tribesに害を与える」となりますから，問1で見た第2段落の「nomadic tribesを脅かすdzuds」についての具体的な例について問われているんだなと推測できますね。その点をふまえて，本文を読んでいきましょう。

第2段落以降で，dzudsの脅威について，いくつかの具体例を挙げています。

> Drought in summer causes **a lack of grass**, so nomadic people **cannot prepare enough feed** to stock up for their livestock.

この第4文で，「草不足を引き起こし，家畜用に蓄える餌を十分に用意できない」と述べていて，これは具体例の1つだとわかりますね。

選択肢を確認してみると，それを**a lack of feed**と言い換えた②が正解です。問1と同様に，設問文に登場する語句を確認して，問われていることが何なのかを理解した上で本文を読み進めていきましょう。

〈設問の訳〉記事によると，ゾドが遊牧民に害を与える1つの方法は 36 によります。

〈選択肢の訳〉

① 夏と冬の間に50℃以上の違いを起こすこと
② 彼らの家畜用の餌不足を起こすこと
③ 家畜の群れを部族が支援できる分よりも大きくさせること
④ 7種類の損害を同時に起こすこと　　**正解** ②

得点率80%Get!

本文と似た表現があっても，安易に正答として選ばないように！

本文と似た表現を選択肢の中に見つけると，正解かもしれないと考えてしまいがちですが，たった1つの表現が加わることで不正解になることも多々あります。選択肢にあるすべての語句を見落とさないように心がけましょう！

例えば，問2の選択肢①は，第2段落6文目でfifty degreeが登場するので，一瞬正答だと思いがちですが，本文は「マイナス50℃」，選択肢では「温度差50℃」とあります。つまり気温ではなく温度差という別の内容になってしまっているので，誤答と判断できるわけです。

また，選択肢④では，seven kinds of damageが，第2段落3文目のseven categories of dzudに対応していると思うかもしれません。でも，その後にat the same time「同時に」があり，「同時に起こる」とは，本文のどこにも書かれていません。

問 3 の解答解説

この設問文を見ると，In Paragraph [3] とあるから，第 3 段落を読み進めればいいことがわかりますね。

In Paragraph [3], the author likely mentions dzuds that occurred between 2000 and 2016 in order to show there is a possibility of [37].

設問文の **dzuds that occurred between 2000 and 2016** という語句に注意しましょう。「2000 年から 2016 年の間に起こった dzuds」がこの段落で述べられているとわかるので，**具体的に何が起きたか，それについて筆者はどう思っているか**，の二点を頭に入れて読んでいきます。

まず，第 1 文と第 2 文で，2000 年から 2016 年の間に起こった dzuds について述べられていますね。

a dzud that lasted **from 2000 to 2002**
another one ～ **from 2009 to 2010**
a dzud that occurred **in 2015 and 2016**

「2000 年から 2002 年まで」,「2009 年から 2010 年まで」,「2015 年と 2016 年」の期間に dzuds が起こり，多くの家畜の命が失われた，という内容だとわかりますね。

ここでは主にデータについて述べられていて，筆者がどう思っているかは読み取りにくいので，さらに読み進めていきましょう。

第 3 文には逆接の接続詞 but があるので，その直後の内容に注目します。

Dzuds had previously occurred ... **but** now occur once every few years.

以前の dzuds は 10 年から 12 年に一度起こるものだったのが,「今では数年に一度起きている」と述べています。つまり，dzuds の起こる回数が多くなっているのを筆者が問題視している，と推測できます。

そして，第 4 文で接続詞 Furthermore「さらに」が登場しています。

Furthermore, ... dzuds occurs almost every year.

追加の説明がありますね。「(ステップ地域では) ほぼ毎年起きている」という類似の内容が述べられているので，dzuds が頻繁に起きていることを筆者は問題だと思っていることが読み取れるます。

選択肢を見てみましょう。このことを **take place**，**more and more** や **often** で言い換えた②が正解です。解答の根拠となる箇所を探す上で，特に**接続詞が登場したら，直後の内容に注意しましょう**。

〈設問の訳〉第３段落で，筆者は [37] の可能性があると示すために，2000年から2016年に起きたゾドに言及している可能性が最も高いです。

〈選択肢の訳〉

① モンゴル以外の他の国で起こるゾド
② 今後ますます頻繁に起こるゾド
③ それらによって殺される家畜の数が徐々に増えていること
④ ステップがゾドを防ぐのに重要な役割を果たしていること

正解 ②

問４の解答解説

本文の要旨が問われる問題については，**筆者がこの文を通して何を言いたいのか**を理解する必要があります。文章が長いと難しいと感じる人もいるかも知れませんが，筆者の言いたいことは絶対どこかにあります。ひるむことなく，効率よくこなしていけるようにしていきましょう。

文章を読む時間は限られていますから，文章の流れを意識して読んでいくことがその攻略の一歩になります。例えば，各段落について簡単な概要をつかむことで文章の流れが理解できるようになりますから，自分なりに，各段落を簡単にまとめられるようにしていきましょう。

問３までで，第３段落までの内容を見てきたので，第４段落以降の内容についてざっと読み進めていきましょう。

Loss of livestock is **not the only** harm dzuds cause. **Therefore**, the children are affected mentally because ... **In this way**, dzuds cause lots of serious problems.

第４段落では第３段落に続いて，dzuds が起こす害について述べられてい

ます。他の例として，子どもたちが精神的に影響を受けることが説明されていますね。そして，**In this way** に注目です。「このようにして」という意味で，**まとめを述べるとき**に用いられます。

つまり，筆者はここまでを通して，dzuds が多くの深刻な問題を起こしていると言いたいのがわかりますね。

最終段落の第 5 段落を見ていきましょう。最初と最後の段落は筆者の意見を述べていることが多いので，特に注意が必要です。

ここでは，筆者の考えを知る上でいくつかの重要なカギがあります。まず，第 2 文に接続詞の However と so がありますね。

> **However**, dzuds now affect many of them more directly, **so** it has become hard for them to continue living as they do.

However は逆接の接続詞，そして so は「だから」の意味があり結論を述べるときに使われるので，どちらも後ろの内容は重要なことが述べられています。

ここでは，「dzuds は彼ら（Nomadic tribes）の多くに影響を与えている→だから，彼らが今まで通りに生活し続けるのは難しくなっている」と強く言いたいのだと推測できます。

さらに，第 3 文では It is ～が使われています。

> **It is important** to support them and help them maintain their way of life.

筆者が考えを述べるときに，**It is ～を使って表すことが多い**ので，気をつけましょう。「彼らを支援し，彼らの生活様式の維持を助けることが大切だ」と述べられており，これは筆者の主張だと言えそうです。

よって，これらをまとめると「dzuds の影響を受ける Nomadic tribes を私たちは助けるべきだ」となり，これが本文の要旨だとわかりますね。

we need to take action を使って言い換えた①が正解です。

各段落で一番言いたいことは何か，筆者が考えを述べている箇所はどこか，ということに注目すれば，その文の要旨もしっかりと理解できるようになるはずです。

〈設問の訳〉次のどの文が記事を最もよくを要約していますか。

〈選択肢の訳〉

① モンゴルの遊牧民族はゾドに影響されており，私たちは彼らを助ける

ために行動する必要がある。

② ゾドを怖がる遊牧民の子どもは自分の家から離れることで精神的に強くなるだろう。

③ ゾドが多大な被害を起こすとしても，遊牧民族は家畜よりもむしろ子どもを保護するべきである。

④ 遊牧民だった人々は新しい仕事を見つけることでゾドに対処する。

正解 ①

得点率90%Get!

筆者が自分の意見を述べるのに使う表現を確認して，筆者が主張したいことを理解しよう！

筆者が自分の考えや主張について述べるとき，どのような表現を使うのか，改めて確認していきましょう。

例えば，第１段落第６文に，seems to be decreasing という表現がありますね。seem は「～と思われる」という意味で，ここでは，「減っているように思っている」ことを問題視しているのを，読者に伝えたいと推測できます。

他には，第２段落第２文に not only heavy snow or cold waves but also droughts and water shortages とあります。not only *A* but also *B*「A だけでなく B も」は頻出の表現で，特に，but also の直後の B を強調したいときによく使われます。ここでは「(dzud は) 干ばつや水不足までも（起こしている)」と述べることで，筆者がその危険性を読者に伝えたいことが読み取れますね。

このように，読み進める中で，筆者が自分の考えを述べるのに用いるキーフレーズを拾っていき，最終的に筆者の考えにたどり着けるようにしましょう。

第10回 第6問Bの予想問題

長めの記事を読んで答える問題

第6問B

You are studying race horses. You are going to read the following article to understand the history of horse racing.

A lot of people love horse racing. In Japan, you have to be at least 20 years old to legally place bets on horses, but there is no age requirement if you just watch races. Racehorses are called thoroughbreds, and they were originally bred to be faster and stronger than regular horses. The history of thoroughbreds goes back to the early 17th century. English people mated eastern male horses and traditional female British horses, and that is said to be the origin of thoroughbreds.

Horse racing in the U.K. at that time was developing under the protection and encouragement of the royal family. Therefore, horse racing was regarded as a noble sport for upper-class people, and has a history of being a highly formal social occasion. At the beginning of the 18th century, the U.K. organized the basic roles of current horse racing before other countries did.

Horse racing involves the efforts of lots of people. There are breeders who raise horses from their birth with great care, trainers who train horses to enable them to take part in races, grooms who take care of horses, and horse owners who provide for the horses. And of course there are the jockeys who ride the horses during races. An annual race called the derby, which allows only three-year-old horses, is very popular, and the number of spectators for the derby in Japan in May of 1990 was 196,517. The number was much larger than for soccer or baseball games.

There was a time when the number of racehorses born in Japan was over 10,000 a year. However, it has been gradually decreasing every year, with the result that 6,733 horses were born in 2014, and the next year, the number decreased by 169 horses. Even though the number did not exceed 7,000, it increased slightly in 2016. In Argentina, where horse racing is also very popular, the number of racehorses born has decreased every year, but it has not been as low as in Japan. The number in the U.K. is about 2,000 fewer than Japan on average, but has been increasing every year since 2014.

Some horses which were born to be racehorses have to retire regardless of their age because of accidents or injuries. Horse riding clubs usually adopt retired race horses, but there are not enough of these clubs. In addition, it is hard for racehorses to walk slowly as riding horses or therapy horses because they are trained to run fast. However, trainers can discover horses' capabilities and retrain them. We must not forget that the horses deserve to be loved and be active in new fields, even if they will not be racehorses.

問1 In the explanation of the history of horse racing in the article, it states that [39].

① horse racing tracks were places for ordinary people to get together

② the basic roles of horse racing were decided in 17th century

③ there was no an age limit for purchasing betting tickets in the U.K.

④ thoroughbreds were generated by mixing different kinds of horses

問2 Out of the following four graphs, which best illustrates the change in the number of thoroughbreds born? [40]

①

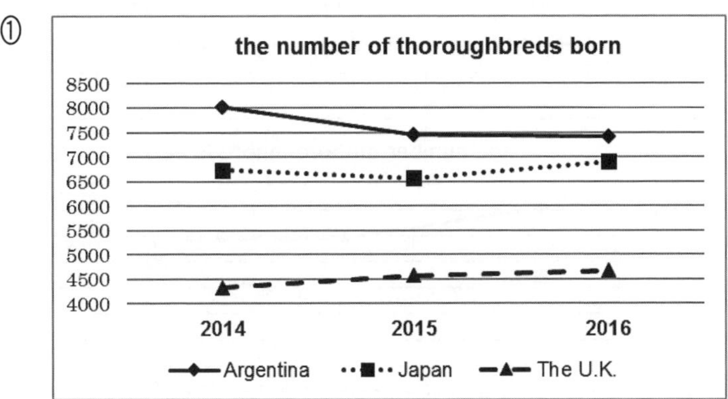

②

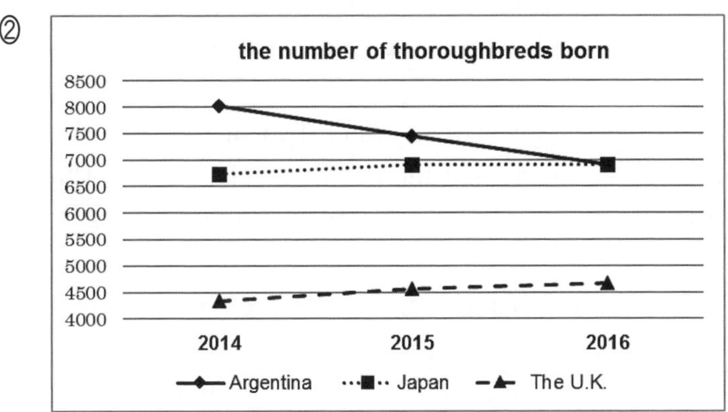

③

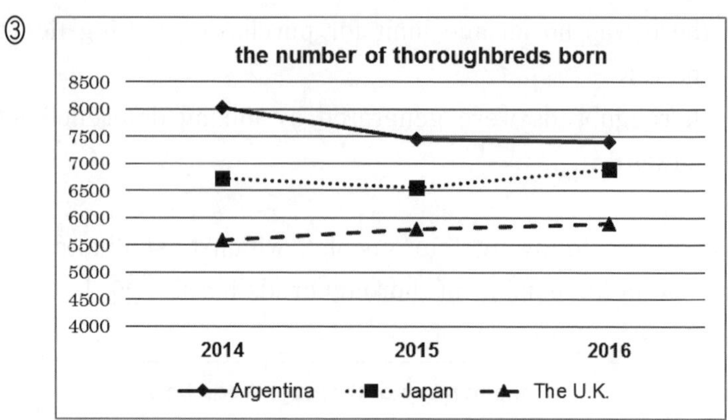

④

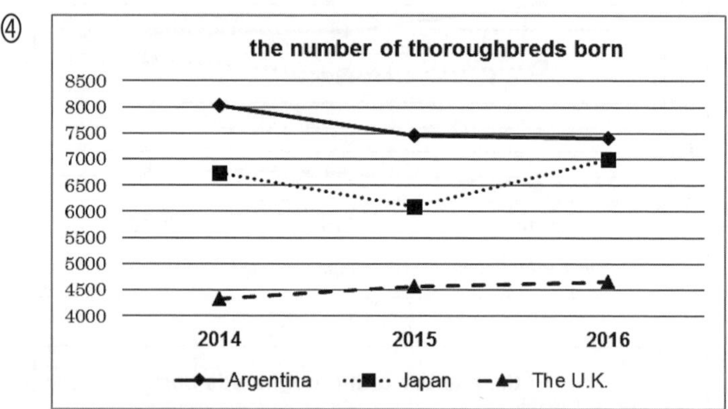

問 3 According to the article, which two of the following tell us about horse racing and the people involved in it? (**Choose two options**. The order does not matter.) [41] · [42]

① A good relationship between horse owners and trainers is a key point for winning races.

② It is more important than anything else that horses and jockeys get along well.

③ Racehorses are supported by many people who have various roles.

④ The number of people who are interested in horse racing

has been increasing since 1990.

⑤ The number of spectators at a derby in Japan was larger than for other sports.

問 4 The best title for this article is [43].

① An Appreciation for Horses that Retire from Racing
② A History of Horse Racing and The Future of Racehorses
③ A Method of Raising Horses that Can Beat Other Horses
④ How Much People Around the World Love Horse Racing

第6問B　解答＆攻略法

正確に，速く解くには？

第６問Ｂで特に注目すべきなのは，問２の**グラフを選ぶ問題**と，問４の**タイトルを選ぶ問題**です。

グラフの問題は，まずは各選択肢の**グラフの特徴を押さえる**ことがポイントです。その上で，数値について書かれている箇所に注意して，本文を読んでいきましょう。

タイトルの問題は，この文章を通して**筆者がどんな考えを述べているか**を考えることが重要です。第６問Ａと同様に，各段落で述べられていることを簡潔にまとめるようにして，文章全体の流れをつかみ，筆者の考えを理解していきましょう。

各問いを大まかに見ていくと，まず問１の問題文には，「記事にある競馬の歴史の説明によると，［ 39 ］と述べています」とあります。つまり，競馬の歴史について書かれた箇所を読み進めれば，空欄に入る内容はおのずと見えてくるはずです。

問２では，「生まれたサラブレッドの数の変化を最もよく示している」とありますから，生まれたサラブレッドの数がどのように変化したかを筆者が話している箇所を見つければいいですね。

その後の問３では，「競馬とそれにかかわる人々について述べていること」競馬に関わる人たちについての話題に注目しましょう。

問４のタイトルについては，この文章は何がテーマなのかを考えましょう。そして，本文の中で筆者が特に主張したいことを述べている箇所を見つけていきましょう。

〈訳〉あなたは競馬について勉強しています。あなたは，競馬の歴史を理解するために，次の記事を読むつもりです。

多くの人たちは競馬が大好きです。日本では，合法的に馬に賭けるのには少なくても20歳でなければなりませんが，ただレースを見るだけなら年齢制限はありません。競走馬はサラブレッドと呼ばれ，彼らは元々通常の馬よりも速くて強くなるために交配されました。サラブレッドの歴史は17世紀初頭にさかのぼります。イギリスの人々が，東部のオス馬と伝統的なメスのイギリス馬を交配させ，それがサラブレッドの起源と言われています。

当時のイギリスの競馬は，王室の保護と奨励の下で発展しました。ゆえに，競馬は上流階級の人々の高貴なスポーツとして見なされ，とても形式張った社交的な場であるという歴史があります。18 世紀初め，イギリスは他の国が行う前に現在の競馬の基本的な役割を体系化しました。

競馬は多くの人たちによる努力が伴っています。馬が生まれた時から大切に世話して育てるブリーダー，馬がレースに出場できるように訓練するトレーナー，馬を世話するきゅう務員，馬を養う馬主がいます。そしてもちろん，レース中に馬に乗る騎手がいます。3 歳馬しか認めないダービーと呼ばれる年に一度のレースはとても人気があり，日本での 1990 年５月のダービーの観客数は 196,517 人でした。その数はサッカーや野球の試合よりもはるかに多かったです。

日本で生まれる競走馬の数が年に 10,000 頭以上だったときがあります。しかし，それは毎年徐々に下がっており，その結果 2014 年には 6,733 頭の馬が生まれ，翌年その数は 169 頭減りました。数は 7,000 頭を超えはしませんでしたが，2016 年にはわずかに増えました。アルゼンチンでもまた，競馬はとても人気があり，生まれた競走馬の数は毎年減っていますが，日本ほど少なくはありません。イギリスの数は平均で日本よりも約 2,000 頭少ないですが，2014 年以降毎年増えています。

競走馬となるために生まれた馬の中には，事故やけがにより年齢に関係なく引退しなければならないものもいます。乗馬クラブはたいてい引退した競走馬を採用していますが，それらのクラブは十分ではありません。加えて，速く走るために訓練されたので，乗用馬や療法用の馬としてゆっくりと歩くことは競走馬にとって難しいのです。しかし，トレーナーは馬の才能を発見し，それを再教育することができます。馬が競走馬でなかったとしても，彼らは愛され，新たな分野で活躍するのにふさわしいことを，私たちは忘れてはなりません。

重要語句

□ legally「法的に」 □ racehorse「競走馬」
□ thoroughbred「サラブレッド。競走馬として品種改良された馬」
□ bred「breed（品種改良する）の過去・過去分詞」
□ mate「(動物) を〈～と〉つがわせる」
□ royal family「王室」 □ noble「貴族の，高貴な」

☐ upper-class「上流階級（社会）」 ☐ horse owner「馬主」
☐ spectator「観客，見物人」
☐ even though「たとえ～でも，たとえ～だとしても」
☐ injury「負傷，けが」 ☐ capability「能力，才能」
☐ retrain「再訓練する」
☐ deserve to *do*「～するに値する，～して当然である」

問 1 の解答解説

まずは，もう一度設問文から見てみましょう。

In the explanation of the **history of horse racing** in the article, it states that [39].

history of horse racing に注目です！ horse racing「競馬」の歴史について筆者が述べていることがわかるので，それが本文のどこで言及されているかを確認していきましょう。

The **history** of thoroughbreds goes back to the early 17th century.

第 1 段落の第 4 文で，「thoroughbreds の歴史は 17 世紀初頭にさかのぼる」という表現が出てきましたね。

この thoroughbreds「サラブレッド」については，前の文で，「競走馬はサラブレッドと呼ばれる」と言及されています。つまり，問 1 の設問にある「競馬の歴史」は，この周辺に書かれているのではないかと推測できますね。

they were **originally** **bred** to be faster and stronger than regular horses.

English people **mated** eastern male horses and traditional female British horses, and that is said to be **the origin of thoroughbreds**.

第 1 段落の第 3 文・第 5 文では，サラブレッドについてさらに詳しいことが書かれていますね。「元々は通常の馬よりも速くて強くなるために交配された」，「東部のオス馬と伝統的なメスのイギリス馬を交配させたものがサラブレッドの起源」という情報から，サラブレッドは競馬用として別の種同士を交

配させて生み出された，ということがわかります。

選択肢を確認すると，それを **by mixing different kinds of horses** と言い換えた④が正解です。

まずは，**設問文で問われている内容が本文のどこで書かれているか**を確認して，それにあてはまる選択肢を見つけていきましょう。

〈設問の訳〉記事にある競馬の歴史の説明によると，[39] と述べています。

〈選択肢の訳〉

① 競馬トラックは一般市民にとって集合するための場所だった
② 競馬の基本的な役割は 17 世紀に決められた
③ イギリスでは馬券を購入するのに年齢制限がなかった
④ 異なる種の馬を交配させることでサラブレッドは生まれた　正解 ④

問２の解答解説

問２はグラフを選ぶ問題です。グラフに関係する情報を正確に把握することが大切ですよ。

設問文では，まず **the change in the number of thoroughbreds born** という語句に注目しましょう。

生まれたサラブレッドの数について言及している本文の箇所を確認していきます。数値について述べている箇所には要注意です！

> There was a time when **the number of racehorses born** in Japan was over 10,000 a year.

第４段落の第１文で，**the number of racehorses born** という語が登場します。racehorses = thoroughbreds であることは第１段落で判明しているので，この箇所以降に「生まれたサラブレッドの数」について書かれていると推測できますね。

> However, it has been gradually decreasing every year, with the result that **6,733 horses** were born in 2014, and the next year, the number **decreased by 169 horses**.

第２文は，前文に続いて日本に関する情報で，いくつかの情報が読み取れますね。

「毎年徐々に減少」「2014 年に 6,733 頭」「翌年は 169 頭減った」とありますから，2015 年に 7,000 頭近くまで増えた②や，6,000 頭近くまで減った④は消去法で除外できます。

①と③に絞れたところで，さらに読み進めていきましょう。

> In Argentina, ... the number of racehorses born has **decreased every year**, but it has **not been as low as in Japan**.

第 4 文はアルゼンチンに関する情報があります。ただ，「毎年減少」，「日本ほど少なくない」という内容については，①と③で共通していることなので，ここで絞りきることはできませんね。

> The number in the U.K. is **about 2,000 fewer than Japan on average**, but has been increasing every year since 2014.

第 5 文はイギリスに関する情報です。「日本と比べて平均で約 2,000 頭少ない」という情報が読み取れますね。

③は日本とイギリスの差が平均で約 1,000 頭だから，条件に合わないことがわかります。したがって，唯一条件を満たしている①が正解です。

設問文の内容に関連する重要な情報を本文の中で見つけて，それに合わないグラフを除外していくことで，適切なグラフの選択肢を選んでいきましょう。

〈設問の訳〉下記の 4 つのグラフのうち，生まれたサラブレッドの数の変化を最もよく示しているのはどれですか。

正解 ①

得点率 80 %Get!

グラフの描写に関連している語に注意しよう！

今回の問題では，increase「増える」，decrease「減る」，low「少ない」，few「少ない」，gradually「徐々に」などの語が，正解のグラフを見つけるヒントになっていましたね。

第 4 段落第 3 文でも，グラフに関わる語をチェックしましょう。

Even though the number did not exceed 7,000, it increased slightly in 2016.

exceed は「～を超える」という意味。more than「～を上回る」や less than「～を下回る」と一緒に覚えておきたい単語ですね。

また slightly は「わずかに」という意味で，rapidly「急激に」などと反対の意味で使われます。
　これらの語はグラフを説明する語句としてよく使用されているので，意味をしっかり確認しておきましょう。

問 3 の解答解説

設問文の horse racing and the people involved in it の部分に注目しましょう！「競馬」と「競馬に関わる人々」について筆者が述べているはずなので，まずはそのことが書かれている箇所を探します。

> Horse racing involves the efforts of lots of people.

第 3 段落の第 1 文で「競馬は多くの人たちによる努力が伴っている」という表現が出てきますね。これは，設問にある「競馬に関わる人々」のことだとわかりますから，これ以降，さらに詳しいことが書かれていると推測できます。
　それでは読み進めていきましょう。

> There are breeders ..., trainers ..., grooms ..., and horse owners ....

> And of course there are the jockeys ...

第 2 文・第 3 文では，「競馬に関わる人々」の具体例として，ブリーダー，トレーナー，きゅう務員，馬主，騎手を挙げています。つまり，競馬には様々な職業の人が携わっていることを言いたいのですね。
　選択肢を見てみると，それを supported by many people who have various roles と言い換えた③が 1 つ目の正解となります。

> the number of spectators for the derby in Japan in May of 1990 was 196,517

> The number was much larger than for soccer or baseball games.

第 4・5 文では，「競馬に関わる人々」の話から「競馬（ダービーと呼ばれるレース)」の話になっています。「日本のダービーの観客数が196,517人だった」,「その数はサッカーや野球の試合よりも多かった」という話で,いかに人気があったのかを筆者が伝えたいということがわかりますね。

選択肢を確認してみると,それを **larger than for other sports** と言い換えた⑤が2つ目の正解です。

問1と同様,設問文で問われていることについて,**選択肢の答えになる根拠が本文中のどこにあるか**を意識することが大切です。

〈設問の訳〉記事によると,競馬とそれに関わる人々について述べていることは次のうちどの2つですか。(2つの選択肢を選びなさい。順番は関係ありません。)

〈選択肢の訳〉

① 馬主とトレーナーの良好な関係がレースに勝つ重要な点である。
② 馬と騎手がうまくやっていることが他の何よりも重要である。
③ 競走馬は様々な役割を担う多くの人々によって支援されている。
④ 競馬に興味がある人々の数は1990年以降,増えている。
⑤ 日本でのダービーの観客数は他のスポーツよりも多かった。

正解 ③,⑤

問4の解答解説

タイトルが問われる問題については,**文章のテーマは何か**,そして,**そのテーマを通して筆者は何を伝えたいのか**を理解する必要があります。たとえ文章が長くても,テーマは必ず決められているものですから,主張につながる表現に注意して,筆者の考えを読み取っていきましょう。

それでは,各段落の内容を把握して,文章の流れを押さえていきます。

問1～問3までに,第1段落,第3段落,第4段落を見てきたので,まずは残りの第2段落・第5段落の内容を確認しましょう。

> Therefore, horse racing was regarded as a noble sport for upper-class people, and **has a history** of being a highly formal social occasion.

第2段落は第1段落と同様,競馬の歴史について書かれています。上流階級の人向けの高貴なスポーツとして発展していった,という内容だとわかりますね。

Some horses ... have to retire regardless of their age ...
..., but there are not enough of these clubs
In addition, it is hard for racehorses to walk slowly ...
However, trainers can discover horses' capabilities and retrain them.
We must not forget that the horses deserve to be loved and be active in new fields

「サラブレッドの数が徐々に減っている」という第4段落の後，第5段落では「レースを引退した馬」の話が述べられています。

この段落では，**regardless of「～にもかかわらず」**や，**We must not forget that「～を忘れてはならない」**など，筆者の考えを読み取れる表現が多く見られますから，注意が必要ですね。

「引退せざるを得ない馬がいる」，「乗馬クラブが不十分である」，「競走馬はゆっくり歩くのが難しい」という問題を挙げ，「再教育が可能」，「新たな分野でも活躍すべき」と述べていますから，引退した競走馬のその後について筆者は懸念を抱いていることが推測できます。

各段落の内容を大まかにまとめると，1「競馬の歴史として，速く走るために異種を交配したサラブレッドが生まれた」→2「競馬は上流階級のスポーツとして発展した」→3「競馬は様々な職業の人に支えられ，他のスポーツより人気があった」→4「しかし，サラブレッドの数は年々減っている」→5「引退した競走馬は様々な問題があり，彼らを別の分野で新たに活躍させるべきだ」という流れになっています。

歴史の中で生み出されたサラブレッドに対して，現在生じている彼らの引退後の問題を私たちは解決しなければならない，という筆者の意図が読み取れますね。

では，選択肢にあるタイトルを見てみましょう。本文の後半を**The Future of Racehorses**と言い換えた②が正解です。

〈設問の訳〉この記事に最も適したタイトルは 43 です。

〈選択肢の訳〉

① レースから引退した馬に対する感謝
② 競馬の歴史と競走馬の未来
③ 他の馬を打ち負かすことができる馬の育て方
④ 世界中の人々はどのくらい競馬が大好きであるか

正解 ②

得点率 90 %Get!

残りの選択肢が本文に合っていない理由を確認しよう！

解説では，本文の流れを理解することで，タイトルとして適切なものを見つけましたね。では，残りの選択肢はどのような理由でこの本文のタイトルとして不適切なのか，確認してみましょう。

① An Appreciation for Horses that Retire from Racingについては,「レースを引退した馬」が第５段落で登場しますね。ただ，筆者は彼らのその後を心配しているだけで,「感謝」を述べているわけではありません。

③ A Method of Raising Horses that Can Beat Other Horsesについては,「馬を育てる」ことが第３段落で出てきますが，それは職業についての話だったね。「方法」や「他の馬を打ち負かす」とは特に言ってません。

④ How Much People Around the World Love Horse Racingについては，第１段落～第４段落で,「人々は競馬が大好き」,「他のスポーツより人気がある」と述べられてますが，最後の第５段落の引退した馬の話題は，競馬ではなく馬自身の問題ですから，本文に合いません。

適切なタイトルが中々見つけられないときは，明らかに違うものを取り除く消去法も使っていきましょう。

PART Ⅲ

試行テスト解説講義〈リスニング対策編〉

第１回　試行テスト第１問 A/B の問題演習

第２回　試行テスト第２問の問題演習

第３回　試行テスト第３問の問題演習
　リスニング力をアップしよう！①
　「同意」「同感」「反意」などを表す重要表現

第４回　試行テスト第４問 A/B の問題演習
　リスニング力をアップしよう！② イントネーション解説講義

第５回　試行テスト第５問の問題演習

第６回　試行テスト第６問 A/B の問題演習

PART Ⅲ

第1回　試行テスト第１問A/B の問題演習

リスニングの第１問はＡとＢの２つのパートに分かれていて，それぞれ１人の人物による短い発話を聞き取る問題になっています。Ａは身の回りの事柄について平易な英語で話される短い文の聞き取り，Ｂは平易で短い英語を聞き，それに対応するイラストを選ぶ問題です。

全体に語彙レベルは低く，音声も２度読み上げられるので，基本的な文法・語法の知識があれば取り組みやすい問題ですが，**音声の同化，脱落**など英語独特の発音ルールに慣れておかないと，聞き逃しが生じるかもしれません。

CD❶-1

第1問A

第１問Ａは問１から問４までの４問です。それぞれの問いについて，聞こえてくる英文の内容に最も近い意味のものを，四つの選択肢（①〜④）のうちから一つずつ選びなさい。2回流します。

問1　［ 1 ］

① The speaker does not want anything.
② The speaker wants both tea and cookies.
③ The speaker wants cookies.
④ The speaker wants tea.

CD❶-2

問2　［ 2 ］

① The speaker cannot go to the party.
② The speaker does not have work tomorrow.

③ The speaker has another party to go to.

④ The speaker's birthday is tomorrow.

CD❶-3

問 3 [3]

① Junko got wet in the rain.

② Junko had an umbrella.

③ Junko ran to school in the rain.

④ Junko stayed at home.

CD❶-4

問 4 [4]

① The speaker is an English teacher.

② The speaker must study a lot.

③ The speaker needs to study outside of Japan.

④ The speaker teaches English abroad.

これで第 1 問 A は終わりです。

第1問A　解答＆攻略法
「要は何が言いたいのか」をつかもう！

出題のネライは？

第 1 問 A は，**身近なことに関する短い発話**を聞き，その内容に沿った英文を 4 つの中から選ぶ問題です。基本的な文法や語法の知識を用いた**話者の要望や意図を把握する力**が問われることになります。

発話は長くても 20 語前後で，難しい単語も使われませんが，**音の同化や脱落**など，ナチュラルな英語への慣れは対策としてマストです。

正確に，速く解くには？

まずは**選択肢にサッと目を通して，問われている内容を頭に入れておきましょう**。放送を聞いたときにキーワードをキャッチしやすくなります。

また，選択肢からは焦点を向けるべき人物も事前に判断できますね。例えば，選択肢の文の主語が **The speaker**（問 1，問 2，問 4）であれば，読み上げられる英文の中で一人称〈I や me〉に焦点が当たる内容になることが予想できるんです。

英文は 2 回流されるので，**1 回目でキーワードが何かを考え，できるだけ状況や場面をはっきりと把握し，2 回目では，把握した内容を確かめるように聞き取りをしたい**ものです。

それでは，問題を個別にチェックしていきましょう。

CD❶ - 1

問 1　【放送内容】

I've had enough cookies, thanks. **Some more tea would be nice.**

□ I've had enough ～「十分～をいただきました」（満腹感を表すときなどに使う表現）　□ some more ～「もう少し～」

〈訳〉クッキーはもう十分いただきました，ありがとう。**紅茶をもう少しいただけたらと思います。**

〈選択肢の訳〉

① 話し手は何もほしくはない。
② 話し手は紅茶とクッキーの両方がほしい。
③ 話し手はクッキーがほしい。
④ 話し手は紅茶がほしい。 **正解** ④

自信をもって正解の選択肢を選び抜くためには，放送される間に，与えられた選択肢から聞き取るべきポイントを絞っておきましょう。

選択肢はいずれも，話し手が何かを求めていたり，求めていなかったりしていますね。ここから，例えばクッキーと紅茶など，何かを求めているという情報が聞こえてくることが予想できるわけです。

ここがカンジン！

「ほしい」,「ほしくない」を伝えるニュアンスをくみ取りましょう。ストレートに want「～がほしい」が使われているとは限りません。

選択肢の内容は tea や cookies がほしいかどうかです。I've had enough cookies「クッキーはもう十分いただきました」は「クッキーはもうほしくない」の**遠回しな表現**と言えますね。

また，Some more tea would be nice.「紅茶をもう少しいただけたらと思います」は「紅茶がほしい」ということを控えめに訴えています。この内容に当てはまるのは，④ですね。

「クッキーはいらない，紅茶がほしい」ってことですから，クッキーと紅茶は対比関係で発話されています。**1 文目の最後の名詞と 2 文目の最初の名詞は対比関係**にあるので要注意です。

リスニングのコツ！

I've had enough cookies, thanks.
● ● ● ● ●

➡ had enough ⇒［ハディナフ］

音声では，had enough の発音に**連結**（前の単語の語尾の子音とそれに続く単語の語頭の母音がつながってひとまとまりの音に聞こえる現象）が起こり［ハディナフ］のように聞こえます。**I've had enough (～).** は，日常会話において「(～には) **もううんざりだ**」のニュアンスでもよく使われるフレーズです。

Some more tea would be nice.
● ● ● ● ● ●

➡ would be ⇒［ウッビィ］

wouldの語尾は破裂音［d］で，直後のbeの［b］とつながって［ウッビィ］のように聞こえます。

CD❶-2

問2 【放送内容】

I'd love to go to your birthday party tomorrow, **but** I have a lot of work to do.

□ I'd love to ～, but ...「ぜひとも～したいけれど…」(何かを断るときのフレーズ)

〈訳〉明日あなたの誕生日パーティーに行きたいけれど，しなければならない仕事がたくさんあるんだ。

〈選択肢の訳〉

① 話し手はパーティーに行けない。
② 話し手は明日は仕事がない。
③ 話し手は別のパーティーがある。
④ 話し手の誕生日は明日だ。

正解 ①

選択肢を見ると，話し手のこれからの行動を聞き取ればよさそうだと，予測を立てられますね。

ここがカンジン！

明確な意思や自分の気持ちを伝えるときの**but**に気を付けましょう。逆の意味の内容・情報を伝えたいわけですから，強い音で発声されます。

この問題のように，短い文の中で接続詞butが出てきたら，**その後には話者の言いたいことが来ることが多い**のです。

選択肢からは，「明日」何かがあることがうかがえますね。音声を聞くと，明日は相手の誕生日パーティーがあることがわかります。**I'd love to** ～「～したい」からは，そのパーティーに行きたいという話者の強い気持ちが表れています。

それに対して，強めに発音されるbut「しかし」が後に続きます。ということは，butの後にはネガティブなコメントが来ると予想できますね。

行きたいのに,「しなければならない仕事がたくさんあるんだ」と述べるということは,「**パーティーに行けない**」**ことを示唆しているん**ですね。したがって正解は①です。

リスニングのコツ！

I'd love to go to your birthday party tomorrow,

● ⬤ ● ● ● ⬤ ● ●

➡ I'd love to ⇒［アイドラブタ］

I'd は I would の短縮形。could も同じく [d] で終わる助動詞ですが I could が短縮されて I'd の形になることはありません。また to はあえて強調する場合を除き，通常は弱く「タ」のように聞こえます。

but I have a lot of work to do.

⬤ ● ● ●⬤ ● ⬤ ● ●

➡ a lot of ⇒［アロッダッ］

まとめて 1 語のように読まれ，［アロッダッ］のように聞こえます。

得点率 90 %Get!

「要は何が言いたいのか」を意識しよう！

問 1「もう十分いただきました」, 問 2「しなければならない仕事がたくさんある」という発話の内容を言葉どおりに受け止めるだけでは，選択肢の内容とストレートには結びつきません。その 1 歩先に話者が伝えたいこと（「(クッキーは) もういらない」,「(パーティーには) 行けない」) があることを意識して発話に耳を傾けましょう。

CD❶-3

問 3 【放送内容】

It started raining after school. **Since** Junko had no umbrella, she ran home in the rain.

□ after school「放課後」 □ run home「家まで走る」

□ since「～なので」〈現在完了形 [現在形] + since ＋過去形～〉のときは「～して以来」という意味になる。〔例〕It has been[is] three years **since** they got married.「彼らが結婚してから 3 年になります」

〈訳〉放課後雨が降り始めた。ジュンコは傘を持っていなかった**ので**，雨の中を家まで走った。

〈選択肢の訳〉

① ジュンコは雨の中でぬれた。
② ジュンコは傘を持っていた。
③ ジュンコは雨の中を学校まで走った。
④ ジュンコは家にとどまっていた。　　**正解** ①

ここがカンジン！

「ジュンコが何をしていたのか」を聞き取る問題ですね。特に後半の内容に注意しましょう。Since が聞こえたからといって，すぐに「～して以来」で考えるのは危険です。

since then「その時以来」や since yesterday「昨日以来」, since 2020「2020年以来」のように，あとに**「時」を表す単語が続かない場合**，since は，**「～なので」と理由を表す接続詞**として捉えるべきなんです。

つまり，**原因**（since を含む副詞節）→**結果**（続く主節）という話の流れで聞き取っていくことが今回のポイントになります。

放送文の内容は,「傘を持っていなかった（原因)」→「雨の中を家まで走った（結果)」ということなので，この条件を満たす選択肢は①ですね。

リスニングのコツ！

It started raining after school.
●　●　●　●　●

➡ started raining ⇒［スターティッレイニン］

語尾の [d] はしばしば発音されないか，続く単語の語頭とつながります。
started の場合は [d] が消えて，続く raining と合わせて［スターティッレイニン］のように聞こえます。

Since Junko had no umbrella, she ran home in the rain.
●　●　●　●　●　●　●　●　●　●　●

had の語尾の [d] は上の started と同様に音が消えて，次の no と続けて［ハッノウ］のように聞こえます。

➡ home in the rain ⇒［ホウミンダレイン］

home の語尾と in の語頭が**連結**して［ホウミン］のように聞こえます。またthe は弱く［ダ］のように発音され，in the rain が1つのフレーズを形成しているので，home と続けて一気に［ホウミンダレイン］のように発音されます。

CD❶-4

問 4 【放送内容】

To become an English teacher, I won't have to study abroad, but I will have to study hard.

□ I won't have to ～「～する必要はないでしょう」(I will not have to ～)

〈訳〉私は英語の先生**になるために**，留学する必要はないが，一生懸命勉強しなければならないだろう。

① 話し手は英語の先生である。
② 話し手はたくさん勉強しなければならない。
③ 話し手は日本の外で勉強する必要がある。
④ 話し手は海外で英語を教える。 **正解** ②

ここがカンジン！

「話し手が何なのか，何をするのか」を聞き取る問題ですね。**文頭に出てくる to 不定詞は,「～するために」と目的を表す副詞用法（慣用句を除く）**。これは聞き取りのポイントです。

したがって，その後に，**その目的に向けての手段が述べられる**という予測を立てましょう。

「英語の先生になるために」ということは，話者は英語の先生ではありませんね。また，話者は先生になるための手段として「留学する必要はないが，一生懸命勉強しなければならないだろう」と述べています。

したがって②が正解となります。

リスニングのコツ！

To become an English teacher,
● ⬤ ● ⬤ ●

I won't have to study abroad, but I will have to study hard.
● ⬤ ● ● ● ⬤ ● ● ● ● ● ⬤

butを挟んだ2つの節でabroadとhardが対となるワードとなっているので，それぞれが発音で強調されています。

➡ won't ⇒［ウォウン］

語尾の [t] は，[d] と同様にしばしば発音されないか，続く単語の語頭とつながります。この won't の場合は [t] が消えて聞こえます。また，否定語は強調されるので，won't も文中で強めに発音されています。

➡ have to ⇒［ハフタ］

「～しなければならない」を表す have to では, have［ハヴ］の［ヴ］が［フ］に変化して聞こえます。to も［タ］のように聞こえるので have to は［ハフタ］と聞こえます。

得点率 80 %Get!

強調されている部分から推測しよう！

日常会話レベルの英語力がない場合，弱く曖昧に発話される部分はよく聞き取りきれないものです。そんなとき，不明の部分に神経を使うのは時間のムダで，聞き取れた部分から正答へアプローチするのが得策です。したがって，強調された部分は大いにヒントとなります。

問 1 であれば tea と nice が耳に残っていれば正答に近づいていると言えますし，問 4 であれば won't，abroad，but，hard が耳に残っていれば十分な判断材料と言えます。

CD❶-5

第1問B

第１問Ｂは問１から問３までの３問です。それぞれの問いについて，聞こえてくる英文の内容に最も近い絵を，四つの選択肢（①〜④）のうちから一つずつ選びなさい。2回流します。

問１　[5]

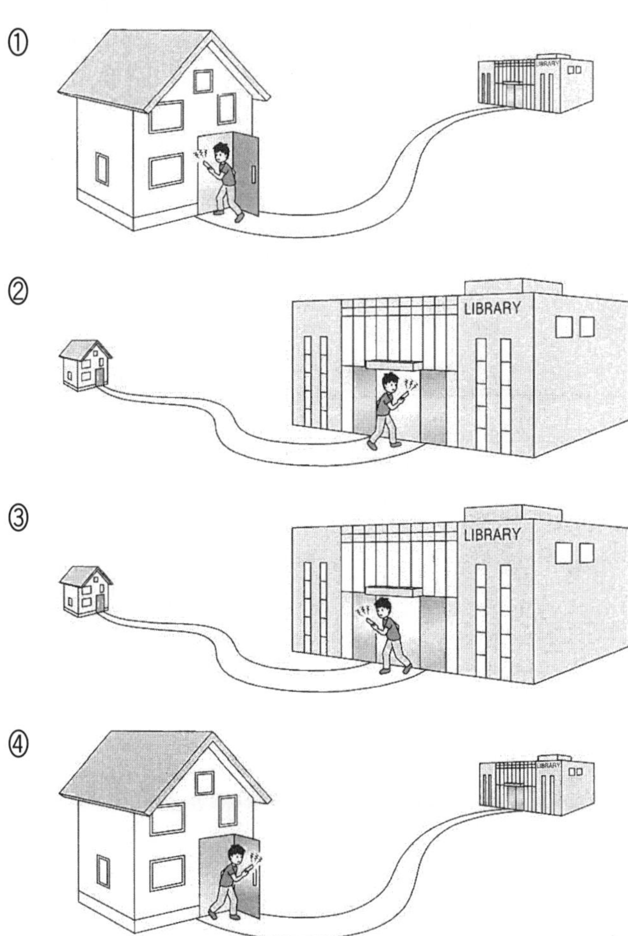

CD❶-6

問2 6

問3 　7

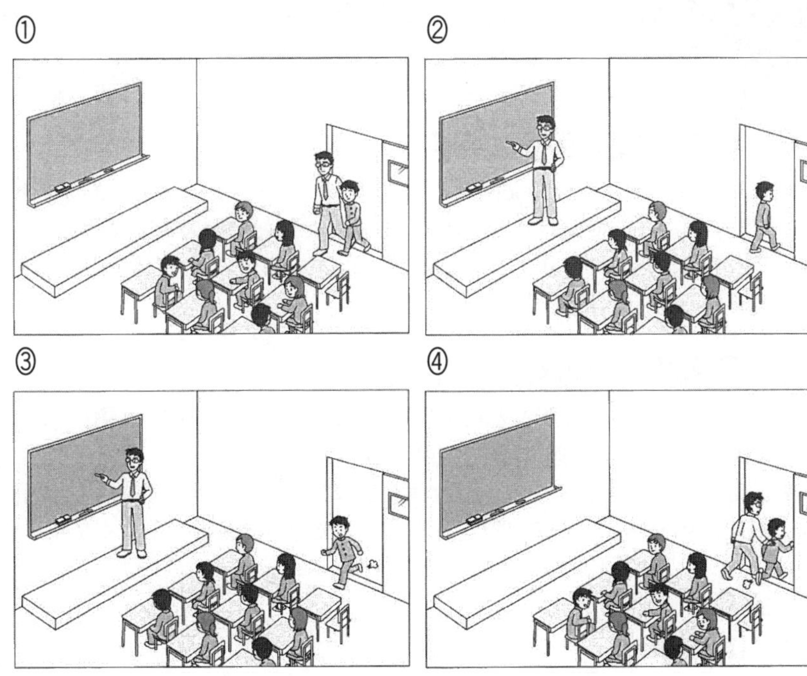

これで第1問Bは終わりです。

第1問B 解答＆攻略法
聞き取った内容を頭の中でビジュアル化しよう！

出題のネライは？

第1問Bは，平易で短い発話を聞き取り，その内容と一致するイラストを選ぶ問題です。ここで問われるのは，**聞き取った情報を頭の中で整理して，ビジュアル化する能力**になります。基本的な文法や語法，そして発音のルールなどの知識が必要なのは，Aと同様です。

正確に，速く解くには？

先に4枚のイラストをざっと見比べて，〈**共通する状況［もの・人物］**〉や〈**対照的な状況［動き］**〉を認識しておくことがポイントです。

第1問Aのような英文で書かれた選択肢に比べて，選択肢の内容を誤解するリスクが少ないので，そのメリットを生かして音声に集中しやすくなります。

CD❶-5

問1 【放送内容】

He got a phone call from Joe as soon as he **arrived home** from the library.

□ get a phone call from ～「～から電話を受ける」

〈訳〉彼が図書館から**家に着いた**とたん，ジョーから電話がかかってきました。

正解 ①

ここがカンジン！

4つのイラストから，「家・図書館」と「入る・出る」の組み合わせに着目して，音声を聞きましょう。**全体を理解できなくても大丈夫**です！ **arrived home** が聞き取れれば答えを導けます。

出だしの He got a phone call で，イラストの人物は電話を受けているところだとわかりますね。後はその状況の違いなので，as soon as he **arrived**

home「彼が家に着いたとたん」を示している①のイラストが正解です。
arrived home「家に着いた」という状況を表すイラストは他にありませんから，そこだけ聞き取れれば難しくなかったと思います。

リスニングのコツ！

He got a phone call from Joe

● got a ⇒［ガラ］

got a のように，**語尾が [t] で終わると，a とつながって［ガラ］のような 1 語に聞こえます。**

● from ⇒［ッラム］

前置詞は通例弱く発音され，かつ from の語頭の [f] は破裂音のため［フ］の音はほとんど聞き取れず，［ッラム］のように聞こえます。

as soon as he arrived home from the library.

● as soon as ⇒［アㇲスーナㇲ］

2 つの as は両方とも弱く，soon が強く発音されます。**1 語のように一気に読んで**，［アㇲスーナㇲ］のように聞こえます。

CD❶-6

問 2 【放送内容】

Right now, she's **too busy to go** to the lake and fish.

□ right now「今，今の今は」 □ fish「魚釣りをする」

〈訳〉彼女はちょうど今**忙しすぎて**，湖に**行って**釣りをすること**ができません**。

正解 ④

ここがカンジン！

「釣りの現場にいる・いない」と「人物が動いている状況か静止している状況か」の組み合わせに注目してから，音声を聞き取ります。

too ～ to *do*「～すぎて…できない」のような基本構文はリスニングでも頻出です！ to の部分は聞き取りにくいかもしれませんが，too busy の後で動詞の原形 **go** が聞こえることで，too ～ to *do* の構文であると見当をつけたいところです。

too busy to go は「忙しすぎて行くことができない」。「忙しい」,「(どこかに)行くことができない」ということを示しているイラストは④ですね。

リスニングのコツ！

Right now, she's too busy to go to the lake and fish.
● ● ● ● ● ● ● ●

➡ to go ⇒ ［ₜゴウ］

to 不定詞の to は弱く［タ］のように発音され，後ろの動詞 go と合わせて［タゴウ］と 1 語のように聞こえます。

➡ the lake and fish ⇒ ［ₔレイカンフィッシュ］

the は［ザ］ではなく弱めの［ダ］のように聞こえます。また lake の語尾と and がつながって［レイカン］のように聞こえます。ここの and は次の fish に発話を続ける段階で抜け落ちて発音されません。したがって，the lake and fish は［ₔレイカンフィッシュ］のように聞こえます。

CD❶-7

問 3 【放送内容】

When the boy entered the classroom, the teacher had already started the lesson.

□ enter「～に入る」

〈訳〉男の子が教室に入ったら，先生はもう授業を始めていました。

正解 ③

ここがカンジン！

これもイラストをチェックしてから音声を聞き取りましょう。イラストからは，**先生と生徒の行動の違い**がはっきり見てとれます。この時点で，**主語に応じた行動の聞き分け**がポイントになると判断できます。

出だしの When 以下で，主語 the boy「男の子」は entered the classroom「教室に入った」とありますから，もうこの時点で適切なイラストは③だと判断できてしまいます。①のイラストの場合，主語が複数になるか，あるいは with the teacher「先生と一緒に」のような表現にならなければおかしいですね。

リスニングのコツ！

When the boy entered the classroom,

➡ When ⇒［ウェン］

「〜するとき」を表す接続詞 **when は弱形**で，[h] は曖昧に発音され，［ウェン］のように聞こえます。

the teacher had already started the lesson.

➡ had already started ⇒［ハドオーレディスターリッ］

完了形〈have[had]＋過去分詞〉の have 動詞は弱形なので，この文の had も力の抜けた発音になっています。また started の語尾 [d] は続く the［ダ］と音が重なるため**脱落し**［スターリッ］のように聞こえます。

得点率 80 %Get!

先にイラストを見て発話の内容に予想を立てるのはマストだ！

問 1 は「家・図書館」と「入る・出る」，問 2 は「釣りの現場にいる・いない」と「人物の状況が動である・静である」，問 3 は「先徒と先生が一緒・別々」と「入る・出る」の組み合わせというふうに，イラストはシンプルなバリエーションとなっていて，まぎらわしい要素はありません。押さえるべきポイントは明確でシンプルなので，それを頭に入れて音声を聞けるかどうかが，内容理解の決め手になります。

得点率 90 %Get!

「時間」を表す表現（特に接続詞）に敏感になろう！

この問題で流れる音声は，言わばイラストの状況説明であり，状況を説明する上で，「時間」はとても重要な要素です。

つまり，20 語に満たない発話の中，問 1 は as soon as「(着い) たとたん」，問 2 は Right now「ちょうどいま」，問 3 は When「(教室に入っ) たら」を認識できれば，イラストのおおよその状況はイメージできるということです。

1 語のように読まれる as soon as や，弱く読まれる when など，聞き取りにくい「時間」を表す頻出語句にはしっかり慣れておきたいですね。

PART Ⅲ

第2回 試行テスト第2問の問題演習

第２問はイラストの選択問題です。放送で流れるのは２人の短い対話。対話の背景となる場面が問題冊子に載っていますから，放送を聞く上で大きなヒントになりますね。

大事なのは，**必要な情報を聞き取り，両者の意見や判断を区別して整理すること**です。最後に読み上げられる質問を的確に聞きとることももちろん大事ですが，これについては，**場面設定がわかっていればある程度の見当はつけられます**。

CD❶-8

第2問

第２問は問１から問４までの４問です。それぞれの問いについて，対話の場面が日本語で書かれています。対話とそれについての問いを聞き，その答えとして最も適切なものを，四つの選択肢（①～④）のうちから一つずつ選びなさい。2回流します。

問１ 居間でクリスマスツリーの置き場所について話をしています。

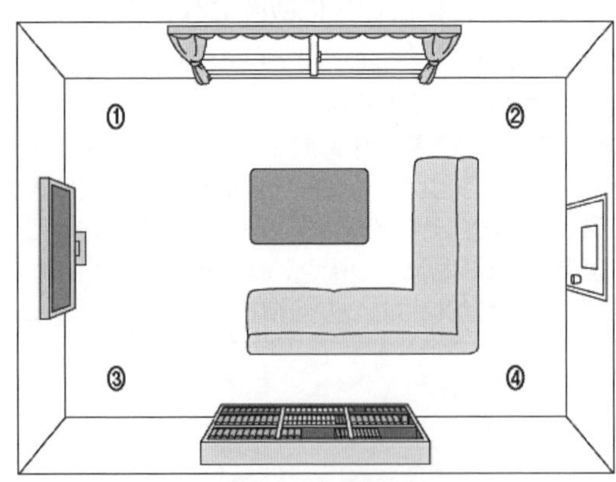

CD❶-9

問2 来週の天気について話をしています。 9

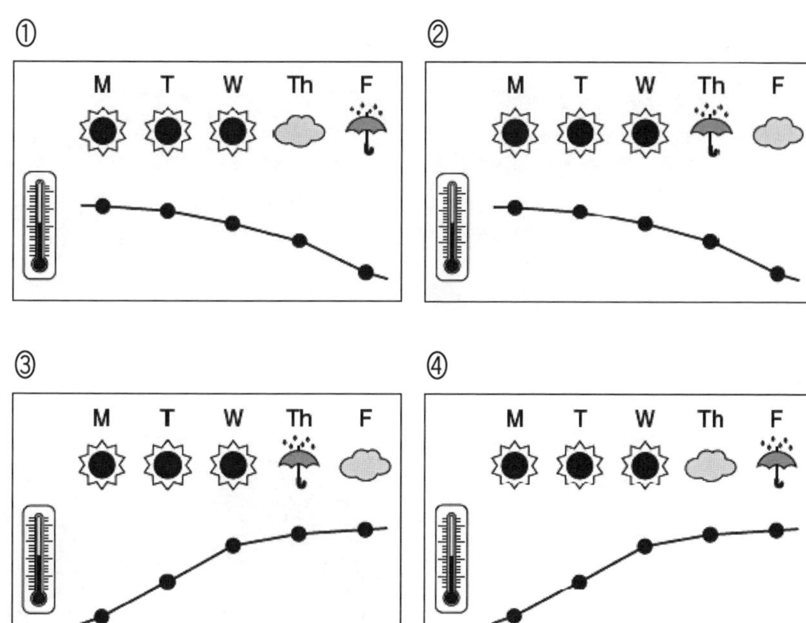

CD❶-10

問3 動物園で見てきた動物について話をしています。 10

CD❶-11

問4 遊園地で乗り物の話をしています。 11

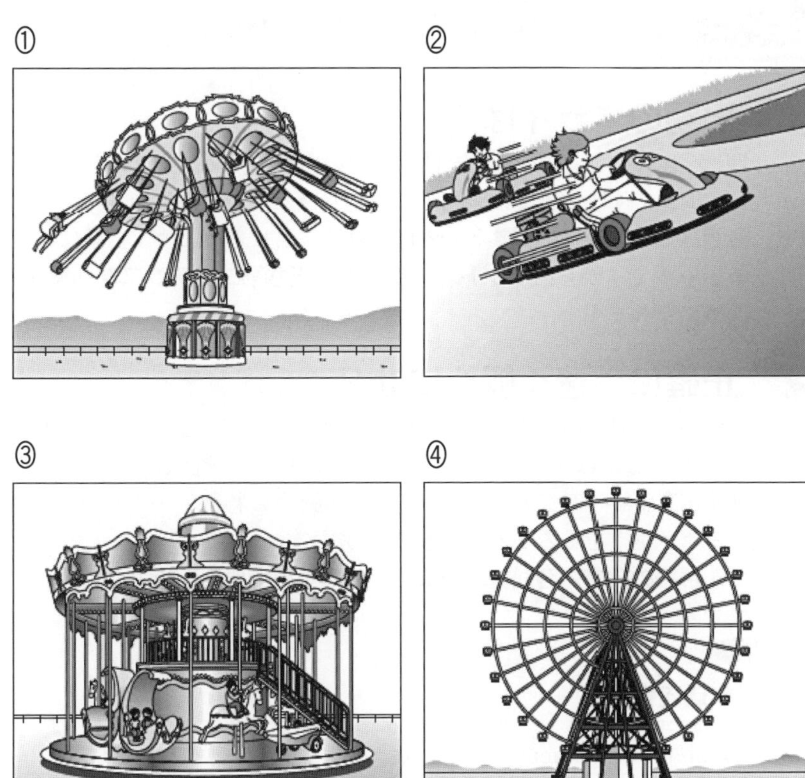

これで第２問は終わりです。

第2問 解答＆攻略法

対話は最後のセリフが決め手！

出題のネライは？

第2問は，2人による**短い対話**を聞き，その内容に沿ったイラストを4つの中から選ぶ問題です。ここでは，相手を否定したり，情報が追加されたりする中で，**必要な情報を取捨選択する力**が問われることになります。会話は言葉のキャッチボールですから，**イントネーションなどからニュアンスを「察する」**ことも大事になります。

正確に，速く解くには？

対話のテーマが日本語で提示されていますから，これをしっかり頭に入れて放送に耳を傾けるのは必須です。イラストと合わせて確認しておけば，問1は「場所」，問2は「天気の動向」，問3は「動物の特徴」…というふうに，耳を傾けるポイントを絞ることができますね。

そして，**最後の発言内容が答えの決め手になる**ので要注意です！

CD❶-8

問1 【放送内容】

M: How about there, near the **bookshelf**?
W: I'd prefer it by the **window**.
M: OK. Right here, then?
W: No, that's **too close to the TV**. I think the other corner would be better.

Question:
Where does the woman want to put the Christmas tree?

□ How about ～?「～はどうですか」（相手への提案・勧誘のフレーズ）
□ I'd prefer ～「むしろ～のほうが好きです」
□ close「近い，接近した」

〈訳〉男：そこ，本棚の近くはどうかな。
女：窓のそばのほうがいいわ。
男：了解。じゃあ，ここでいいね。
女：だめ，テレビに近すぎる。もう一方の角のほうがいいと思うわ。
問：女性はクリスマスツリーをどこに置きたいと思っていますか。

正解 ②

ここがカンジン！

音声を聞く前から，選択肢①～④は「置き場所」を示していることは察しがつきます。注意すべきワードは，それぞれの近くにあるもの，つまり，**window，TV，bookshelf，door，sofa**ということになりますね。

女性の最初の発言からprefer，by the window，そしてそれに続く男性の発言のOK.が聞き取れれば，置き場所は窓のそばの①か②に絞ることができます。

続く女性の発言**too close to the TV**「テレビに近すぎる」で①は消去できるので，②の場所が正解と判断できますね。

リスニングのコツ！

M: How about there, near the bookshelf?

➡ How about ⇒［ハウ（ア）バウト］

「～はどうですか」と提案したり，意見を促すときに用いたりする日常会話で頻出の表現です。aboutの［ア］を省略して［ハウバウト］のように発音されることも多いので，注意しましょう。

W: I'd prefer it by the window.

➡ would prefer ⇒［ウップリファ］［d］の脱落。

発話の中ではI wouldの省略形I'd preferとして用いられています。preferは「～のほうを好む」という意味で，一般的な好みではなく，目の前の状況に合わせた好みの場合は，wouldと共に用いられることが多いのです。

M: OK. Right here, then?

W: No, that's too close to the TV.

I think the other corner would be better.
● • • • ●

CD❶-9

問 2 【放送内容】

W: Will it be warm next week?
M: It should be **cold at first**, then get warmer.
W: I heard it'll be sunny, though, right?
M: Yes, except for **rain on Thursday** and **clouds on Friday**.

Question:
Which is the correct weather forecast?

□ it should be cold「寒いはずだ」(it が天候・温暖を表す it なので，should は推量「～するはずだ」) □ except for「～を除いて」

〈訳〉女：来週は暖かいの？
男：**最初は寒くて**，それから暖かくなるはずだよ。
女：でも聞いたところでは晴れるらしいけど，それでいいのよね？
男：うん，**木曜の雨**と**金曜の曇り**を除けばね。
問：正しい天気予報はどれですか。

正解 ③

ここがカンジン！

イラストで違いが明らかなのは，Th（Thursday），F（Friday）における天気と気温のグラフです。つまり，ポイントは「**雨**」か「**曇り**」かと，「**気温の傾向**」ですね。

男性の最初の発言から cold at first「最初は寒い」をキャッチできれば，グラフから③か④に絞ることができます。

そして，最後の男性の発言から rain on Thursday，もしくは clouds on Friday のどちらかをキャッチできれば，③が来週の天気予報を表していると判断できますね。

リスニングのコツ！

W: Will it be warm next week?
● • •

➡ Will it be ⇒［ウィリッビ］

M: It should be cold at first, then get warmer.

➡ at first ⇒［アッファースト］, then get ⇒［デンゲッ］

at first の at の [t] は脱落して，［アッファースト］のように聞こえます。「初めは」の意味。

W: I heard it'll be sunny, though, right?

M: Yes, except for rain on Thursday and clouds on Friday.

CD❶-10

問 3 【放送内容】

M: What was the name of the animal with the small ears?
W: The one with the long tail?
M: No, the **short-tailed one**.
W: Oh yeah, **with the long nose**.

Question:
Which animal are the speakers talking about?

☐ short-tailed「しっぽの短い」

〈訳〉男：耳の小さな動物の名前，何だっけ。
女：尻尾が長い動物？
男：いや，**尻尾が短いやつ**。
女：はいはい，**鼻の長い動物ね**。
問：話者たちはどの動物について話していますか。　　**正解** ④

ここがカンジン！

動物の特徴について語られることは一目瞭然。その中で **short-tailed (one)** と **(with) the long nose さえキャッチできれば十分**です。

まぎらわしいのは，long tail（女性の最初の発言）と short-tailed（男性の2番目の発言）とで相反するワードが出てくることですね。

男性は女性が言及した long tail を No と否定して，short-tailed (one) と訂正していますから，こちらが正解の動物の特徴です。

最後の女性の発言にある the long nose と条件を合わせれば，④の動物を話題にしていることがわかります。

リスニングのコツ！

M: What was the name of the animal with the small ears?

➡ What was ⇒［ワーワズ］

W: The one with the long tail?

➡ with the ⇒［ウィッ］

M: No, the short-tailed one.

W: Oh yeah, with the long nose.

得点率 80 %Get!

会話では文法知識が通用しないこともある。イントネーションから会話の流れをつかむことも大事だ！

英会話では，主語や動詞を省略した，つまり「文」の形になっていない単語の固まりのやり取りだけで成立することもよくあります。そこでポイントになるのが，ネイティブのイントネーションにどれだけ慣れているかということ。

例えば問 1，男性の 2 番目の発言 Right here, then?（↗）は，主語と動詞がありませんが，上がり口調で言うことによって相手に質問や確認を投げかけていると伝わるわけです。それに対して女性は No と答えています。

問 3 でも，女性の最初の発言 The one with the long tail?（↗）と男性の 2 番目の発言 No, the short-tailed one.（↘）という単語の固まりのやり取りも，イントネーションをつけることで，〈問いかけ〉→〈否定，いい直し〉という流れの会話が成立していますね。

多くの会話に接して，このようなイントネーションのパターンに慣れておきましょう。

CD❶-11

問 4 【放送内容】

W: This place is famous for its roller coaster!

M: Oh ... no, I don't like **fast rides**.

W: Well then, let's try this!
M: Actually, I'm afraid of **heights**, too.

Question:
Which is the best ride for the man to try?

□ *be* famous for ～「～で有名だ」 □ ride「(遊園地などの) 乗り物」
□ actually「実は，実際に」 □ *be* afraid of ～「～を恐れる」
□ height「高いところ」

〈訳〉女：ここはジェットコースターで有名なの。
男：うわ……，勘弁して，**スピードの出る乗り物**は苦手なんだ。
女：うーん，それじゃあ，これにしましょう！
男：実のところ**高いところ**も怖くて。
問：男性が乗ってみるのに最適な乗り物はどれですか。 **正解** ③

ここがカンジン！

乗り物の特徴を表す言葉に注目しましょう。**fast「速い」，heights「高いところ」がキャッチできるかどうかがポイント**です。**男性の口調も大きなヒントですね。**

男性の最初の発言から first rides「速い乗り物」，2 番目の発言の heights「高いところ」がキャッチできれば，男性の口調からそれらが苦手であると判断できます。

極端な話，それぞれ don't like や afraid of が聞き取れていなくても判断はついてしまうんです。正解は，それらが該当しない③ということになります。

リスニングのコツ！

W: This place is famous for its roller coaster!

M: Oh ... no, I don't like fast rides.

W: Well then, let's try this!

M: Actually, I'm afraid of heights, too.

得点率 90 %Get!

文字で見れば簡単な英文も，ネイティヴスピーカーの口から発せられると聞き取れないことはよくある。簡単に思える単語ほど，音声と見た目のギャップに注意しておこう。

例えば問 4 であれば，fast を first と捉えてしまったり，［ハイツ］と聞き取れたのに heights という単語と結びつかなかったりすることがあります。

物理的な音だけの聞き取りだけにエネルギーを割いてしまうと，全体の把握が遅れます。例えば, roller coaster「ジェットコースター」が出てきたから fast「速い」を突き止める，といったように，前後の内容や前後に発話された単語の意味から類推して，似た意味の単語の識別をすることも非常に大切なんです。

PART Ⅲ

第3回 試行テスト第3問の問題演習

第3問も，2人の対話についての質問に答える問題です。対話の場面が日本語で問題冊子に載っている点は第2問と同じですが，問い（英文）が問題冊子に載っている点，また対話の文章が第2問に比べて長めである点が異なっています。

場面，問い，選択肢といったヒントとなる情報が問題冊子に提示されていて，**英文を聞く際の注意すべきポイントは明らか**ですが，その分，**相手に否定的な発言をしたり，情報の追加があったりして2人のやり取りがやや複雑になっています**。つまり，その中から**それぞれの発言の意図をくみ取る力**が求められることになります。

CD❶-12

第3問

第3問は問1から問4までの4問です。それぞれの問いについて，対話の場面が日本語で書かれています。対話を聞き，問いの答えとして最も適切なものを，四つの選択肢（①～④）のうちから一つずつ選びなさい。（問いの英文は書かれています。）2回流します。

問1 夫婦が今夜の夕食について話をしています。

What is the couple going to eat for dinner? [12]

① Pasta and salad
② Pasta and soup
③ Pizza and salad
④ Pizza and soup

CD❶-13

問2 男性が通行人に話しかけています。

What will the man do? [13]

① Ask for a ride.
② Take a bus.
③ Take a taxi.
④ Walk to the hotel.

CD❶-14

問3 友達同士が服装について話をしています。

How does the man feel about the shirt? [14]

① He likes it very much.
② He wants to buy it.
③ It doesn't look nice on him.
④ It isn't worth the price.

CD❶-15

問4 友達同士が今観た映画について話をしています。

What do the two people agree about? [15]

① The movie follows the book.
② The movie has a great cast.
③ The movie is based on a true story.
④ The movie is better than the book.

これで第３問は終わりです。

第3問　解答＆攻略法
キーワードをキャッチせよ！

出題のネライは？

２人による対話を聞くのは第２問と同じ。ただし，第２問よりも情報量が多くなるから，一部だけ聞き取れれば正解の見当がつくという要素は少なくなります。２人のやりとりから**それぞれの意図や主張を把握する力**が必要となります。

正確に，速く解くには？

対話の場面は日本語で提示されており，問いも英文で提示されているので，事前にテーマを絞って放送に耳を傾けるようにしましょう。

もちろん選択肢にも目を通すことを忘れずに！　問１であれば「夕食のメニュー」，問２であれば「交通手段」といったように，**注意すべきポイントが鮮明になります**。

CD❶-12

問１　【放送内容】

W: Would you rather have **pizza** or **pasta** for dinner?
M: Well, **I had pizza for lunch ....**
W: OK, then pasta. We could have soup with that. Oh, but the neighbor gave us lots of lettuce and tomatoes from her garden, so how about **a salad instead of soup**?
M: Sure! That sounds good!

□ Would you rather *A* or *B*?「A と B のどちらがいいですか」
□ have ～ for lunch「ランチに～を食べる」
□ neighbor「隣人」　□ instead of ～「～の代わりに」

〈訳〉女：夕食は**ピザ**と**パスタ**のどっちがいい？
　　男：うーん，**ランチにピザを食べたんだよね…**。
　　女：わかったわ，それならパスタにしましょう。一緒にスープをつけるのもいいわね。あっ，でもお隣から庭でとれたレタスとトマトをいただいたから，**スープじゃなくてサラダ**はどうかしら。

男：うん，いいね！

〈問・選択肢の訳〉

問：夫婦は夕食に何を食べようとしていますか。

① パスタとサラダ　② パスタとスープ

③ ピザとサラダ　④ ピザとスープ

正解 ①

ここがカンジン！

選択肢より，注目すべきワードは **pasta，salad，pizza，soup** で，**そのうちの２つの組み合わせが正解**ということになります。採用，もしくは却下されたと判断できたメニューは，すぐ問題用紙に○×などわかりやすい印をつけましょう！

「今夜の夕食」についての話であることはわかっているので，男性の最初の発言 **I had pizza for lunch** をキャッチできれば，ピサは却下ということで，①か②に絞ることができます。

女性は２番目の発言の最後に a salad instead of soup「スープじゃなくてサラダ」と言い，男性もそれに対して Sure と同意を示していますから，パスタとサラダの組み合わせである①が正解だと判断できますね。

リスニングのコツ！

W: Would you rather have pizza or pasta for dinner?

M: Well, I had pizza for lunch ....

W: OK, then pasta. We could have soup with that. Oh, but the neighbor gave us lots of lettuce and tomatoes from her garden, so how about a salad instead of soup?

➡ instead of ～「～の代わりに」は［インステロウ］のように聞こえます。

M: Sure! That sounds good!

CD❶-13

問 2 【放送内容】

M: Excuse me. Could you tell me how to get to the Riverside Hotel from here?
W: You can take a taxi or a bus. Or you can walk there and enjoy the view. It's not too far.
M: Hmm, it's a nice day, and I need some exercise. **I'll do that.**

□ Could you tell me how to get to ～?「～への道を教えていただけますか」

〈訳〉男：すみません，ここからリバーサイド・ホテルへの行き方を教えていただけませんでしょうか。
女：タクシーかバスで行けます。もしくは歩いて行って眺めを楽しんでもよいのでは。それほど遠くはないですよ。
男：うーん，天気はいいし，私は少し運動したほうがいいな。**そうすることにしますね。**

〈問・選択肢の訳〉
問：男性は何をするつもりですか。
① 車で送ってくれと頼む。　② バスに乗る。
③ タクシーに乗る。　④ ホテルまで歩く。　正解 ④

ここがカンジン！

問いと選択肢より，**男性の移動の手段**が問われていることがわかりますね。1 回目の放送で内容理解がおぼつかなくても，**男性の最後の発言 I'll do that. の that が答えを示している**と判断できます。
このI'll do that. の that は指示語で，直前に言及された内容を指しています。つまり，女性の発言の後半の内容を指しているということなので，2 回目の放送ではそこに集中して耳を傾けましょう。
女性は後半で「歩いて行って眺めを楽しんでもよいのでは」と提案しており，that はそれを指しているわけです。

リスニングのコツ！

M: Excuse me. Could you tell me how to get to the Riverside Hotel from
●　●　●　●　●　●　●　●
here?

W: You can take a taxi or a bus. Or you can walk there and enjoy the view. It's not too far.

M: Hmm, it's a nice day, and I need some exercise. I'll do that.

CD❶-14

問3 【放送内容】

W: Hi, Jason. You look great in that shirt.
M: Thanks, Mary. I ordered it online. Actually, it didn't look that nice on the website.
W: Then why did you buy it?
M: Because it was 50% off. But now **I think it's really nice**.
W: Yeah, it is! You got a good buy.

□ look great in ～「～を着てとてもよく見える（～がとても似合っている）」
□ order ～ online「～ネットで注文する」(online「ネットで，オンラインで」を後で on the website「オンラインで，ウェブサイトで」に言い換えていることに注意)
□ Actually, ～「実は～，ところが実際は」(相手が考えていることや相手が想像していることとは反対のことを述べるときに使う表現)
□ didn't look that ～「それほど～に見えなかった」(この that は「それほど，そんなに」と「～」の程度を表す副詞)
□ a good buy「お買い得，安い買い物」(この buy は「買い物」の意味の名詞)

〈訳〉女：ジェイソン，こんにちは。そのシャツとても似合ってるわよ。
男：ありがとう，メアリー。ネットで注文したんだ。実のところ，サイトではそれほどよく見えなかったんだけどね。
女：じゃあ，なんでそれを買ったの？
男：5割引だったからだよ。でも今では**本当にいいと思ってる。**
女：ええ，そのとおりよ。いい買い物をしたわね。

〈問・選択肢の訳〉

問：男性はそのシャツについてどう感じていますか。

① とても気に入っている。　② 買いたいと思っている。

③ 自分には似合わない。　　④ 価格に見合わない。

正解 ①

ここがカンジン！

「男性がどのように感じているか」が問われているので，**男性の発言に集中しましょう！** その中で **I think it's really nice. は，まさしく男性の感じていることを述べた部分**ですね。

shirt というワードは，女性の最初の発言の中で出てきただけです。その後，他の「服装」に関する言及はなく，ずっと「シャツ」が話題の中心になっているんですね。したがって，it's really nice の主語 it もシャツのことだから①の内容と一致するということです。

リスニングのコツ！

W: Hi, Jason. You look great in that shirt.

➡ shirt ⇒ ［シャート］
日本語の「シャツ」とは語感が違うので要注意。

M: Thanks, Mary. I ordered it online. Actually, it didn't look that nice on the website.

➡ ordered it online ⇒ ［オーダディロンライン］

W: Then why did you buy it?

M: Because it was 50% off. But now I think it's really nice.

W: Yeah, it is! You got a good buy.

CD❶-15

問 4 【放送内容】

M: That was a great movie, wasn't it?
W: Well, it wasn't as good as I expected.
M: Really? **It was a lot like the book**, though.
W: Yeah, **that's true**, but I didn't like the cast very much.
M: Oh, you didn't? I think all the actors did a great job.

☐ not as good as I expected「期待ほどではない」
☐ it was a lot like ～「それは～と大いに似ていた」
☐ ～, though「だけど，～」
☐ do a great job「よい仕事をする」

〈訳〉男：すごくいい映画だったね。
女：うーん，私が期待したほどではなかったけど。
男：本当？ でも**かなり原作には沿っていたよ。**
女：まあ，**それはそのとおりね。**だけど配役があまり好みじゃないわ。
男：えー，そうだったの？ 俳優たちは皆いい仕事をしていたと思うけど。

〈問・選択肢の訳〉
問：2人は何について意見が合いましたか。
① 映画が原作に沿っている。　② 映画の配役がすばらしい。
③ 映画は実話に基づいている。　④ 映画は原作よりもよい。

正解 ①

ここがカンジン！

「2人」の中で一致している意見について問われているので，**不一致な内容はすぐに消去しましょう。**女性の2番目の発言にある**that's true「それはそのとおり」は何に対してのものなのか**がわかれば，すべて解決です。

女性は2番目の発言でI didn't like the castと配役に不満を述べていますから，②は消去できます。また，そもそも③と④に関しては2人の間で言及されていない内容なので，これらも消去できます。

つまり，消去法だけでも正解の①にたどり着くのです。また，男性が2番目の発言で述べた**It was a lot like the book**に対して，女性がthat's true「そのとおりね」と同意する流れが理解できた上で①を選ぶことができれば，言うことはないですね。

リスニングのコツ！

M: That was a great movie, wasn't it?

W: Well, it wasn't as good as I expected.

➡ wasn't as good as ⇒［ウォズンｯズグッダズ］

M: Really? It was a lot like the book, though.

W: Yeah, that's true, but I didn't like the cast very much.

M: Oh, you didn't? I think all the actors did a great job.

得点率80%Get!

リスニング問題でも言い換え表現に注意！ 言いたいことは1つでも，その表現はいくつもあるということを忘れずに。

問4のように，対話の場面や設問，また選択肢などから「注意すべき単語」を絞りきれない場合，質問文 What do the two people agree about? にある，2人が「同意する」内容を探りながら音声を聞くことになります。

ただし，質問文にある agree という単語がそのまま出てくるとは考えないでください。ここでは，女性の2番目の発言の Yeah か that's true のどちらかが聞き取れれば，その前の男性の発言に同意を示したと判断できます。

このように，会話の中のシンプルな表現を拾って問題にすることも多いので，同じニュアンスを持つ表現のバリエーションに慣れておくようにしましょう。

リスニング力をアップしよう！
❶「同意」「同感」「反意」などを表す重要表現

CD❷-91

□ **True.**	「そのとおり」 ▶ (That's) true. や (It's) true. の省略形。相手の言葉に対してあいづちを打つときの表現。
□ **You are right.**	「君の言うとおりだ」 ▶ 相手の意見が正しく認めたいときに使うフレーズ。
□ **That's a good idea.**	「そりゃいい考えだ」 ▶ 相手の提案に対する賛成の意図を表す。
□ **I'm not so sure about that.**	「それはどうかしら，それについてはそんなに確信がない」 ▶ 相手の提案に対して賛成しない意図を表す。
□ **Sort of.**	「まあね，そんなとこだね，多少，いくぶん，ちょっと」 ＝ kind of ▶ 相手の発言に対して一部分は当たっているかもしれないが，正確には言い得ていないときに使うフレーズ。ほとんどの場合，but が続く。
□ **Could be.**	「そうかもね」 ▶ Yes か No かをはっきりさせずに，あいまいに返事をしておきたいときや，直前の発言に真っ向から反対するのを避けたいときに便利な表現。 A : Look! He must be our new boss.「見て！ 彼が私たちの新しい上司に違いないわ」 B : **Could be.**「そうかもね」
□ **Not really.**	「そうでもないよ」 ▶ No. よりもソフトな否定表現。気の進まないことをやんわりと断るときにも使える。事情が少し複雑で完全に No. ではない場合や，相手の言ったことを控えめに否定したいときに便利。 A: Do you want dessert?「デザートほしい？」 B: **Not really**. I ate too much for dinner.「そうでもないよ。夕食を食べ過ぎたんだ」
□ **Fine.**	「いいよ」

	▶ 相手の提案に対して「いいよ」と同意をしたり承認したりするときに使う。 A: How about going to the Chinese restaurant?「チャイニーズ・レストランに行きましょうか」 B: **Fine.**「いいよ」
□ **Yeah.**	**「はい，うん」** ▶ Yes と同じ。Yes よりくだけたぞんざいな表現で丁寧さに欠ける表現。
□ **Right. / That's it. / That's right.**	**「そのとおり」** ▶ 相手の発言に肯定・賛成するフレーズ。
□ **Is that it?**	**「それだけ？」** ▶ Is that all?「それで全部ですか」とほぼ同じ意味のくだけた表現。使われる状況によって，単なる問い返しの意味の場合もあれば，落胆の気持ちを表すこともある。 A: Here is your meal, sir.「お客様，こちらがお料理でございます」 B: **Is that it?** Is this all I get for 35 dollars?「これだけ？ 35 ドル払ってこれで全部？」
□ **Sorry.**	**「申し訳ありません」** ▶ 自分に非があることを認めるときに使う表現。
□ **Not for sure.**	**「はっきりとはわからないけど」** ▶「自分がこれから言うことは，正確ではないかもしれない」と前置きするときの表現。大抵の場合，次に，but ...(だけど…)と自分の意見を続けて言う。 A: Do you know if the show is still running?「そのショーがまだやっているかどうか知ってる？」 B: **Not for sure**, but I think so.「**はっきりとはわからないけど**，まだやってると思うよ」
□ **Uh-huh.**	**「ううん，なるほど」** ▶ 相手の言っている発言に対して「理解した」「賛成だよ」，「話を聞いているよ」といった意思表示(間投詞)。
□ **Why not?**	**「いいとも，そうしよう」** ▶ 相手の提案に対して使う。否定文に対して「なぜ？」の意味で使われることもあるので注意。
□ **You're kidding.**	**「冗談だろ」**

□ **Really?**	「本当？」 ▶ 日本語の「マジ？」に近い驚きや疑いを表す表現。相手を非難する意味にもなる。 A: I finished reading the book you lent me yesterday.「昨日貸してくれた本，読み終わったわよ」 B: **Really?**「本当？」
□ **Beats me.**	「わからない」 ▶ I don't know. と同じ意味のくだけた返答フレーズ。 A: Do you know when Mike will be back?「マイクがいつ戻ってくるか知ってる？」 B: **Beats me.** I didn't even know he was out of the classroom.「わからないよ。彼が教室にいないのも知らなかったよ」
□ **Sure.**	「いいとも」 ▶ 相手からの依頼や要請に対して承認するときに使う。 A: Can I use the bathroom?「トイレ使ってもいいですか」 B: **Sure.**「もちろん，いいとも」
□ **I get it. / I see. / I understand what you mean.**	「なるほど，わかった」
□ **I bet ...**	「きっと…だ」 ▶ 相手の発言に対する同感を示すフレーズ。
□ **If you say so.**	「君がそう言うのなら」 ▶ 相手の提案をやむを得ず受け入れるときや，相手の意思を尊重して相手の提案を受け入れるときのフレーズ。
□ **I beg your pardon.**	「失礼ですが」 ▶ 見知らぬ人に声をかけるとき，また相手の発言に反論したりするときに使える。相手の発言が聞き取れなかったような場合は，I beg your pardon? と文末のイントネーションを上げる。 A: This is my seat, Row 26 B.「26 列 B は私の席です」 B: **I beg your pardon.** This is Row 25.「失礼ですが。ここは 25 列です」

□ **That's part of it.**	「それもある」 ▶ 相手の発言に対して,「それはその事柄の 1 つの側面ではあるが,すべてではなく,ほかの面も挙げることができる」というときに使う。 A: So you chose that gym because it is open late at night?「じゃあ,遅くまで開いているからあのジムを選んだの？」 B: **That's part of it.** All the instructors are good-looking!「**それもあるわ**。インストラクターがみんなハンサムなの！」
□ **Not in the least.**	「全然そんなことない」 ▶ 相手の意見や疑問をきっぱりと否定するときに使える表現。in the least「少しも,ちっとも」は否定の not を強調している。 A: Were you bored during the lecture?「講義は退屈だった？」 B: **Not in the least.**「**全然そんなことないわ**」
□ **That's not a good idea.**	「それはいい考えじゃないね」 ▶ 相手の提案にあまり賛成しない意図を表すフレーズ。

PART Ⅲ

第4回　試行テスト第4問A/Bの問題演習

第４問はＡとＢの２つのパートに分けられています。**音声は１回しか流れないので，聞き漏らしがないようメモを取りながら聞くことが重要となります。**

CD❶-16

第4問A

第４問Ａは問１・問２の２問です。話を聞き，それぞれの問いの答えとして最も適切なものを，選択肢のうちから選びなさい。1 回流します。

問１　女の子がペットの猫(サクラ)について話しています。話を聞き，その内容を表したイラスト(①～④)を，聞こえてくる順番に並べなさい。 16 → 17 → 18 → 19

①

②

③

④

CD❶-17

問2 あなたは海外インターンシップで旅行代理店の手伝いをしています。ツアーの料金についての説明を聞き，下の表の四つの空欄 20 ～ 23 にあてはめるのに最も適切なものを，五つの選択肢(①～⑤)のうちから一つずつ選びなさい。選択肢は2回以上使ってもかまいません。

① $50　② $70　③ $100　④ $150　⑤ $200

Tour		Time (minutes)	Price
Hiking	Course A	30	20
	Course B	80	21
Picnicking	Course C	60	
	Course D	90	22
Mountain Climbing	Course E	120	23
	Course F	300	

これで第4問Aは終わりです。

第4問A　解答＆攻略法

イントネーション（抑揚）にも注意しよう！

出題のネライは？

問１は，１人の**やや長めの発話**を聞き，その内容に合うイラストを順番に並べる問題です。ということは，**時間の流れ・物事の前後関係を把握しながら話が聞けるかどうか**がカギになります。

問２も，１人の**やや長めの発話**ですが，問１に比べて**数値などの情報量が多くなります**。したがって，音声を聞きながら的確にメモを取り，それをもとに**質問の意図に沿って解答する力**が必要になります。

正確に，速く解くには？

第４問Ａでは，それぞれの問題に場面説明が与えられています。それに加えて，問１はイラスト，問２は選択肢と表をヒントにして放送を聞きましょう。

問１では**登場人物を事前に頭に入れておく**と，イラストと発話のリンクがスムーズになります。問２は**お金と時間の関係**がポイントですね。慎重に数字を聞き取り，**与えられた表も活用してメモを取る**ことが必須です。

CD❶-16

問１　【放送内容】

Last Saturday, when **my grandmother** opened the front door of our house, our family cat, Sakura, ran out to chase a bird. My grandmother tried to catch her, but Sakura was too fast. **My family** began looking for her. When it got too dark to see, we gave up our search for the night. We were so sad. **I placed food and water outside the door** in case Sakura came home. The next morning I ran to the door to check the food. The food had been eaten, but Sakura wasn't there. Then suddenly, **from behind the bushes, I heard a soft "meow."**

□ run out ～「～を走り出る」　□ chase「～を追う」
□ search for「～の捜索」（search はここでは名詞）
□ in case SV「S が V する場合に備えて」

〈訳〉先週の土曜日，**祖母**が家の玄関ドアを開けると，家族で飼っているサクラという猫が鳥を追いかけて外に飛び出してしまいました。祖母はサクラを捕まえようとしましたが，サクラはあまりに素早く捕まえられませんでした。**私たち家族**はサクラを探し始めました。暗くなって目が利かなくなったので，その晩は捜索をやめました。私たちはとても悲しい気持ちでした。サクラが家に帰ってきた場合に備えて，**私はドアの外に食べ物と水を置いておきました**。その翌朝，私はドアまで走って行き，食べ物を確認しました。食べ物はなくなっていましたが，サクラの姿はありませんでした。そのとき，突然，**茂みのかげから小さな声で「ニャー」と聞こえてきました**。

正解 16 ③　17 ②　18 ①　19 ④

ここがカンジン！

イラストからある程度のストーリーは見当をつけてしまいましょう！ ②と③を見れば，**猫が逃げ出してそれを複数の人が探している**ということはわかりますね。イラスト4枚で表す短いストーリーですから，そんなに複雑な内容にはなりません。つまり，**シンプルな内容**ということです。

イラストから予想される「猫が逃げて，複数人がそれを探す」という内容を軸に考え，イラストに描かれた登場人物と発話に出てくる登場人物を結び付けながら放送を聞きましょう。

そうすると，第1文目で my grandmother が猫を逃がして（イラスト③），第3文目で My family がその猫を探す（イラスト②）という流れがスムーズに把握できるはずです。

その次に来るイラスト①に当たる6文目，I placed food and water outside the door の聞き取りが曖昧だったとしても，イラスト④が最後の文の from behind the bushes, I heard a soft “meow” に一致することがわかれば，①が入るのは③，②の後，④の前という推測ができますね。

リスニングのコツ！

〔1文目〕our family cat, Sakura, ran out（イラスト③）

〔3文目〕My family began looking for her.（イラスト②）

〔6文目〕I placed food and water outside the door（イラスト①）

〔最終文〕from behind the bushes, I heard a soft “meow.”（イラスト④）

➡ meow ⇒［ミャオ］ 猫の鳴き声。

CD❶-17

問 2 【放送内容】

This is the list of outdoor tours that we offer. I haven't filled in the price column yet, so could you help me complete it? The prices depend on how long each tour is. The price is 70 dollars for tours **up to** one hour ... and 100 dollars for tours **over** 60 minutes **up to** 90 minutes. We charge 50 dollars for each additional hour **over** 90 minutes.

□ fill in「(書類など) に必要事項を記入する」
□ depend on「～次第だ」 □ additional「追加の」

〈訳〉これは，私たちが提供しているアウトドアツアーの一覧です。まだ料金欄を埋めていないので，それを完成させるのを手伝っていただけませんか。料金はそれぞれ，ツアーの長さで決まります。1 時間**までの**ツアー料金は 70 ドルで……，60 分**を超えて** 90 分**までの**ツアー料金は 100 ドルです。90 分**を超えると** 1 時間ごとに 50 ドルをプラスして請求します。

正解 20 ② 21 ③ 22 ③ 23 ④

ここがカンジン！

「時間」と「料金（～ dollars）」の兼ね合いを聞き取ることがポイント！ over ～「～を超えて」や up to ～「～まで」など**数値の範囲を表す表現**を押さえられましたか？

ツアー時間と料金の関係は，4 文目の The price is ... 以降で述べられています。

「1 時間までのツアーは 70 ドル」は A コース（30 分）が該当，「60 分を超えて 90 分までのツアー料金は 100 ドル」は B コース（80 分）と D コース（90 分）が該当します。

「90 分を超えると 1 時間ごとに 50 ドルをプラスして請求」ということは，150 分までのツアーは〈100 ドル（90 分まで）＋ 50 ドル（超過 1 時間以内分）〉の計 150 ドルかかるということ。これは E コースが該当しますね。

リスニングのコツ！

上昇調のイントネーションに注意！ 例えば4文目では，疑問を投げかけているわけではないのに，途中で上昇調（↗）が続いています。

The price is 70 dollars(↗) for tours up to one hour(↗) ... and 100 dollars(↗) for tours over 60 minutes(↗) up to 90 minutes(↘).

これは同等の情報が続けて述べられるという合図です。そして最後に下降調（↘）にして，情報はここまでと，いったん文が締められます。

情報の羅列をするときにはこのような表現が多いので，上昇調が続く間は気を緩めず集中する必要があります。下降調になったところで一区切りつけましょう。

得点率90%Get!

「金額」に関する表現のパターンをまとめて覚えておこう！

問2で出てくるpriceは，品物などの「価格」の意味で，chargeは「～を請求する」の意味。その他，この問2のタイプでよく使われる〈料金〉にまつわる語句を以下に紹介するので，この機会に覚えておきましょう。

【さまざまな「お金」の種類】
cost「費用」/ charge「(サービスなどに対する) 請求代金」/ fare「(交通機関の) 運賃」/ fee「入場料，(専門職に払う) 料金」/ income「収入」/ interest「利子」/ tax「税金」/ fine「罰金」

CD❶-18

第4問B

第４問Ｂは問１の１問です。四人の説明を聞き，問いの答えとして最も適切なものを，選択肢のうちから選びなさい。メモを取るのに下の表を使ってもかまいません。1回流します。

状況

あなたは大学に入学した後に住むための寮を選んでいます。寮を選ぶにあたり，あなたが考えている条件は以下のとおりです。

条件

A. 同じ寮の人たちと交流できる共用スペースがある。
B. 各部屋にバスルームがある。
C. 個室である。

	A. Common space	B. Private bathroom	C. Individual room
① Adams Hall			
② Kennedy Hall			
③ Nelson Hall			
④ Washington Hall			

問１ 先輩四人が自分の住んでいる寮について説明するのを聞き，上の条件に最も合う寮を，四つの選択肢（①～④）のうちから一つ選びなさい。 24

① Adams Hall
② Kennedy Hall
③ Nelson Hall
④ Washington Hall

これで第４問Ｂは終わりです。

第4問B　解答＆攻略法
「言い換え表現に気付けるか」がカギ！

 出題のネライは？

第４問Ｂは，**４人の話者**の説明を聞き，問題冊子に記載された条件に最も合うものを１つ選ぶ問題です。対話が行われるのではなく，それぞれが個別の発話をする形になっています。

４種類の異なる説明を聞き，**それぞれの話者の主旨を理解して，与えられた条件と比較検討する必要があります**。まさに**思考力・判断力**が求められる問題です。

また，４人の中には**英語が母国語ではないと思われる話者**も含まれており，流ちょうとは言えない発話もあるので，戸惑わないように注意しましょう。

正確に，速く解くには？

与えられた「状況」，「条件」をよく読んだ上で音声を聞くのは必須です。表にある**各寮の名前**も事前に頭に入れておかないと，音声で不明な単語が出てきて戸惑うことになります。

音声は１度しか流れませんので，条件に合う・合わないは瞬時に判断する必要があります。判断したそばから問題冊子の表にチェックを入れていきましょう。

また，各条件は正解の選択肢以外の説明の中でも触れられる点に注意してください。その表現は様々なので，問題冊子にある表を利用して，**条件との一致・不一致**をしっかり把握しましょう。

CD❶-18

問１　【放送内容】

1. You'd love Adams Hall. It's got a big recreation room, and we have parties there every weekend. You can also concentrate on your studies because everyone gets their own room. **The bathrooms are shared**, though.
2. I recommend Kennedy Hall. **All the rooms are shared**, and the common area is huge, so we always spend time there playing board

games. There's a bathroom in every room, which is another thing I like about my hall.

3. I live in Nelson Hall. There are private rooms, but only for the seniors. So, **you'll be given a shared room with no bathroom**. My favorite place is the common kitchen. We enjoy sharing recipes from different countries with each other.
4. You should come to Washington Hall. The large living room allows you to spend a great amount of time with your friends. Each room has a bathroom. Some rooms are for individual students, and, if you apply in advance, you will surely get one of those.

□ hall「学生寮」 □ spend time ～ing「～して時間を過ごす」

〈訳〉1. アダムズホールは気に入ると思います。大きなレクリエーションルームがあり，そこでは毎週末にパーティーがあります。また全員に個室が与えられるので，自分の勉強に集中できますよ。ただし，**バスルームは共同です。**

2. ケネディホールはおすすめです。**すべてが共同部屋で**，共用部はとても広くて，私たちはいつもそこでボードゲームをして過ごしています。各部屋にはバスルームがあって，このこともこの寮を私が気に入っている点です。
3. 私はネルソンホールに住んでいます。個室はありますが，使えるのは4年生だけです。ですから，**あなたが与えられるのはバスルームなしの共同部屋になります。**私のお気に入りの場所は共同の台所です。異なった国々のレシピを共有するのが楽しいです。
4. ワシントンホールに来るべきです。大きな居間があるので，友達との時間をたっぷりと過ごすことができます。各部屋にはバスルームがあります。いくつかの部屋は個室です。事前に申し込めば，その中の1部屋は確保できるでしょう。

正解 ④

ここがカンジン！

表にある単語は，放送を聞くにあたってのヒントです。その他にも，使われる可能性の高い単語として，条件Aの「**共用**」に関連して **share**，条件Bの「**各部屋**」に関連して **every[each, all the] room(s)** などは想定して放送に耳を傾けたいところです。

なお，表の条件Bにある **private** は，**条件Cの「個室」に関連して使われる可能性もあるから要注意**です。

A，B，Cの3つの条件は事前にしっかり頭に入れ，「一致しない」と判断できたものがあれば，その選択肢はバッサリ切り捨てましょう。

①の Adams Hall は，**The bathrooms are shared** が条件Bに合いません。

②の Kennedy Hall は，**All the rooms are shared** が条件Cに合いません。

③の Nelson Hall は，**you'll be given a shared room with no bathroom** とありますから，条件B，Cに合いません。したがって，すべての条件を満たしているのは④の Washington Hall です。

リスニングのコツ！

一人目の話者の話にあった，It's got ... は，It has got ... の略です。have[has] got は，しばしば have[has] 1語と同じ使われ方をします。

今回は has got = has の意味で，「持っている」となります。

他に，例えば，You've got to *do* ... は You have got to *do* の略で，have got to *do* = have to *do*「(あなたは) ～しなければならない」の意味を表しています。

➡ private ⇒［プライヴィット］

日本語の「プライベート」とは音のイメージが異なるので注意。

得点率90%Get!

同じことを伝えるのでもその表現は人それぞれ。つまりいろいろな言い換え表現が発生する。

条件Aの「共用スペースがある」という説明ですが，①では It's got a big recreation room，②では the common area is huge，③では My favorite place is the common kitchen. と表していて，①は共用スペースがあるということをアピールする表現，②と③は結果的に共用スペースがあることがわかる表現となっています。

このように，人によって言葉選び，表現方法は異なるわけです。逆に言うと，そのような別々の表現が実は1つのことを指していると認識できれば，思考がぶれずに音声に集中できるのです。

ふだんから，「言い換えられた」表現を意識して英文の音声に触れることは，リスニングの対策としてとても大切です。

リスニング力をアップしよう！
❷イントネーション解説講義

イントネーションを「上げる／下げる」ことで，聞き手側に対し，文字どおりの意味を超えた，いろいろな気持ちや感情を伝える効果が生まれます。

CD❷-92

1 **疑問詞のついた疑問文のイントネーションは，下げ調子で聞こえる場合と，上げ調子で聞こえる場合とで，メッセージが異なります。**疑問詞で始まる文で，下降調で聞こえる場合は，単にその答えを求めている場合です。

□ **Where did you go?** ↘「どこに行ってたの？」

これは単に場所を尋ねています。一方，上げ調子にすると，例えば「こんな遅くまでどこ行ってたの？」とか「あなたのこと探したんだよ。どこ行ってたの？」みたいに，相手を非難したり，少しの驚きや皮肉が込められたりする言い方になります。

□ **Where did you go?** ↗「どこ行ってたんだよ。ったく…」

2 **Yes / No で答える疑問文のイントネーションも2タイプあります。**上げ調子の場合は，単に相手に Yes か No を求めるときで，下げ調子で聞こえてくる場合は，多少の皮肉や苛立ちを表し，非難めいたメッセージが含まれます。

□ **A: Did you do your homework?** ↗「宿題やったの？」

▶ Yes / No を求める疑問文

B: Excuse me. ↗「なんだって？」

▶ 聞き逃したので問い返す

A: Did you finish your homework? ↘

「だから宿題終わったのかって聞いてんの」

▶ いらだちや皮肉を言い表す。

3 **相手に2択を迫るときはイントネーションは下がり，選択肢を限定しないときや相手に選択の判断をゆだねるときは，イントネーションを上げて終わります。**

□ **Would you like coffee** ↗ **or tea** ↘ **?**

「コーヒーと紅茶のどちらがよろしいですか」

▶ 2択を相手に迫るときは上げて下げる。

□ **Would you like coffee ↗ or tea ↗ ?**

「コーヒーか紅茶か，何かいかがですか」

▶ 選択肢を限定しないときは上昇調。選択の判断を相手にゆだねるときは両方とも上昇調。コーヒーや紅茶以外の飲み物の可能性も問う。

4 いろいろな例をたくさん列挙したいときには上昇調になります。

□ **I'm starving. I will order pasta ↗ , pizza ↗ , dessert ↗ , and coffee ↘ .**

「腹ペコです。パスタ，ピザ，デザート，それとコーヒーを注文します」

▶「まだ終わっていないよ」といった「文が途切れない」合図が上昇調です。最後に「これでおしまい」は下降調になります。

第5回 試行テスト第5問の問題演習

第５問は，問１，問２の２段階に分けて「講義」を聞く形式です。問１では250語程度の英文を聞いて，その**概要や要点を捉えられているか**が問われます。

問２では，問１の講義の続き（40語程度）を新たに聞いて，与えられた図表と問１の講義内容とを組み合わせて解かなければなりません。つまり，**トータルな思考力・判断力**も問われことになります。

音声が流れる前に，問題冊子に目を通す時間が約１分ありますので，その間に，記載された「**状況**」「**ワークシート**」「**問い・選択肢**」「**図表**」**の内容を把握**し，講義を聞く上でのヒントとしましょう

第４問までと比べて情報量が多いため，それらを**効率よく読んで理解する**という，リーディング面でのスキルも求められることになります。

CD❶-19

第5問

第５問は問１ⓐ〜ⓒと問２の２問です。講義を聞き，それぞれの問いの答えとして最も適切なものを，選択肢のうちから選びなさい。状況と問いを読む時間（約60秒）が与えられた後，音声が流れます。１回流します。

状況

あなたはアメリカの大学で，技術革命と職業の関わりについて，ワークシートにメモを取りながら，講義を聞いています。

ワークシート

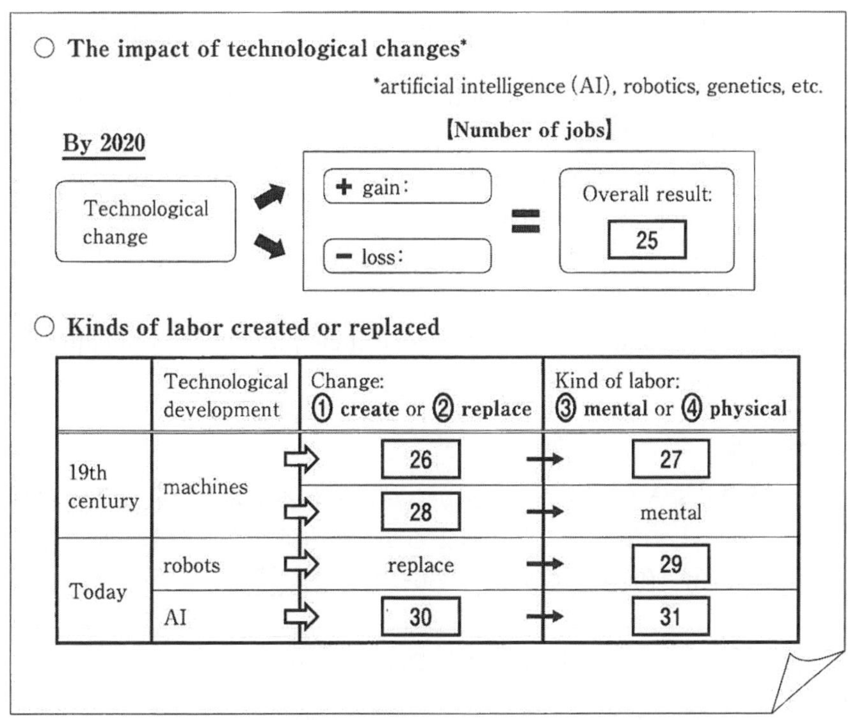

	Technological development	Change: ① create or ② replace	Kind of labor: ③ mental or ④ physical
19th century	machines	26	27
		28	mental
Today	robots	replace	29
	AI	30	31

問１ (a) ワークシートの空欄 25 にあてはめるのに最も適切なものを，六つの選択肢（①～⑥）のうちから一つ選びなさい。

① a gain of 2 million jobs
② a loss of 2 million jobs
③ a gain of 5 million jobs
④ a loss of 5 million jobs
⑤ a gain of 7 million jobs
⑥ a loss of 7 million jobs

問１ (b) ワークシートの表の空欄 26 ～ 31 にあてはめるのに最も適切なものを，四つの選択肢（①～④）のうちから一つずつ選びなさい。選択肢は２回以上使ってもかまいません。

① create　② replace　③ mental　④ physical

問 1 (c) 講義の内容と一致するものはどれか。最も適切なものを，四つの選択肢(①～④)のうちから一つ選びなさい。 32

① Machines are beginning to replace physical labor with the help of robots.
② Mainly blue-collar workers will be affected by the coming technological changes.
③ Two-thirds of the number of women working at an office will lose their jobs.
④ White-collar workers may lose their present jobs because of AI developments.

CD❶-20

問 2 講義の続きを聞き，下の図から読み取れる情報と講義全体の内容から，どのようなことが言えるか，最も適切なものを，四つの選択肢(①～④)のうちから一つ選びなさい。 33

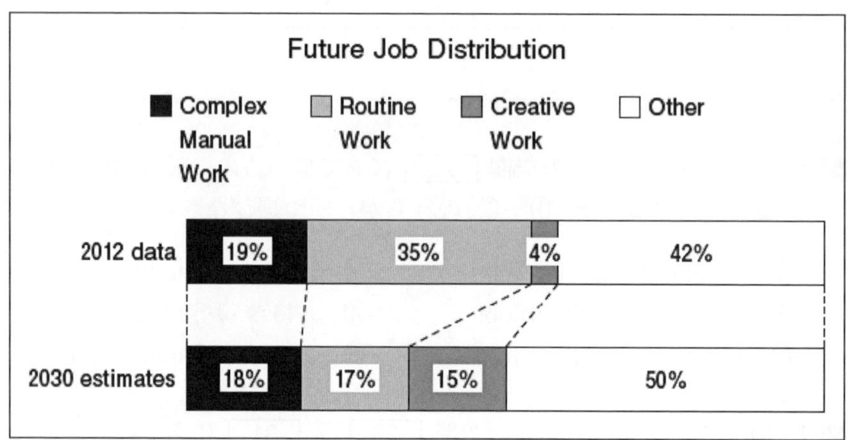

① Complex manual work will be automated thanks to the technological revolution.
② Jobs in the STEM fields will not increase even though they require creative work.
③ Mental work will have the greatest decrease in percentage.

④ Not all physical work will be replaced by robots and AI.

これで第５問は終わりです。

第5問　解答＆攻略法

出題のネライは？

第５問は，リスニング問題ではありながら，問題冊子に提示された**文字や資料など情報にボリュームがあり，短い時間で全体像を把握するリーディング力を必要とする**側面があります。

問１だけで読み上げられる音声は250語程度に及んでいて，しかも**一回しか放送されないので**，集中力も必要だし，**解答に必要な情報を取捨選択する判断力**も試されることになります。

正確に，速く解くには？

何より「ワークシート」に注目です。ワークシートというからには，講義のまとめとしての機能があるわけですから，音声を聞くにあたって，これ以上ないヒントが含まれているはずです。

まず，講義の軸が，(1) **artificial intelligence(AI)，robotics，genetics** という **The impact of technological changes** と，(2) **Kinds of labor created or replaced** の２つにあることがわかりますね。

そして，(1) については**数値**が，(2) については，**〈19th century / Today〉という時間軸と〈create / replace，mental / physical〉という相反する切り口の掛け合わせ**が述べられると判断できるわけです。

これらを念頭に，聞き取れた情報はどんどんワークシートにメモしていきましょう。問２では，問１で触れられた要素と初めてできた要素の見分けが重要になります。

CD❶-19

問１　【放送内容】

What kind of career are you thinking about now? Research predicts developments in artificial intelligence, robotics, genetics, and other technologies will have a major impact on jobs. **By 2020, two million jobs will be gained** in the so-called STEM fields, that is, science, technology, engineering, and mathematics. At the same time, **seven million other jobs will be lost**.

This kind of thing has happened before. Jobs were lost in the 19th century when mass production started with the Industrial Revolution. Machines replaced physical labor, but mental labor like sales jobs was generated. Today, many people doing physical labor are worried that robots will take over their roles and that they will lose their current jobs. This time, the development of AI may even eliminate some jobs requiring mental labor as well.

Actually, we know that robots are already taking away **blue-collar factory jobs** in the US. Moreover, because of AI, skilled **white-collar workers, or intellectual workers**, are also at "high risk." For example, bank clerks are losing their jobs because computer programs now enable automatic banking services. Even news writers are in danger of losing their jobs as AI advances enough to do routine tasks such as producing simple news reports.

As I mentioned earlier, seven million jobs will be lost by 2020. Two-thirds of those losses will be office jobs. Since most office jobs are done by women, they will be particularly affected by this change. What's more, fewer women are working in the STEM fields, so they will benefit less from the growth in those fields.

□ career「仕事，職業」 □ predict「～を予言する，予報する」
□ artificial intelligence: AI「人工知能」 □ genetics「遺伝学」
□ the Industrial Revolution「産業革命」
□ take over ～「～を乗っ取る」
□ eliminate「～を取り除く，削除する」 □ take away ～「～を奪う」

〈訳〉あなたは今，生涯の仕事をどのように思い描いていますか。調査によれば，人工知能，ロボット工学，遺伝学やその他の技術の発達により，職業は大きな影響を受けることが予想されています。**2020 年までには**，いわゆる STEM 分野，すなわち，科学，技術，工学，数学の分野で，**職が 200 万増えるでしょう**。と同時に，他の 700 万の職が失われるでしょう。

こういったことは以前にも起きたことがあります。産業革命と共に大量生産が始まった 19 世紀には，職が失われました。機械が肉体労働に取って代わりましたが，営業職のような頭脳労働が生まれました。今日では，肉体労働に携わる多くの人が，ロボットが自分たちの役割を担い，自分たちが今の職を失うことを心配しています。今回は，人工知能の発達により，頭脳労働を必要とする職さえもいくつかはなくなってしまうかもしれません。

実際，ご存知のように，アメリカではすでに，**工場における肉体労働職**がロボットに奪われつつあります。さらに，人工知能のせいで，熟練を要する**事務労働者，つまり知的労働者**もまた「危機的状況」にあります。例えば，今ではコンピュータプログラムが銀行業務の自動化を可能とするため，銀行の事務員が職を失いつつあります。簡単なニュース記事を作成するといった型どおりの仕事をできるほど人工知能が発達するにつれ，報道記者でさえ職を失う恐れがあります。

先に述べたように，2020 年までに 700 万の職が失われるでしょう。それら失われるものの 3 分の 2 は事務職です。事務職のほとんどは女性が従事しているので，この変化により特に影響を受けるのは彼女たちになるでしょう。さらに，STEM 分野に従事している女性は少なめなので，この分野が成長したところで女性が恩恵を受ける程度は低いでしょう。

〈選択肢の訳〉

(a) ① 200 万の職の増加　② 200 万の職の減少
③ 500 万の職の増加　④ 500 万の職の減少
⑤ 700 万の職の増加　⑥ 700 万の職の減少

(b) ① ～を創造する　② ～に取って代わる
③ 頭脳の　④ 肉体の

(c) ① 機械はロボットの助けを借りて，肉体労働に取って代わり始めている。
② 主に肉体労働者が，迫りつつある技術変化に影響を受けるだろう。
③ 事務所で働いている女性の 3 分の 2 は職を失うだろう。
④ 人工知能の発達のせいで，事務労働者たちは現在の職を失うかもしれない。

正解 (a) 25 ④
(b) 26 ②　27 ④　28 ①　29 ④　30 ②　31 ③
(c) 32 ④

ここがカンジン！

問1(a) [25] を含むブロックの【**Number of jobs**】や **gain / loss** というワードから，**数値の増減**が述べられることは明らか。また，選択肢から～ **million** もキーワードであることがわかります。

文脈を捉えそこなったとしても，**two million** と **seven million** を聞き取れれば，数字の組み合わせで③か④までは絞れるはずです。

ワークシート上で [25] があるのは第1段落の後半で，2020年までに，**two million jobs will be gained**（第3文）と同時に **seven million other jobs will be lost**（第4文）という内容をまとめた部分です。

[25] の上にある Overall result は「全体の結果」の意味。増える分と減る分を差し引きすると，全体で500万の職が減るということですね。

問1(b) ワークシートの表から何が読み取れますか？「19世紀」の「機械」と，「今日」の「ロボット／AI」は，それぞれ「頭（脳）の（**mental**）労働 or 肉体の（**physical**）労働」を「生み出した（**create**）」のか，またはそれらに「取って代わる（**replace**）」のかを判断するということです。

それを押さえて音声を聞けば，多少の聞き逃しはあっても，常識の範囲内で正答にアプローチできるはずです。

ワークシートの表で [26] ～ [28] が含まれる「19世紀の技術の発達（＝機械）」については，第2段落第2，3文で触れられています。

その中では，機械の導入により肉体労働（physical labor）は減ったものの，頭脳労働（mental labor）が生まれたと述べられています。

表の [28] は，関連する項目として右の欄に mental が与えられているので，①の create を入れれば，「頭脳労働を生む」となりますね。

その上の [26] と [27] は，もう一方の「肉体労働」についての欄であるはずなので，それぞれ②と④が入るのが適切です。

「今日」については，同じ第2段落の第4，5文で，ロボットが肉体労働を，人工知能が頭脳労働の職を担う可能性について触れられている。したがって，ロボットに対応する [29] には④が，AIに対応する [30] と [31] にはそれぞれ②と③が入ることになります。

問1(c) **「ブルーカラー＝肉体労働者」**，**「ホワイトカラー＝事務労働者」**を一般知識として知っている人もいるかもしれませんね。知らなくても第3段落の1文目の **blue-collar factory jobs**，それに続く第2文の **white-collar**

workers, or intellectual workers という言い方で,〈肉体労働⇔非肉体労働〉という2つの対比されるポイントはつかめるはずです。

それを拠り所に,ワークシート部分も参考にして,矛盾のある選択肢は消去しましょう。

第2段落の最後の文で「人工知能の発達により,頭脳労働を必要とする職さえもいくつかはなくなってしまうかもしれません」と述べられています。また,第3段落第2文では,「人工知能のせいで,熟練を要する事務労働者,つまり知的労働者もまた『危機的状況』にあります」とも言っていますね。どちらかのニュアンスがくみ取れていれば,④を選べるはずです。

リスニングのコツ!

問題冊子よりキーワードとして認識できる **mental** と **physical**。しかし,これらを「メンタル」や「フィジカル」と日本語のように認識していては,英文を聞いたところで気づかずにスルーしてしまうかもしれません。**mental** は **「メントゥ」**, **physical** は **「フィジクゥ」** のように聞こえます。

このように単語の語尾が **l**(エル)の場合, [l] の発音は尻すぼみに小さく [ゥ] のように聞こえることを覚えておきましょう。上記のように日本語化していて発音の短い単語は特に要注意です。他にも, model「モデル」は [マドゥ], panel「パネル」は「パヌゥ」のように聞こえます。

CD❶-20

問2 【放送内容】

Let's take a look at the graph of future job changes. **Complex manual workers, like cooks and farmers**, are different from **routine workers in factories and offices**. Creative workers include artists and inventors. So, what can we learn from all this?

□ take a look at ～「～を一覧する,見る」
□ complex「複雑な」 □ manual「手を使う,手で行う」

〈訳〉将来の職業の変化を示したグラフを見てみましょう。**コックや農業主のような複雑な肉体労働に就いている人たちは,工場や事務所で型どおりの仕事に就いている人たち**とは異なります。創造的な仕事をする人たちには芸術家や発明家を含みます。では,これから何がわかるでしょうか。

〈選択肢の訳〉

① 技術革命のおかげで，複雑な肉体労働はオートメーション化されるだろう。

② STEM 分野の職は，創造的な仕事を必要とするにしても，増えはしないだろう。

③ 減少する割合が最も大きいのは頭脳労働だろう。

④ すべての肉体労働がロボットや人工知能に取って代わられるわけではない。 **正解** ④

ここがカンジン！

manual work は「**肉体労働**」の意味。ただ，その意味がわからなくても，Complex manual workers, **like cooks and farmers** とありますから，「コックや農場主のような仕事」というアバウトな理解でも問題には対応できます。

また，グラフの **Routine Work** は，音声で **routine workers in factories and offices** と表現されているので，問 1 の講義内容をふまえると，**肉体労働者と頭脳労働者の両方が含まれている**ということです。

コックや農業従事者などの Complex Manual Work が全体に占める割合にほとんど変化がありません。講義の内容から，オートメーション化は職を奪われることを示すので，①は不適切。また，講義の前半で STEM 分野の仕事は増えると述べていて，creative work との関連も触れられた箇所はありませんから，②も不適切です。

頭脳労働は単体での項目はなく，グラフの Routine Work に含まれてはいますが，肉体労働も含んだ項目だから③も不適切となります。

Complex Manual Work は肉体労働でありながら割合にほとんど変化がありませんよね。これは④の内容と一致します。

リスニングのコツ！

問題冊子をチェックした段階で，Complex Manual Work のように唐突に登場するワードがあったら，放送文で補足がある可能性が高いのです。

この問 2 では，**Complex manual workers, like cooks and farmers** と補足が入ってきていますね。

事前にチェックしたキーワードの意味がわからない場合は，音声でそれが耳に入った瞬間，**like** や **such as**，もしくは **which**，**that** などから始まる関係代名詞節などで**補足説明がないか**と身構えることも大事ですよ。

得点率90%Get!

一般知識も重要！ ふだんから時事問題にもアンテナを張ろう！

第５問では「ロボット」や「人工知能（AI）」といった馴染みのあるテーマを切り口に話が展開していきましたね。

このように，第５問，第６問は，「身近な話題や馴染みのある社会的な話題」がテーマになります。

英語力が同じとして，上記のような切り口を「言葉」として知っている程度の受験生と，「社会問題」として認識している受験生とではどちらが問題を解くのに有利か？ もちろん後者ですよね。

「言葉」だけを知っているレベルであれば，まず読み上げられる英文の理解に努めなければ，問題に対処できません。でも，予備知識があれば，極端な話，半分も聞き取れなくても，問題冊子の内容だけで正解を導けるかもしれません。

ふだんの生活で「よく耳にする」言葉があったら，その言葉に目を向けて，その背景などを調べる習慣をつけましょう。何気ない積み重ねで得た知識は，入試以外でも必ず役に立つときが来ます！

PART Ⅲ

第6回　試行テスト第6問A/B の問題演習

第６問はＡとＢの２つのパートに分けられています。Ａは２人による対話，Ｂは４人の人物による質疑応答を聞いて，質問に答える問題です。

Ａ，Ｂはそれぞれ独立した問題ですが，**会話のテーマには関連性があります**。Ａ，Ｂいずれも，**話題にしている事柄について各話者がどのような意見を持っているかを把握する**ように努めましょう。音声は１回だけ流れます。

CD❶-21

第6問A

第６問Ａは問１・問２の２問です。二人の対話を聞き，それぞれの問いの答えとして最も適切なものを，四つの選択肢（①～④）のうちから一つずつ選びなさい。（問いの英文は書かれています。）1回流します。

状況

二人の大学生が，ゲーム（video games）について話しています。

問１　What is Fred's main point?　[34]

① Video games do not improve upper body function.
② Video games do not represent the actual world.
③ Video games encourage a selfish lifestyle.
④ Video games help extend our imagination.

問 2 What is Yuki's main point? [35]

① It's necessary to distinguish right from wrong in video games.
② It's wrong to use smartphones to play video games.
③ Players can develop cooperative skills through video games.
④ Players get to act out their animal nature in video games.

これで第 6 問 A は終わりです。

第6問A　解答＆攻略法

出題のネライは？

第６問Ａでは，身近なテーマを話題とした２人の人物の対話を聞いて，**そのテーマに対するそれぞれの意見・立場などについて理解できているか**が問われます。

会話のボリュームは２人合わせて140語程度とやや長めなので，集中力も必要となりますが，ディテールを多少聞き逃しても，**概略をつかめれば十分対応可能**になっています。

正確に，速く解くには？

問題冊子に提示された「状況」と問いの英文に目を通せば，音声から男女（Fred と Yuki）のそれぞれの意見を把握しなければならないことがわかりますね。

また，このことは**２人の意見の間に明確な相違がある**ことも示唆しています。それをふまえて音声を聞くと，冒頭の“Are you playing those things again ...?”という口調から，**フレッドはゲームを快く思っていない立場**，それに対して“Yeah, what's wrong with ...?”と悪びれないユキは，**フレッドとは逆の，ゲームを擁護する立場**という構図が把握できるはずです。

以降はその構図に則って音声を聞けば，ディテールを聞き逃しても２人の大体の主張は把握できるはずだ。

CD❶-21

問１・問２　【放送内容】

Fred: Are you playing those things again on your phone, Yuki?
Yuki: Yeah, what's wrong with playing video games, Fred?
Fred: Nothing. I know it's fun; it enhances hand-eye coordination. I get that.
Yuki: Oh, then you're saying it's too violent; promotes antisocial behavior — I've heard that before.
Fred: And, not only that, those games divide everything into good and evil. Like humans versus aliens or monsters. The real world is

not so black and white.

Yuki: Yeah .... We are killing dragons. But we **learn how to build up teamwork** with other players online.

Fred: Building up teamwork is **different in real life**.

Yuki: Maybe. But still, we **can learn a lot about how to work together**.

Fred: Well, I'll join you when you have a game that'll help us finish our homework.

☐ enhance「(価値・魅力など) を高める」
☐ hand-eye coordination「視覚と手の協調」
☐ antisocial「反社会的な，非社交的な」
☐ divide *A* into *B*「A を B に分ける」 ☐ evil「悪」
☐ *A* versus *B*「A 対 B」 ☐ alien「異星人，宇宙人」
☐ black and white「白か黒のはっきりした区別」

〈訳〉フレッド：スマートフォンでまたそんなことしてるの，ユキ？

ユキ：そうよ。ゲームをすることが何かまずいの，フレッド？

フレッド：何も。面白いことは知っているさ。手と目の連携を高めるということもね。それはわかっているよ。

ユキ：あら，じゃあ，ゲームは暴力的すぎる，つまり反社会的な行動を助長すると言うのね。前にも聞いたわ。

フレッド：それに，それだけではなくて，そういうゲームはあらゆることを善か悪かに分けてしまうよね。人間対異星人や怪物みたいにさ。現実の世界はそんなに白黒分けられないよ。

ユキ：まあね……。私たちはドラゴンを殺している。でも，オンライン上で他のプレイヤーと**チームワークの築き方を学んでいるわ**。

フレッド：**実際の生活で**チームワークを築くのは**別物**だろ。

ユキ：たぶんね。でもやはり，**共同でどう働くかについて多くのことを学べるわ**。

フレッド：うーん，君が宿題を手伝ってくれるゲームを手に入れたなら，仲間に入るよ。

〈問・選択肢の訳〉

問 1：フレッドの主な論点は何ですか。

① ゲームは上半身の機能を高めない。
② ゲームは現実世界を象徴していない。
③ ゲームは利己的な生き方を奨励する。
④ ゲームは私たちの想像力を広げる手助けとなる。

問 2：ユキの主な論点は何ですか。

① ゲームでは善悪を見分けることが必要だ。
② ゲームをするのにスマートフォンを使うのは間違っている。
③ ゲームを通して，プレイヤーは協調性を伸ばすことができる。
④ ゲームでは，プレイヤーは獣性を表に出すようになる。

正解 問 1 ② 問 2 ③

ここがカンジン！

問 1 フレッドはゲームについて否定的な立場で発言していますね。その中でも，4 番目の発言にある **different in real life** のニュアンスがくみ取れたかがポイントになります。これが言い換えられて，②の **do not represent the actual world** という表現になっているのです。

フレッドは 3 番目の発言で「現実の世界はそんなに白黒分けられないよ」と述べ, 4 番目の発言で「実際の生活でチームワークを築くのは別物だろ」と，ゲームの世界が現実の世界からかけ離れていることを問題視しているのがわかりますね。

問 2 ユキは，3 番目の発言で **learn how to build up teamwork**，4 番目の発言では **can learn a lot about how to work together** という表現を使っています。これらはどちらも「**協調性を伸ばす**」というニュアンスがありますよね。つまり③の **develop cooperative skills** につながっているのです。

フレッドの批判的な発言に対してユキは，3 番目の発言で「どうやってチームワークを築くかを学んでいる」，4 番目の発言で「どのように協力するかいろいろ学べる」ということを挙げ，ゲームを擁護していますね。したがって③が正解です。①，②，④については言及していません。

リスニングのコツ！

同意や**反論**のニュアンスをつかんで話の展開を予測しましょう。これらの表現は注意を傾けて意味をくみ取る必要はありませんが, 感覚的に慣れておけば, 会話の展開を把握する助けになります。

Yeah, what's wrong with ...?「そうよ。…が何かまずいの？」
⇒「別にいいでしょ／文句ある？」のニュアンス
Oh, then you're saying ...「あら，じゃあ，…と言うのね。」
⇒相手の気持ちを代弁。この発言に対する反応で相手の真意が量られる。相手に対する反発のニュアンスもあり。
And, not only that, ...「それに，それだけではなくて…」
⇒これから追加情報を述べることを示唆。相手の発言に同意しつつ，認識不足も指摘するニュアンスあり。
Maybe. But still, ...「たぶんね。でもやはり…」
⇒「言いたいことはわかるけど…」のニュアンス。相手の言い分は認めつつも反対の立場を貫く姿勢がうかがえる。

得点率90%Get!

会話では文法的に正しい英文が話されるとは限らない！ 接続詞の省略にも慣れておこう。

フレッドの２番目の発言 I know it's fun; it enhances hand-eye coordination. では，スクリプト上はセミコロン〈;〉があるので，接続詞 and「そして」のニュアンスを補って解釈すれば，I know はセミコロン以降の文にもかかっていることがわかるけど，耳で聞こえてくる限りでは，セミコロンの前と後ろは独立した文ですよね。

また，ユキの２番目の発言にある you're saying it's too violent; promotes antisocial behavior ... の場合は，スクリプトにセミコロンがあるから，promotes の前に "and it" を補って解釈できるけど，聞こえてくるのは promotes の主語が不明な，「文法的に正しくない英文」です。

このように，リスニングにおいては，文法やリーディングの学習だけでは補えない会話独特のルールへの慣れが必要となるわけです。

多くの会話文に接して，言葉で表されない意味を自分で補う，文法上では成立してないと思っても気にしないで，流れで内容を把握する能力を身に付けましょう！

CD❶-22

第6問B

第６問Ｂは問１・問２の２問です。英語を聞き，それぞれの問いの答えとして最も適切なものを，選択肢のうちから選びなさい。1回流します。

状況

Professor Johnson がゲーム（video games）について講演した後，質疑応答の時間がとられています。司会（moderator）が聴衆からの質問を受け付けています。Bill と Karen が発言します。

問1 四人のうち，ゲームに反対の立場で意見を述べている人を，四つの選択肢（①～④）のうちから**すべて**選びなさい。 36

① Bill
② Karen
③ Moderator
④ Professor Johnson

問 2　Professor Johnson の意見を支持する図を，四つの選択肢（①～④）のうちから一つ選びなさい。 37

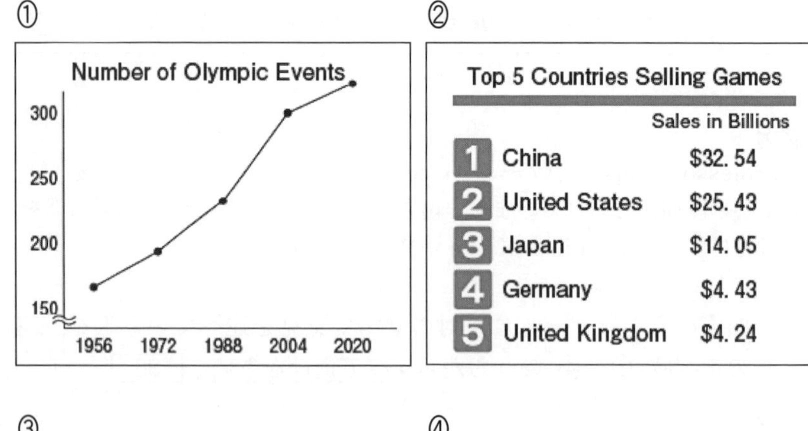

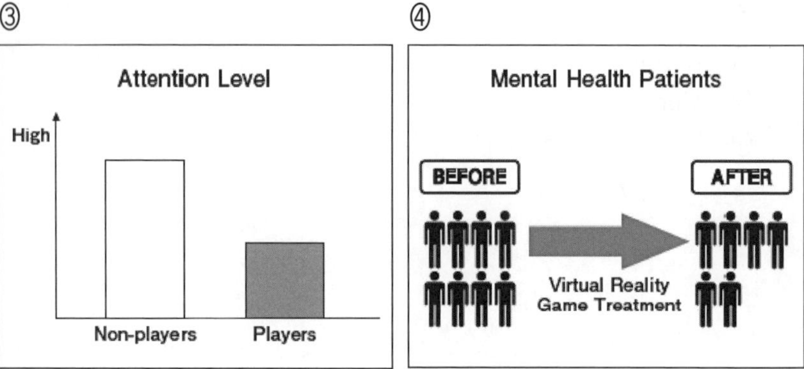

これで第 6 問 B は終わりです。

第6問B　解答＆攻略法

出題のネライは？

第6問Bでは話者が4人になり，**取り上げられるテーマに専門性が加わります**。全体で280語程度あるので，第6問Aの2倍くらいのボリュームですね。

したがって，情報量の多い中，**必要なものを取捨選択して，的確に要点を把握する力**が問われることになります。

ディテールが掘り下げられるわけではありませんが，4人それぞれのテーマに対する立場を整理する必要があります。

正確に，速く解くには？

まず，問題冊子に提示された「状況」から，**講演者 Professor Johnson（質問を受ける人）**，**司会 moderator（質疑応答を進行する人）**，そして **Bill** と **Karen（質問をする人）**という4人の関係性を認識した上で，音声を聞きましょう。

今回は，冒頭の moderator の発言に，**You spoke about how one boy improved ...** とありますね。この You は Professor Johnson を指しています。

このことから，質疑応答の軸をなす Professor Johnson はゲームの効能を認めている，つまり**ゲームに肯定的な立場**であると言えそうです。

こういったことを前提に，**他の3人の立場を把握していく**といいでしょう。

CD❶-22

問1・問2　【放送内容】

Moderator:	Thank you for your presentation, Professor Johnson. You spoke about how one boy improved his focus and attention through video games.
Professor Johnson:	Right. Playing video games can make people less distracted. Furthermore, virtual reality games have been known to have positive effects on mental health.
Moderator:	OK. Now it's time to ask our audience for their comments. Anyone ...? Yes, you, sir.

Bill: Hi. I'm Bill. All my friends love video games. But I think they make **too** clear a distinction between allies and enemies ... you know, us versus them. **I'm afraid** gaming can contribute to violent crimes. Do you agree?

Professor Johnson: Actually, research suggests otherwise. Many studies have denied the direct link between gaming and violence.

Bill: They have? **I'm not convinced.**

Professor Johnson: Don't make video games responsible for everything. In fact, as I said, doctors are succeeding in treating patients with mental issues using virtual reality games.

Moderator: Anyone else? Yes, please.

Karen: Hello. Can you hear me? [tapping the microphone] OK. Good. I'm Karen from Detroit. So, how about eSports?

Moderator: What are eSports, Karen?

Karen: They're video game competitions. My cousin made a bunch of money playing eSports in Germany. They're often held in large stadiums ... with spectators and judges ... and big awards, like a real sport. In fact, the Olympics may include eSports as a new event.

Moderator: ... eSports. Professor?

Professor Johnson: Uh-huh. There are even professional leagues, similar to Major League Baseball. Well, eSports businesses are growing; however, eSports players may suffer from health problems.

Moderator: I see. That's something to consider. But right now let's hear from another person.

☐ distracted「気が散った，取り乱した」

☐ mental health「精神衛生，メンタルヘルス」

☐ it's time to *do*「〜すべき時だ」

☐ make a clear distinction *A* and *B*「AとBの間にはっきりとした区別をつける」 ☐ allies「ally（味方，同盟国）の複数形」
☐ enemy「敵」 ☐ contribute (to ～)「(～に) 寄与する」
☐ eSports: electronic sports「eスポーツ（コンピューターゲーム，ビデオゲームを使ったスポーツ競技)」
☐ suffer from ～「～に苦しむ」

〈訳〉

司会：発表をありがとうございました，ジョンソン教授。ある少年がゲームを通じて，集中力，注意力をどのように向上させたかをお話しくださいました。

ジョンソン教授：そのとおり。ゲームをすることで，人は気が散りにくくなります。さらに，バーチャル・リアリティゲームは，心の健康に好影響を与えることが知られてきています。

司会：わかりました。では，これから聴衆の皆さんからコメントをいただく時間といたしましょう。どなたかいらっしゃいますか……。はい，そちらどうぞ。

ビル：こんにちは，ビルといいます。友達は皆，ゲームが大好きです。でも，ゲームは味方と敵…つまり，自分たち対相手方という区別をはっきり**させすぎている**ように自分は思うんです。ゲームをすることが，凶悪犯罪を助長し得る**のではと心配です**。教授はそう思いますか。

ジョンソン教授：実際は，そうはならないと調査では示唆されています。多くの研究がゲームをすることと暴力の直接的な結びつきには否定的です。

ビル：本当に？ **納得できないです。**

ジョンソン教授：なんでもゲームのせいにしてはいけません。実際，申し上げたとおり，バーチャル・リアリティゲームを使って精神的な問題を抱えている患者の治療に成果をあげている医者たちがいます。

司会：他にどなたかいらっしゃいますか。はい，どうぞ。

カレン：こんにちは。聞こえますか？〔マイクを軽く叩く〕はい。結構です。デトロイトから来ましたカレンです。ところで，eスポーツについてはどうですか。

司会：eスポーツとは何ですか，カレンさん。

カレン：ゲームの競技会です。私のいとこはドイツでeスポーツをしてお金をたくさん稼ぎました。競技会は大きな競技場でよく開催されていて…現実のスポーツのように観客や審判もいるし，高額な賞金も出ているんです。実際，オリンピックに新種目としてeスポーツが採用されるかもしれません。

司会：…eスポーツですか。教授，いかがですか。

ジョンソン教授：はい。野球の大リーグに似たプロのリーグさえありますね。まあ，eスポーツはビジネスとして成長していますよ。ただし，eスポーツの競技者は健康の問題を抱えるかもしれません。

司会：なるほど。それは検討すべき問題ですね。さて，もうお1人お話を伺いましょう。

〈選択肢の訳〉

問1 ① ビル ② カレン ③ 司会者 ④ ジョンソン教授

問2 ① (図)オリンピックの種目数 ② (図)ゲーム販売上位5か国
③ (図)注意度 ④ (図)心の健康の患者

正解 問1 ① 問2 ④

ここがカンジン！

問1 Professor Johnson が講演をして，他の人が質疑応答をするという状況ですから，**会話の軸は Professor Johnson にある**ことに注意しましょう。

Professor Johnson がゲームに賛成か反対かが認識できれば，他の3人がそれぞれ彼女に同調しているのか，逆の立場にいるのかという分け方ができて，整理しやすいですね。

④の Professor Johnson は，**ゲームの効用**について述べており，賛成の立場です。①の Bill はその教授に **I'm not convinced.** などと納得がいかない立場を示していますから，教授とは逆の立場，つまり反対なわけです。

一方，② Karen はeスポーツの話題を投げかけていますが，自分の考えらしきものは全く述べていません。つまり，賛成も反対もないということですね。

そして③ Moderator（司会者）も，質問者と教授の間をつなぐだけで，自分の意見は発信していません。そもそも司会者は中立じゃないとおかしいですよね。したがって，カレンと同様に賛成も反対もないということです。

ゲームに反対の立場なのは①の Bill だけです。

得点率90%Get!

肯定（プラスイメージ）／否定（マイナスイメージ）を表す単語に注目しよう。

リスニング問題では，耳に入る英語をいちいち日本語に訳さないで，英語を英語のまま理解できることが理想です。

でも，そのレベルに達していない受験生も少なくないでしょう。その場合，例えば問１のように，「反対の立場の意見」を見極める問題であれば，マイナスイメージを持つ単語をキャッチすることも有効な対応策です。

つまり，ジョンソン教授がゲームを肯定しているのであれば，彼女とのやりとりでマイナス発言をしている人が反対の立場だと判断しようということです。

具体的には，ビルの最初の発言に，too「～すぎる」，I'm afraid (that) ...「…ではないかと心配だ」という，否定的なニュアンスを表す表現が含まれています。

一方，カレンや司会者の発言の中には，否定のニュアンスを表すワードは使われていませんから，問１の場合は正解が導けてしまうわけです。

100% 有効とは言えませんが，１つのテクニックとして覚えておきましょう。

問２　問１でも触れましたが，Professor Johnson はゲームの効用を述べています。問２では，それを把握できているかが問われているんですね。

４つの図はそれぞれテイストが違いますが，**見た目に惑わされないようにしましょう**。Professor Johnson の発言の核が認識できていれば，誤答を消去しやすい内容になっています。

教授は１番目と３番目の発言で，バーチャル・リアリティゲームの精神面への効用を述べています。④「心の健康の患者」は，**バーチャル・リアリティゲームを用いた治療により患者数が減少した**ことを示唆しており，教授の発言内容と合致します。

③はまぎらわしかったかもしれませんね。司会者の最初の発言から，教授は，ゲームをすることで注意力が向上した少年について話をしたことがわかります。でも③はそれとは逆の内容を示唆していますね。

①「オリンピックの種目数」や③「ゲームの販売額」については，そもそも話題に上がっていません。

リスニングのコツ！

「講演の後」，「質疑応答」という状況を常識的な視点でよく考えてみましょう。講演が終わって４人の会話が始まるわけですが，質疑応答に移る前にまず語られることって何だと思いますか？

それは「**講演のまとめ**」です。つまり，〈講演→講演のまとめ→それをふまえての質疑応答〉が自然な流れということです。

別の角度から言うと，質問者であるビルとカレンの発話からいきなり質疑応答が始まるってことはまずありませんよね。ということは，司会かジョンソン教授の発話から会話が始まるということですから，そこで話される内容としては「講演のまとめ」が妥当という考え方もできます。

つまり，「質疑応答への流れ」から見ても，「発話者の役割分担」から見ても，**会話の初めの段階で「講演のまとめ」が語られる可能性が高い**のです。「**講演のまとめ（＝ジョンソン教授の主張）」が含まれると思われる質疑応答前の冒頭のやり取り**は，全神経を集中すべきポイントです。

PART Ⅳ
予想問題解説講義〈リスニング対策編〉

PART Ⅳ

第1回 第1問Aの予想問題
短い発話を聞き取る問題

CD❶-23

第1問A

第1問Aは問1から問4までの4問です。それぞれの問いについて，聞こえてくる英文の内容に最も近い意味のものを，四つの選択肢（①～④）のうちから一つずつ選びなさい。2回流します。

問1 [1]

① The speaker is wondering if it will be sunny tomorrow.
② The speaker recommends going on a hike.
③ The speaker thinks he should have gone on a hike.
④ The speaker wants to swim in the sea.

CD❶-24

問2 [2]

① Natalie found the café too late.
② Natalie got to the library too early.
③ Natalie got to the library too late.
④ Natalie left the café too early.

CD❶-25

問3 [3]

① The speaker ate cake made by his mother.
② The speaker claims that he didn't eat his mother's cake.

③ The speaker wants his mother to show him how to bake a cake.

④ The speaker was with his mother all afternoon.

CD❶-26

問 4 [4]

① The speaker asks her father to drive instead of her.

② The speaker feels like going out while it's snowing.

③ The speaker thinks the snowy roads are dangerous for driving.

④ The speaker wants to borrow her father's car.

これで第 1 問 A は終わりです。

第1問A　解答＆攻略法

正確に，速く解くには？

第 1 問 A では，事前に確認できる情報は選択肢しかありません。そこから得られる情報として以下のことが挙げられるので，これらをふまえて放送に耳を傾けましょう。

まず，問 1，問 3，問 4 は，The speaker が主語なので**主観的な立場からの発言**，問 2 では，Natalie が主語なので Natalie についての**客観的な発言**がなされることがわかりますね。

特に問 3，問 4 では，それぞれ母親，父親に向けての発言であることもうかがえます。

次にキーワードとしては，問 1：hike などのレジャー関係用語，問 2：café，library と時間を表す表現，問 3：cake，問 4：車・運転に関連した表現，などが想像できます。

CD❶-23

問 1　【放送内容】

How about going on a hike tomorrow? It's still a little cold for swimming in the sea.

〈訳〉明日ハイキング**に行くのはどうかな**？ 海で泳ぐにはまだ少し寒いよ。

〈選択肢の訳〉

① 話し手は明日晴れるだろうかと思っている。
② 話し手はハイキングに行くことを勧めている。
③ 話し手はハイキングに行くべきだったと思っている。
④ 話し手は海で泳ぎたいと思っている。

正解　②

ここがカンジン！

How about ～ing? の表現が聞こえたら，「～するのはどうですか」と**何かをすることを提案したり，勧誘したりする表現**だと推測しましょう。

選択肢では，話し手が何を考えているかが問われていますね。How about ...? がよく使われるのは，How about you?「あなたはどう？」のように相手の意見を聞くときか，**How about ～ing?** の形で，相手にこれからの行動を**提案・勧誘**するときです。

この場合は後者だから，その後に提案・勧誘の内容がくるということです。したがって，ハイキングに行くことを誘っている内容ですから，②が正解です。How about ～ing? と近い意味の **recommend ～ing「～することを勧める」で言い換えている**んですね。

リスニングのコツ！

How about going on a hike tomorrow (↘) ?

➡ How about going on a ⇒［ハウ(ア)バウゴウインオンナ］

音声では，about の語頭 [a] はほとんど発音されず，語尾の [t] も脱落して発音されません。on a は同化して［オンナ］のように聞こえます。また慣用句ではありますが疑問詞を用いた疑問文の体裁を取るため文の語尾は下げ調子になります。

It's still a little cold for swimming in the sea.

➡ It's still a little ⇒［イッツティラリル］

It's の語尾［ツ］に続く still の語頭［ス］が脱落，また本来 still は［スティゥ］のように [l] が弱く読まれるのですが，後ろに a が続くため still a が同化して，It's still a で［イッツティラ］のように聞こえます。また，little は [tt] の部分が脱落して［リル］のように聞こえます。

CD❶-24

問 2 【放送内容】

Natalie went to the library this morning, **but** she got there before it opened, **so** she killed time in a café nearby.

□ kill time「暇をつぶす」 □ nearby「近くの」

〈訳〉ナタリーは今朝図書館に行った**が**，開館する前にそこに着いた**ので**，近くのカフェで時間をつぶした。

〈選択肢の訳〉

① ナタリーはカフェを見つけるのが遅すぎた。

② ナタリーは図書館に着くのが早すぎた。

③ ナタリーは図書館に着くのが遅すぎた。

④ ナタリーはカフェを出るのが早すぎた。 **正解** ②

ここがカンジン！

but「しかし」やso「だから」などの表現を聞き取ることで，話の展開を押さえていきましょう。

接続詞 but は**逆接**の意味を表す言葉ですから，その後ろには前の文とは反対の内容がきます。接続詞 so は，その後ろには**前の文の内容の結果として起きたこと**が話されます。

この2つの語のあとに話される内容は，話し手が特に言いたいことですから，注意して聞くようにしましょう。

今回の文では，「開館する前に着いた」「近くのカフェで時間をつぶした」という内容なので，話し手が図書館に早く着いてしまったことがわかります。正解は②です。

リスニングのコツ！

Natalie went to the library this morning, but she got there before it opened, so she killed time in a café nearby.

➡ went to ⇒ [ウェンタ]，got there ⇒ [ガッデア]，killed time ⇒ [キルタイム]

語尾の [t] は日常会話ではしばしば発音されず，went to も got there も [ウェンタ]，[ガッデア] と1語のように聞こえます。また，killed の語尾 [d] は続く time の語頭 [t] とは続けて発音しにくいため，音声の脱落が起こり [キィッタイム] のように聞こえます。

したがって，耳で聞こえる範囲では，はっきりと過去形の killed とは認識しづらいので，**文脈から判断**する必要があります。

CD❶-27

得点率80%Get!

発音再確認① 語尾の[l]や[ll]ははっきり［ル］とは発音されず弱めに［ウ］のように聞こえるぞ。

例えば，通常stillは［スティゥ］，killは［キゥ］，allは［オーゥ］と聞こえます。ただし，その後ろに母音が続くときは［ル］の要素が強くなることに注意しましょう。

stillにaが続けば［スティラ］になるし, killの派生の単語killer「殺人者」は［キラー］と発音されることになります。

他に例を挙げるとよく形容詞の語尾として用いられる-fullや-alなども同じです。beautifulは［ビューリィホゥ］，specialは［スペシャゥ］のようになります。

CD❶-25

問3 【放送内容】

How could I have eaten Mama's cake even though I was not at home all afternoon?

□ even though「～なのに，～だとしても」

〈訳〉僕は午後ずっと家にいなかったのに，**どうやって**お母さんのケーキを食べることができたのさ？

〈選択肢の訳〉

① 話し手は母親が作ったケーキを食べた。
② 話し手は母親のケーキを食べなかったと主張している。
③ 話し手は母親にケーキの焼き方を教えてほしいと思っている。
④ 話し手は午後ずっと母親と一緒にいた。 **正解** ②

ここがカンジン！

How can [could] I ～？は「**どうやったら～できるの？（＝できっこないよ）**」という**反語表現**です。この〈**How could I have ＋過去分詞**〉**はその過去形バージョン**で，「**どうやったら～できたの？（＝できたはずがないよ）**」の意味。

〈could + have +過去分詞〉の形から考えると，これは**実際にはしなかった**

ことに対して，「（もし…だったら）～できたかもしれない」という**過去の推量**を表しているのです。つまり，could have eaten は「～を食べることができたかもしれない」の意味です。これに方法を尋ねる疑問詞 how を用いて How could I have eaten ...?「どうやったら僕が～を食べることができたかもしれないんだ？」という意味になっています。

日本語にすると回りくどいですが，要は「そんなこと無理だよ」と主張しているんですね。

さらに，その後には **even though**「～なのに」があって，（僕がそれをできなかった）理由を説明しているとわかりますね。

リスニングのコツ！

How could I have eaten Mama's cake even though I was not at home ....

●　•　•　●　•　●

文頭の How には「**いったいどうやったら（～できるんだ？）**」というニュアンスが込められているため，強調して読まれます。反対に，このように**疑問詞が強く読まれる場合は，話者の強い思いが反映されている**ため，この問題の場合，内容が不確かでも claim「主張する」を含む英文の②を選びやすいと言えますね。

CD❶-26

問 4　【放送内容】

Are you sure, Dad? **It is crazy of you to drive** on such a snowy day.

□ crazy「まともでない」　□ snowy「雪の多い，雪に覆われた」

〈訳〉本当なの？ お父さん。こんな雪の日に**運転するのはどうかしているわ**。

〈選択肢の訳〉

① 話し手は自分の代わりに父親に運転することを頼んでいる。
② 話し手は雪が降っている間に出かけたい気分である。
③ 話し手は雪道が運転にとって危険だと思っている。
④ 話し手は父親の車を借りたいと思っている。　　**正解** ③

ここがカンジン！

It is ... of（人）to *do*「～するなんて（その人）は…だ」の形で表された文

です。**話者の口調にも注目**です。

まず，Are you sure, Dad? という発言から，話し手は父親の言動に驚いていることがわかりますね。

そして次の文では，It is ... of（人）to *do* の形が使われています。今回，「…」の部分は crazy なので，話し手は，父親はおかしいと思っていると理解できます。

そして，おかしいと思っていることは，そのあとに話している to drive on such a snowy day ですから，話し手は（それほど）雪の日に運転することはおかしい，と考えていると推測できますね。

リスニングのコツ！

Are you sure, Dad? It is crazy of you to drive on such a snowy day.

● ● ● ● ● ● ● ● ●

全体として話者の「信じられない」という気持ちが表された英文です。その象徴といえるのが crazy「いかれてる，どうかしてる」で，当然のことながら強調されて耳に入ってきます。

この「どうかしてる」と思う気持ちが③の dangerous に表されているわけです。他の選択肢にはそのようなマイナス表現はありませんね。

つまり，この話者が強調する **crazy のニュアンスをつかんで選択肢の中に親和性のあるキーワードを見つける**ことができれば，それだけでも正解が可能な場合があるということです。

得点率 90 %Get!

第１問は取りこぼしをしたくないパート。語法・文法の学習においても今後はリスニングを意識すべし。

第１問Aは，英文全部を把握できなくてもある程度正解へアプローチはできます。ただし，その内容をしっかり理解した上で問題を解くには，基本的な語法・文法の理解は不可欠です。

とはいえ，リスニング慣れをしていないために，理解していたはずの知識が生かされない場面も多々見受けられます。

語法・文法の学習時には，それぞれの例文の発音も確認することが望ましいですね。

PART Ⅳ

第2回 第1問Bの予想問題

短い発話を聞き取る問題

CD❶-28

第1問B

第1問Bは問1から問3までの3問です。それぞれの問いについて，聞こえてくる英文の内容に最も近い絵を，四つの選択肢(①～④)のうちから一つずつ選びなさい。2回流します。

問1 5

①

②

③

④

CD❶-29

問2 6

①

②

③

④

問 3 　7

①

②

③

④

これで第 1 問 B は終わりです。

第1問B　解答＆攻略法

正確に，速く解くには？

第1問Bは選択肢がイラストなので，直感的に事前情報が得られます。それぞれの4枚の共通点，相違点は何でしょう？

問1は，雨が降っていて男の子が自転車に乗っている状況が共通していますね。どうやら家と学校の間での男の子の状況把握がポイントとなりそうです。

問2は，レストランの中のシーンであることは明らかです。違う点はテーブルに着いた客の状況ですね。

問3では，ケーキ店における女性の状況が描き分けられています。ショーケースの中のケーキがたくさん残っているか，売り切れているかの二通りですね。

以上が音声を聞くときの注目点ということになります。

ではそれぞれ具体的に見ていきましょう。

CD❶-28

問1　【放送内容】

> **Although** he was going to school by bike, on the way he turned around and went back home because it was raining.

☐ turn around「向きを変える」　☐ on the way「途中で」

〈訳〉彼は自転車で学校に向かっていたが，雨が降っていたので，途中で家に引き返した。

正解　①

ここがカンジン！

接続詞 **although** から始まる節に注意！ **一番言いたいことは一瞬間が空いた後に読み上げられます。最終的にどうなったのか**を考えて音声を聞きましょう。

出だしの **although** は「**～だけれども**」という意味を表す**逆接の接続詞**。

その直後に「学校に向かっていた」と話されているので，そのあとにはその内容とは異なることが話されると推測しましょう。

そうすると，went back home「家に戻った」が聞き取れるので，家に向かっている①が正解です。最初の he was going to school だけを聞き取って，学校に向かっていると勘違いしないように気をつけましょう。

リスニングのコツ！

Although he was going to school by bike, on the way he turned around and went back home because it was raining.

➡ Although ⇒ ［オーッゾウ］

「家を出たけど雨が降っていたので折り返した」という内容。自分自身に照らし合わせると，この状況は「せっかく学校に向かいかけたのに」という心情になりますね。それを声に出したら「～したのに」の部分は強調されますね。英語でも一緒で，although「～だけれども」は強めに読まれます。このような感情が表れる部分に共感しながら英文を聞くと，理解の助けになりますよ。

CD❶-29

問 2 【放送内容】

Not all the people in the restaurant are eating.

〈訳〉レストランにいる**すべての**人々が食事をしている**わけではない。**

正解 ③

ここがカンジン！

これは**部分否定**の文法理解がないと難しい問題です。「**すべてが～なわけではない**」のニュアンスをものにしましょう。**all** や **every** など「**すべて**」の意味を表す言葉に**否定の not** を付けると「すべて」の中の一部分を否定して「**すべてが～なわけではない**」というニュアンスを表せます。

これを部分否定といいます。すべてをまるまる否定するのとは違いますからね。したがって，多くの客が食事をしていて，少数は食事をしていない状況を表す③が正解です。

食事をしていない人が多数で，食事をしている人が少数である④は，部分否定のニュアンスを表せていません。

リスニングのコツ！

Not all the people in the restaurant are eating.

➡ Not all the people ⇒［ナローゥダピーポゥ］

Not と all は同化して, all の [ll] と people の語尾 [le] は［ル］ではなく［ゥ］のように聞こえるから，続けて読むと［ナローゥダピーポゥ］のように聞こえる。

CD❶-31

得点率 80 %Get!

発音再確認② 語尾の [t] が母音と結びつくと,「ラ行」の発音に聞こえるようになる。

問２では，Not の語尾 [t] と all の [a] が結びついて［ナローゥ］のように聞こえましたね。他の例を挙げると, How about it?「それはいかがですか」は［ハウ(ア)バウリッ］，Not at all「どういたしまして」は［ナッラローゥ］のように聞こえます。

CD❶-30

問３ 【放送内容】

She wanted to buy a piece of cake, **but** it had sold out just before she entered the cake shop.

〈訳〉彼女はケーキを１個買いたかったが，彼女がケーキ店に入る直前にそれは売り切れた。

正解 ①

ここがカンジン！

短い文では，**逆接の接続詞 but** は何よりのキーワードです。but **より前の部分と対比される内容**が語られます。展開を予測しながら次の内容に集中しましょう！

まず，逆接の接続詞 but が登場しているので，出だしの She wanted to buy a piece of cake とは反対の内容,「**(買いたかったけど) ケーキを買えなかった**」が話されると推測できますね。

そして，そのあとに it had sold out は**過去完了**で表されていますから,「**す**

でに売り切れだった（＝買えなかった）」と判断できます。ここまでを把握できていたら，この時点で正解の①を選ぶことは可能ですね。

リスニングのコツ！

She wanted to buy a piece of cake, but it had sold out just before she entered the cake shop.

➡ wanted to ⇒［ウォンティッタ］，entered the ⇒［エンターダ］

wanted to を続けて読む段階で wanted の語尾 [d] が脱落して［ウォンティッタ］，entered the を続けて読む段階で，entered の語尾 [d] が脱落して［エンターダ］のように聞こえます。

CD❶-32

得点率 90 %Get!

発音再確認③　単語を続けて読むときに音が脱落するパターンを確認しよう。

単語の語尾の子音と続く単語の語頭が同じ，もしくは [t] と [d] のように似た発音が続くときに，しばしば音の脱落が起きます。その場合，脱落するのは前の単語の語尾です。

問３を例に詳しく説明すると wanted to は wanted[ウォンティド]から to[タ]を続けて読む段階で前の単語の語尾［ド］が脱落して［ウォンティッタ］のように聞こえるのです。

同様に entered the は entered［エンタード］と the［ダ］が続く段階で前の単語の語尾［ド］が脱落して聞こえます。

この entered the で注意しておきたいことが１つあります。これは現在形で enter the と続いても［エンターダ］と同じように聞こえるということです。

ではどうやって現在の話なのか，過去の話なのかを聞き分けるのか。それは文脈で判断するしかないんですね。ここではまず，リスニング上では現在形とも過去形ともとれることがあると心に留めておきましょう。

第3回 第2問の予想問題
対話を聞いてイラストを選ぶ問題

CD❶-33

第2問

第２問は問１から問４までの４問です。それぞれの問いについて，対話の場面が日本語で書かれています。対話とそれについての問いを聞き，その答えとして最も適切なものを，四つの選択肢（①～④）のうちから一つずつ選びなさい。2回流します。

問１ 学生食堂で男性が席を探しています。 8

CD❶-34

問2 数学のテストの結果について話をしています。 9

①

	Q1	Q2	Q3	Q4	Q5	Q6	Q7
	×	○	×	○	×	○	○
percentage of correct answers	85	80	70	70	65	40	15

②

	Q1	Q2	Q3	Q4	Q5	Q6	Q7
	○	○	○	○	×	×	×
percentage of correct answers	35	40	40	45	65	40	15

③

	Q1	Q2	Q3	Q4	Q5	Q6	Q7
	×	○	×	○	×	○	○
percentage of correct answers	85	80	70	70	65	65	55

④

	Q1	Q2	Q3	Q4	Q5	Q6	Q7
	○	○	○	○	×	×	×
percentage of correct answers	85	80	70	70	65	40	15

CD❶-35

問3　公園で見かけた植物について話をしています。 10

①

②

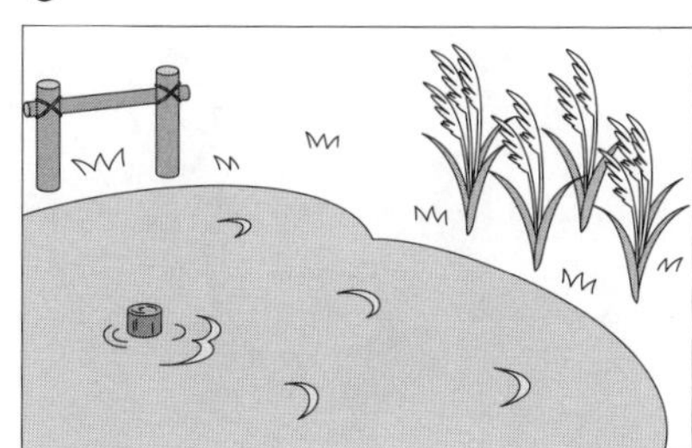

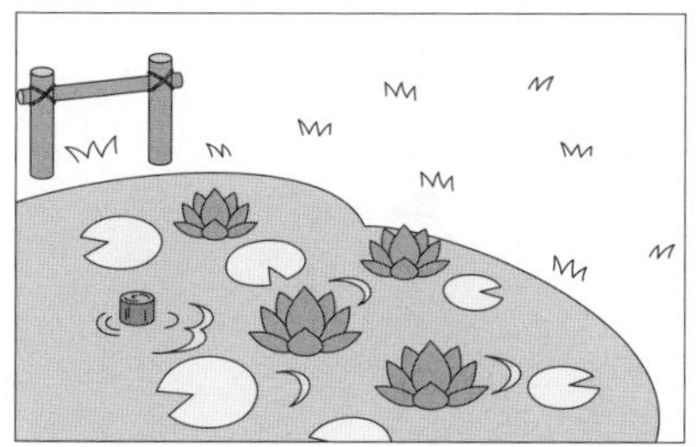

④

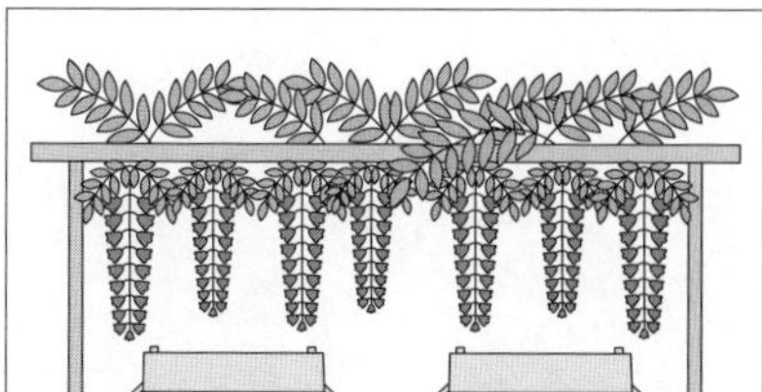

CD❶-36

問4 日本観光でアクティビティを検討しています。 11

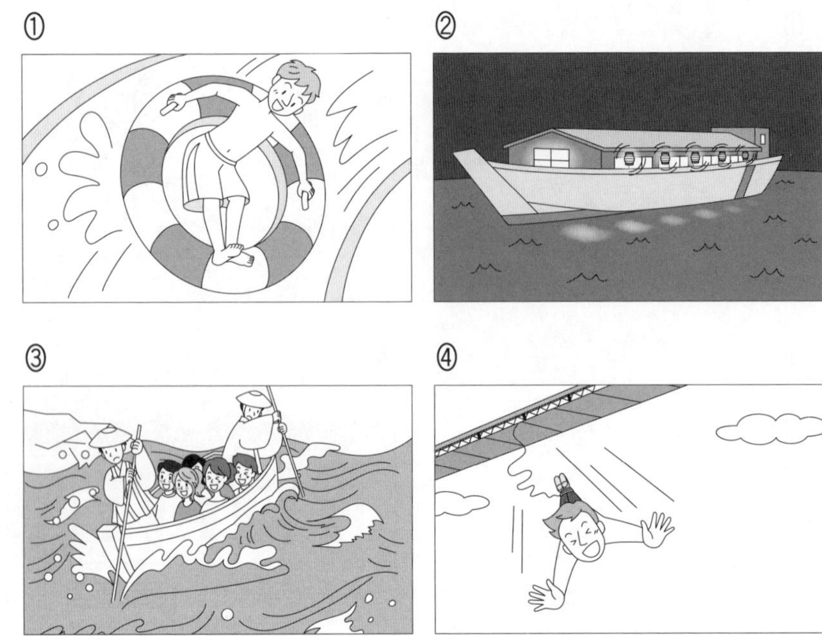

これで第2問は終わりです。

第2問　解答＆攻略法

正確に，速く解くには？

まずは各問それぞれ，「状況」と「図」から情報を読み込むことが大切です。

問１では，男性が席を探している状況から，**図の Mika，Kate との位置関係がポイントになりそうですね。**

問２ではテストの結果がテーマになっていて，**表には「正解／不正解」と「正答率」が載っている**ので，その要素が正解のカギになりそうです。

問３は植物のイラストを選ぶ問題。その植物は**公園でどのようなシチュエーションで咲いているかが語られるようです。**

問４は日本観光におけるアクティビティがテーマ。**②以外はスリルがありそうで，②と③は日本に独特なイメージ**ですね。

以上のことをふまえて放送に耳を傾けましょう。

CD❶-33

問１　【放送内容】

M: Hi, Mika. Can I sit next to you?
W: Hi. Sorry, but Sally is coming here. The chairs on both sides of Kate are open.
M: Well, actually, I had a fight with her, so I can't sit there.
W: Wow. OK, we'll move there when Sally comes. **You can sit here**.

Question:
Where will the man sit?

〈訳〉男：やあ，ミカ。君の隣に座ってもいいかな？
女：こんにちは。ごめんなさい，サリーがここに来るの。ケイトの両側のいすは空いているわよ。
男：うーん，実は，彼女とけんかをしたから，そこには座れないよ。
女：まあ。わかったわ，サリーが来たら私たちはそこに移るね。**あなたはここに座れるわよ。**
問：男性はどこに座りますか。　　**正解**　④

ここがカンジン！

男性の最初の発言から，男性が話しかけている相手がミカだとわかりますね。

後は，**図のミカの位置を基準にして位置関係を把握しましょう**。会話はミカの発言 **You can sit here.**「あなたはここに座れるわよ」で終わっています。

それまでのやり取りの内容がどうであろうと，これが会話の結論なわけです。ミカが here と言う場所はミカの隣，つまり④ということになりますね。

リスニングのコツ！

M: Hi, Mika. Can I sit next to you（↗）?

➡ next to ⇒［ネクスト］ next の語尾 [t] が脱落。

W: Hi. Sorry, but Sally is coming here. The chairs on both sides of Kate are open.

➡ both sides of ⇒［ボウサイゾブ］
both の語尾 [th] の脱落。sides of の同化。

M: Well, actually, I had a fight with her, so I can't sit there.

W: Wow. OK, we'll move there when Sally comes. You can sit here.

得点率 80 %Get!

can と can't は同じに聞こえる!? 肯定と否定をイントネーションで判断しよう。

get，cut，right などが会話中に出てきても，語尾の [t] はなかなか聞き取れないものです。それは，can not を短縮した can't でも同じです。

つまり，can't は can と同様［キャン］のように聞こえるということです。肯定と否定が同じに聞こえてしまっては，大変なことになりますよね。

そこで，聞き分けるポイントとなるのは音の強弱です。通常，can，will などの助動詞は平叙文では弱く発音されます。一方，それらの助動詞で否定を表す場合は，強く発音されるという特性があります。

can なのか can't なのか，ちゃんと英語が聞き取れたか自信がない場合は，強く読まれていた印象であれば can't の可能性が高いと思っておきましょう。

CD①-34

問２【放送内容】

M: I've got the test results. My math score was not good.
W: You only had three wrong answers. That's not so bad.
M: The questions were easy, but **I got question one wrong** while most students got it right.
W: However, **you correctly answered the question most students couldn't**.

Question:
Which is the correct test data?

□ score「点数，得点」 □ while「～なのに」 □ correctly「正しく」

〈訳〉男：試験の結果を受け取ったよ。数学の点数がよくなかったんだ。
女：あなたはたった３つを間違えただけじゃない。そんなに悪くないわ。
男：問題は簡単だったけど，ほとんどの生徒が正解しているのに，**僕は第１問を間違えてしまったんだ。**
女：でも，**ほとんどの生徒ができなかった問題をあなたは正答しているわ。**
問：正しい試験のデータはどれですか。 正解 ①

ここがカンジン！

男性がどの問題に正解したか，どの問題を間違えたかに注目です。**wrong / couldn't** と **correctly / right** が使われている文脈の理解に努めましょう。

男性の２番目の発言 **I got question one wrong** は，直訳すると「第１問を間違えて手に入れた」，つまり「第１問を間違えた」ということ。その内容に該当するのは①か③です。

また，女性は２番目の発言で，男性に対して **you correctly answered the question most students couldn't**「ほとんどの生徒ができなかった問題にあなたは正答した」と言っています。

①，②，④の Q7 は正答率が 15% で，「ほとんどの生徒ができなかった問題」と言えます。これらの条件に合うのは①ですね。

結果的に「ほとんどの生徒ができなかった問題」に正答しているのは①だけですから，女性の２番目の発言さえ押さえられたら正答が可能ですね。

リスニングのコツ！

M: I've got the test results. My math score was not good.

➡ results ⇒［リザッツ］ t の前の [l] が［ウ］のように聞こえる。

➡ math score ⇒［マスコーァ］ math の [th] が脱落。

W: You only had three wrong answers. That's not so bad.

M: The questions were easy, but I got question one wrong while most students got it right.

W: However, you correctly answered the question most students couldn't.

得点率 90 %Get!

「〜している間」だけではない，接続詞 while の使い方に慣れよう！

問 2 の会話でも出てきたように，while には though[although] と同様，「〜なのに」「その一方で〜」と譲歩・対照を表す場合があります。

こちらの意味の使い方に慣れておけば，問 2 の男性の 2 番目の発言であれば，The questions were easy, but I got question one wrong と，逆接 but を挟む展開があった上で while ... と続くため，while 以降は前の I got question one wrong とは対照的な内容が来ると予測して聞くことができます。

CD❶-35

問 3 【放送内容】

M: What do you call the plant with flowers on it in English?

W: Do you mean the ones around the pond?

M: **Not** around the pond, **but** by the pond. Can't you see the rest area with benches?

W: Sure. I got it. The plant on the roof, you mean?

Question:

Which plant are the speakers talking about?

〈訳〉男：上に花をつけているその植物を，英語で何と呼んでいるの？

女：池の周りにある花のことを言っているの？
男：池の周りではなくて，池のそばだよ。ベンチのある休憩場所が見えるかな？
女：わかったわ。あなたが言っているのは，屋根の上にある植物ね。
問：話者たちはどの植物について話していますか。 **正解** ④

ここがカンジン！

植物の特徴について語られることをまず頭に入れておきましょう。**not**「**～ではない**」や **but**「**でも～**」が聞こえたら，そのあとの発言には要注意です。男性の２番目の発言から Not around the pond, but by the pond「池の周りではなく，池のそばに」をキャッチできれば，イラストのうち池の水面にある②を除外できます。

そして，男性の２番目の発言 the rest area with benches と，女性の２番目の発言 The plant on the roof から，どちらの条件も満たしている④の植物について話題にしていることがわかりますね。

リスニングのコツ！

M: What do you call the plant with flowers on it in English（↘）?
W: Do you mean the ones around the pond?
M: Not around the pond, but by the pond. Can't you see the rest area with benches（↗）?
W: Sure. I got it. The plant on the roof, you mean?

➡ I got it. ⇒［アイガリッ］「わかった！」を表す相づち表現。

CD❶-36

問４【放送内容】

W: I'd like to try this. It looks exciting.
M: It doesn't look bad, but it would be better to **do something where we don't get wet**.
W: OK. Then, how about this? It doesn't look exciting, though.
M: Oh, I've been interested in doing that! Let's do it in Japanese traditional clothes.

Question:
What will the couple do?

□ traditional「伝統的な」

〈訳〉女：私はこれに挑戦したいな。どきどきしそう。
男：悪くは見えないけど，**僕たちが濡れないところで何かをする**のがよさそうだよ。
女：わかった。それなら，これはどう？ どきどきしそうには見えないけど。
男：ああ，それをするのに興味があったんだ！ 日本の伝統的な服を着てそれをやろうよ。
問：夫婦は何をしますか。 正解 ②

ここがカンジン！

アクティビティの特徴を表す言葉を聞き逃さないようにしましょう。音声を聞く前に，各イラストの共通点や違いについても理解しておきたいですね。

男性の最初の発言 **do something where we don't get wet**「僕たちが濡れないところで何かをする」がキャッチできれば，濡れる可能性が高い①と③は除外できます。そして，女性の２番目の発言 It doesn't look exciting と，男性の２番目の発言 do it in Japanese traditional clothes が聞き取れれば，条件を満たすものとして②を選ぶことができるでしょう。

リスニングのコツ！

W: I'd like to try this. It looks exciting.

M: It doesn't look bad, but it would be better to do something where we don't get wet.

➡ it would be better to *do* ⇒［イッウッビベラータドゥ］
「～したほうがいい」の意味で自分の希望を伝えるときに使うことが多い。

W: OK. Then, how about this? It doesn't look exciting, though.

M: Oh, I've been interested in doing that! Let's do it in Japanese traditional clothes.

リスニング力をアップしよう！
❸ 位置関係を表す英語

CD❷-93

1 席の位置関係

・There are three **rows** and four **columns** in the theater.
「映画館には，横に 3 列，縦に 4 列の席がある」
※ row「横列」，column「縦列」

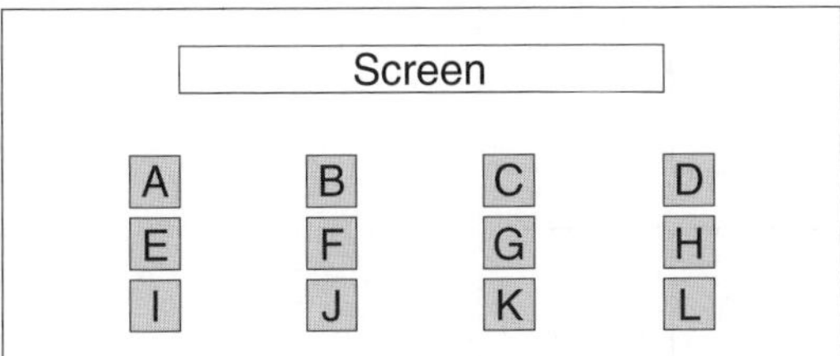

・*A* is seated **in the upper most left** seat.
「A は，一番上の左の席に座っている」

・*D* is seated **in the upper most right** seat.
「D は，一番上の右の席に座っている」

・*L* is **at the lower right hand corner.**
「L は，右下の角にいる」

・*I* is **at the lower left hand corner.**
「I は，左下の角にいる」

・*J* and *K* are seated **at the rear of the theater.**
「J や K は，映画館の後方に座っている」

・*E* and *G* are seated **in the second row.**
「E や G は，前から 2 列目に座っている」

・*B* is right **in front of** *F*.
「B は，F のすぐ前にいる」

・*L* is **immediately behind** *H*.
「L は，H のすぐ後ろにいる」

・*B* and *C* are seated **side by side.**
「B と C は，隣りに座っている」

・*D* is seated **on C's right (side)**.
「D は，C の右に座っている」
・*G* is seated **to the right of** *E*.
「G は，E の右のほうに座っている」
・*I* and *L* are seated **three seats apart**.
「I と L は，3 つ離れた席に座っている」

2 地図の位置関係

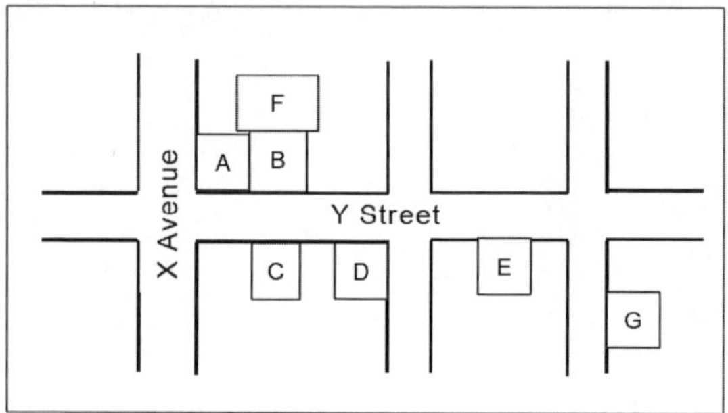

・*B* is **on** Y Street **beside** *A*.
「B は Y 通りに面していて，A の隣にある」
・*A* is **on the corner of** Y Street and X Avenue.
「A は Y 通りと X 通りの角にある」
・*B* is **next to** *A*. = *B* is **beside** *A*.
「B は A のとなりにある」
・*C* is **opposite (to)** *B*. = *C* **faces** *B*. = *C* is **across from** *B*.
「C は B の真向かいにある」
・*D* is **on the same block as (of)** *C*.
「D は C と同じ区画にある」
・*G* is **two blocks away from** *C*.
「G は C から 2 区画離れたところにある」
・*F* is **on the north of** *B*.
「F は B の北に接している」
・*D* is **to the west of** *E*.
「D は E の西にある」

PART Ⅳ

第4回　第3問の予想問題

対話を聞いて質問に答える問題

CD❶-37

第3問

第３問は問１から問４までの４問です。それぞれの問いについて，対話の場面が日本語で書かれています。対話を聞き，問いの答えとして最も適切なものを，四つの選択肢（①～④）のうちから一つずつ選びなさい。（問いの英文は書かれています。）2 回流します。

問 1　男性がケーキを買ってきました。

What is the woman going to have?　[12]

① Cheese cake and coffee
② Cheese cake and tea
③ Chocolate cake and coffee
④ Chocolate cake and tea

CD❶-38

問 2　女性が出口を探しています。

Where will the woman meet her friend?　[13]

① East Gate
② National Museum
③ North Gate
④ West Gate

CD❶-39

問3 友達同士が小説について話をしています。

What will the man do first? [14]

① Borrow *One Night Adventure* from the woman.
② Finish *One Night Adventure*.
③ Finish the other book.
④ Start reading *One Night Adventure*.

CD❶-40

問4 夫婦が花見に来ています。

How does the woman feel? [15]

① She can't eat any more food.
② She is too tired to move any more.
③ She wants to eat something soon.
④ She wants to walk more.

これで第３問は終わりです。

第3問　解答＆攻略法

正確に，速く解くには？

提示された対話の場面と選択肢から，耳を傾けるポイントはハッキリしています。問 1 は女性が選ぶケーキの種類とドリンクの組み合わせ，問 2 は複数の場所が言及される中における女性が「友達と会う」場所，問 3 は会話の中でうかがえる男性の心情，問 4 は女性がお腹を空かしているかどうかです。

CD❶-37

問 1　【放送内容】

M: I bought some cake.
W: Oh, it looks delicious! **Can I take this cheese cake?**
M: **Sure**. I prefer chocolate cake. Would you make coffee?
W: Yeah, I was just drinking coffee. Just enough for you is left. Here you are. **I feel like having tea with my cake, I'll make it.**

□ delicious「とてもおいしい」
□ prefer「～のほうが好き」(アクセントに注意。-fer にアクセントがきます)
□ Here you are.「さあどうぞ」
□ feel like ～ing「～したい気分だ」

〈訳〉男：ケーキをいくつか買ったよ。
女：まあ，おいしそう！ **このチーズケーキを取ってもいい？**
男：**もちろん**。僕はチョコレートケーキのほうが好きだよ。コーヒーを入れてくれるかな？
女：ええ，ちょうどコーヒーを飲んでいたの。あなたの分がちょうど十分に残っているわ。どうぞ。**私はケーキと一緒に紅茶をいただきたい気分。紅茶を入れてくるわね。**

〈問・選択肢の訳〉
問：女性は何を飲食するつもりですか。
① チーズケーキとコーヒー　② チーズケーキと紅茶
③ チョコレートケーキとコーヒー　④ チョコレートケーキと紅茶

正解 ②

ここがカンジン！

選択肢がケーキ（Cheese cake, Chocolate cake）と飲み物（coffee, tea）の組み合わせであることに注目！ **それぞれが会話内でどのように登場するか**に気をつけて音声を聞きましょう。

まず，問いは「女性は何を飲食するつもりか」なので，女性が飲み食いするものに留意して音声を聞きます。

すると，**Can I take this cheese cake? — Sure.** というやり取りがあり，女性はチーズケーキを食べるとわかるので，①か②に絞ることができます。

そして，女性は2番目の発言の最後に，**I feel like having tea with my cake, I'll make it.**「私はケーキと一緒に紅茶を飲みたい気分。紅茶を入れてくるわね」と言っているので，チーズケーキと紅茶の組み合わせの②が正解であると判断できます。

I was just drinking coffee はすでにしたことであって，これからすることではないので注意。

リスニングのコツ！

M: I bought some cake.

W: Oh, it looks delicious! Can I take this cheese cake?

➡ Can I ...? ⇒［キャナイ］
「…してもいいですか」と許可を求める表現。

M: Sure. I prefer chocolate cake. Would you make coffee?

➡ Would you ...? ⇒［ウジュー］
「…してもらえますか」と丁寧に依頼をする表現。

W: Yeah, I was just drinking coffee. Just enough for you is left.

Here you are. I feel like having tea with my cake, I'll make it.

CD❶-41

得点率80%Get!

Can I ...?「許可」やWould you ...?「依頼」を表す表現は会話文で頻出。どう聞こえるかをまとめて確認しよう。

【許可】

「…してもいいですか」 Can I ...? → [キャナイ] に聞こえる。

「(丁寧に) …してもよろしいですか」 Could I ...? ※ [クダイ] に聞こえる

May I ...? ※ [メアイ] に聞こえる

【依頼】

「…してもらえますか」 Can you ...? → [キャニュー] に聞こえる

Will you ...? → [ウィリュー] に聞こえる

「(丁寧に) …していただけますか」 Could you ...? → [クジュー] に聞こえる

Would you ...? → [ウジュー] に聞こえる

CD❶-38

問2 【放送内容】

W: Is this East Gate, the nearest exit to the National Museum?

M: Sure, it's East Gate, but not near the museum. You should use either North Gate or West Gate to go there. West Gate would be better.

W: Thank you. But **I'm going to meet my friend here at eleven**.

〈訳〉女：ここは東口，国立博物館に一番近い出口ですか。

男：確かに，ここは東口ですよ。ただ，博物館の近くではないですね。そこへ行くなら，北口か西口を使ったほうがいいです。西口のほうがいいかな。

女：ありがとう。でも**私はここで11時に友達に会う予定があるんです。**

〈問・選択肢の訳〉

問：女性はどこで友達に会うつもりですか。

① 東口　② 国立博物館

③ 北口　④ 西口

正解 ①

ここがカンジン！

問いと選択肢から，**場所がこの会話での重要なキーワード**だとわかります。

それぞれの場所の特徴を理解しながら音声を聞いていきましょう。

問いは「女性はどこで友達に会うつもりか」。女性が友達と会う場所に留意して会話を聞くと，女性の２番目の発言で **I'm going to meet my friend here at eleven** と話しています。

その前のやり取りで Is this East Gate, the nearest exit to the National Museum? ― Sure, it's East Gate と話しており，この here とは彼女が現在いる東口であることがわかるので，正解は①です。

リスニングのコツ！

W: Is this East Gate, the nearest exit to the National Museum?

M: Sure, it's East Gate, but not near the museum.

You should use either North Gate or West Gate to go there.

West Gate would be better.

W: Thank you. But I'm going to meet my friend here at eleven.

得点率 90 %Get!

いろいろな場面で使われる Sure のニュアンスをつかんでおこう。

形容詞として「確信している」を表す sure は，相づち言葉としてもいろんな場面で使われます。例えば問１では，Can I ...?「…してもいいですか」と許可を求められたのに対して「もちろん」と答えるのに Sure が使われています。

一方，同じ問１で，Would you ...?「…していただけますか」という依頼に対して Yeah「ええ」と答えている場面がありますが，この Yeah の代わりに Sure を使って「いいですよ」と伝えることもできます。また，問２では，Is this ...?「これは…ですか」と質問されたことに対して Sure「確かに」と肯定の返答でも使われていますね。状況に応じて適切に意味をくみ取るようにしましょう。

CD❶-39

問３ 【放送内容】

M: Hi, Lucy. Have you finished *One Night Adventure*? I haven't opened it yet.

W: Hi, Franky. I think I'll finish it tonight.

M: Wow! How fast you read! You like it, right?
W: Yeah, this is going to be one of my favorite stories.
M: **Oh, I also want to read it right away. I just started reading another book, but I'll stop.**

□ right away「すぐに」

〈訳〉男：やあ，ルーシー。君は『ワン・ナイト・アドベンチャー』を読み終えたかい？ 僕はまだ開けていないんだ。
女：こんにちは，フランキー。今夜読み終えると思うわ。
男：わあ！ 君は読むのが早いね！ それが気に入ったんだね？
女：ええ，これは私が最もお気に入りの物語の１つになりそうよ。
男：**ああ，僕もすぐにそれを読みたいな。ちょうど別の本を読み始めたところだけど，中断するよ。**

〈問・選択肢の訳〉
問：男性は最初に何をするつもりですか。
① 『ワン・ナイト・アドベンチャー』を女性から借りる。
② 『ワン・ナイト・アドベンチャー』を読み終える。
③ 別の本を読み終える。
④ 『ワン・ナイト・アドベンチャー』を読み始める。 **正解** ④

ここがカンジン！

「**男性は最初に何をするつもりか**」が問われているので，男性の発言に集中しましょう！ その中で，男性の動作を表す動詞（**want to read** や **stop**）が，最初に行うことのヒントになっているとわかります。

男性が３番目の発言で，**Oh, I also want to read it right away. I just started reading another book, but I'll stop.** と話しています。つまり，「読んでいた別の本を中断して，女性が読んでいる本を読み始める」ことが推測できますから，④の内容と一致するのがわかりますね。

男性の最初の発言にI haven't opened it yet. とありますから，男性はすでに本を持っていて，女性から借りる必要がないことに注意すれば，①は除外できますね。

リスニングのコツ！

M: Hi, Lucy. Have you finished *One Night Adventure*?
● ● ● ●

I haven't opened it yet.

W: Hi, Franky. I think I'll finish it tonight.

M: Wow! How fast you read! You like it, right?

➡ How fast ...

「速い」ことについて感嘆しているので fast を強調して発音します。

➡ ..., right? は,「そうですよね？」と自分の発言を確認するための表現。疑問文の形にはならないが最後に疑問符をつけて上がり調子で読む。

W: Yeah, this is going to be one of my favorite stories.

M: Oh, I also want to read it right away. I just started reading another book, but I'll stop.

CD❶-40

問4 【放送内容】

W: Look! How beautiful these cherry blossoms are!
M: Yeah. By the way, it's about time to have lunch.
W: **I'd like to walk around a little longer.**
M: Come on! I'm too hungry to move any more.
W: OK. Then, you only may eat something under the cherry tree.

□ Come on!「よせよ，まさか」

〈訳〉女：見て！ この桜の花は何てきれいなの！
男：そうだね。ところで，そろそろ昼食を食べる時間だ。
女：**私はもう少し長く歩き回りたいな。**
男：まさか！ 僕はお腹がすき過ぎてこれ以上動けないよ。
女：わかったわ。それなら，あなただけその桜の木の下で何か食べるといいわ。

〈問・選択肢の訳〉

問：女性はどのように感じているか。

① 彼女はこれ以上食べ物をとることができない。

② 彼女は疲れすぎてこれ以上動くことができない。
③ 彼女はもうすぐ何かを食べたいと思っている。
④ 彼女はもっと歩きたいと思っている。 **正解** ④

ここがカンジン！

「女性はどのように感じているか」が問われているので，女性の発言に注意しましょう。**I'd like to ...「私は～したい」**などの表現がカギになるはずです。

女性の２番目の発言にある I'd like to walk around a little longer. は，「もう少し長く歩き回りたい」という意味。ただし，感情は最終的に変化する場合もあるため，ここで決めつけずに念のため最後まで聞くほうがよいでしょう。

女性の最後の発言では，「空腹でこれ以上動けない」と話す男性に対して，you only may eat something under the cherry tree と答えており，「歩き回りたい」という気持ちに変化がないと推測できます。正解は④となります。

リスニングのコツ！

W: Look! How beautiful these cherry blossoms are!

➡ How beautiful ... ⇒［ハウビューリホゥ］
「美しい」ことについて感嘆しているので，beautiful を強調します。

M: Yeah. By the way, it's about time to have lunch.

W: I'd like to walk around a little longer.

M: Come on! I'm too hungry to move any more.

➡ too hungry to move
「お腹がすき過ぎて動けない」。too ～ to *do*「～すぎて…できない」は「～」部分を強調するための構文なので，口頭で発するときも「～」部分は強調されます。

W: OK. Then, you only may eat something under the cherry tree.

PART Ⅳ

第5回　第4問Aの予想問題
イラスト整序＆図表完成問題

CD❶-42

第4問A

第４問Ａは問１・問２の２問です。話を聞き，それぞれの問いの答えとして最も適切なものを，選択肢のうちから選びなさい。1回流します。

問1　男の子がハンバーガーの行列店について話しています。話を聞き，その内容を表したイラスト(①～④)を，聞こえてくる順番に並べなさい。

16 → 17 → 18 → 19

①

②

③

④

CD❶-43

問 2　あなたは留学先で貸し別荘を運営する会社の手伝いをしています。貸し出し料金についての説明を聞き，下の表の四つの空欄 20 ～ 23 にあてはめるのに最も適切なものを，五つの選択肢（①～⑤）のうちから一つずつ選びなさい。選択肢は２回以上使ってもかまいません。

①　$100　　②　$120　　③　$190　　④　$200　　⑤　$300

	Date	Guests	Number of People	Rent
Cottage A	July 2	T. Cooper	4	20
	July 4 ～ 5	C. Washington	2	21
	July 7	R. Spencer	3	
Cottage B	July 2 ～ 3	W. Franklin	5	22
	July 5	A. Jackson	7	23
	July 6 ～ 7	K. Fisher	4	

これで第４問Ａは終わりです。

第4問A　解答＆攻略法

正確に，速く解くには？

問１は，４枚のイラストを放送の内容に沿って時系列に並べる問題です。イラストそのものをヒントとして，**「店が閉まっている」**，**「客が並んでいる」**，**「店内でハンバーガーを食べている」**，**「雨の中を歩いている」という状況につながる内容**を，聞き取れた順にイラストにチェックしていきましょう。

問２で問われるのはRent（賃貸料）です。表からもわかるように，**１泊の料金と人数による料金の違い**を把握する必要がありそうですね。

選択肢の金額から，読みあげられる数値は多くても３桁であることもわかるので，あせらず慎重に耳を傾けましょう。

CD❶-42

問１　【放送内容】

Yesterday **it was raining**. For lunch, I went to a hamburger restaurant that's popular among young people. Although it is usually very crowded, I was able to get a seat at a table without waiting. **I ordered two cheeseburgers. They were really delicious.** When I left the restaurant, it had stopped raining and **I found more than ten people waiting for seats**. I realized I had left my umbrella at the restaurant after I got home. Today **I went to the restaurant to pick it up, but it was closed**.

□ realize「～を悟る，～を実現する」
□ pick ～ up「～を取ってくる，～を拾い上げる」

〈訳〉昨日は**雨が降っていた**。僕は昼食に，若者の間で人気のあるハンバーガー店に行った。普段はとても混んでいるが，待つことなくテーブル席に座ることができた。**僕はチーズバーガーを２個注文した。それらは本当においしかった。**レストランを出るとき，雨が降りやんで，**10人を超える人が席を待っていることがわかった。**帰宅後，僕は自分の傘をレストランに置き忘れたことに気づいた。今日**僕はそれを引き取りにレストランへ行った**

が，お店は閉まっていた。　　　**正解**　16 ④　17 ③　18 ②　19 ①

ここがカンジン！

それぞれのイラストから状況を理解しましょう。**「ハンバーガー店にいる」状況**や**「雨が降っている」状況**などがいつなのかを意識することがポイントです。まず，それぞれのイラストの特徴を押さえ，それらに関する話題がどこで話されるかに注意して放送を聞きます。

1 文目の **it was raining** で雨が降っていることがわかり（イラスト④），**I ordered two cheeseburgers. They were really delicious.** からハンバーガーを食べたとわかります（イラスト③）。

そのあと，**I found more than ten people waiting for seats.** から人が並んでいる状況を目にしており（イラスト②），最後に **I went to the restaurant to pick it up, but it was closed** が聞き取れれば，店が閉まっている状況に遭遇しているのがわかりますね（イラスト①）。

リスニングのコツ！

〔2 文目〕For lunch, I went to a hamburger restaurant ...
　➡ went to ⇒［ウェンタ］
〔4，5 文目〕I ordered two cheeseburgers. They were really delicious.
　➡ ordered two ⇒［オーダートゥ］
〔6 文目〕I found more than ten people waiting for seats
　➡ found ⇒［ファウン］，waiting for ⇒［ウェイリンファ］
〔最終文〕I went to the restaurant to pick it up, but it was closed.
　➡ pick it up ⇒［ピキラッ］

CD❶-43

問 2 【放送内容】

We offer two kinds of cottages for rent. Would you complete the guest list for next week? Cottage A is smaller. Up to three people can use it for 100 dollars a night. Cottage B is larger. Up to five people can use it for 150 dollars a night. Each cottage can hold **extra** people. In that case, we charge 20 dollars for each **additional** person.

☐ cottage「小屋，コテージ」　☐ complete「～を完成させる」

☐ extra「追加の，余分の」 ☐ in that case「その場合には」
☐ charge ～ for ...「～に…の金額を請求する」

〈訳〉私たちは２種類の貸別荘を提供しています。来週用の宿泊客名簿を完成してもらえますか？ 別荘Ａは小さいほうです。３人までが一晩 100 ドルで利用できます。別荘Ｂは大きいほうです。５人までが一晩 150 ドルで利用できます。各別荘は**追加の**人を収容できます。その場合，私たちは**追加の**人１人につき 20 ドルを請求します。

正解 20 ② 21 ④ 22 ⑤ 23 ③

ここがカンジン！

「**別荘の種類**」，「**宿泊客の人数**」，「**料金**」について聞き取る必要があります。数値の表現のほかにも，**extra** や **additional** などの追加を表す語もしっかり押さえましょう。

各別荘の宿泊人数と料金については，第３文 Cottage A is ... 以降で述べられています。別荘 A は「**3 人までが一晩 100 ドル**」，別荘 B は「**5 人までが一晩 150 ドル**」です。

さらに，両方の別荘はともに**追加 1 人にあたり 20 ドル**です。このことと「宿泊日数」を頭に入れて表を見ると，T. Cooper さんは**別荘 A を 4 人で利用**なので，**3 人（100 ドル）＋追加 1 人（20 ドル）の計 120 ドル**かかります。

C. Washington さんは**別荘 A を 2 人で利用**で，さらに **2 日間**泊まるので **100 ドル× 2 ＝ 200 ドル**です。

W. Franklin さんは**別荘 B を 5 人で利用**して，さらに **2 日間**泊まるので **150 ドル× 2 ＝ 300 ドル**となります。

A. Jackson さんは**別荘 B を 7 人で利用**なので，**5 人（150 ドル）＋追加 2 人（20 ドル× 2）の計 190 ドル**かかることになります。

したがって，正解は，20…②，21…④，22…⑤，23…③となります。

リスニングのコツ！

今回は，金額にかかわる部分をピックアップします。

Up to three people can use it for 100 dollars a night.
● • • ● • •

➡ 100 dollars ⇒［ワンハンドレッダラーズ］ hundred の語尾が脱落。

Up to five people can use it for 150 dollars a night.
● • • ● • •

➡ 150 dollars ⇒［ワンハンドレッダンフィッティダラーズ］

fifty は続く [f] と [t] の音が近いため前にある [t] が脱落してしばしば［フィッティ］のように聞こえます。

we charge 20 dollars for each additional person

➡ 20 dollars ⇒［トウェニィダラーズ］

twenty はしばしば［トウェニィ］のように聞こえます。

CD❶-44

得点率90%Get!

15？50？二桁のまぎらわしい数字を聞き分けよう。

問2では150（a hundred and fifty）の読みが出てきましたね。15を表すfifteen［フィフティーン］と，この50を表すfifty「フィフティ［フィッティ］」の聞き分けに自信がないという人もいるかもしれませんね。でも，この2つはアクセントの位置の違いがはっきりしているので，それほど心配はいりません。

fifteenのアクセントは後ろに，fiftyのアクセントは前に置かれます。つまり，［フィフティーン］と［フィフティ］という感じです。このルールは，thirteen—thirty, nineteen—ninetyのような他の組み合わせでも有効です。13［サーティーン］—30［サーティ］，19［ナインティーン］—90［ナインティ］のようになります。

PART Ⅳ

第6回 第4問Bの予想問題

4人の話者による説明を聞いて答える問題

CD❶-45

第4問B

第４問Ｂは問１の１問です。四人の説明を聞き，問いの答えとして最も適切なものを，選択肢のうちから選びなさい。メモを取るのに下の表を使ってもかまいません。1回流します。

状況

あなたは市の空き地を公園にする計画の提案を受けています。計画を選ぶにあたり，あなたが考えている条件は以下のとおりです。

条件

A. 象徴的な花がある。
B. 子どもが遊べる遊具が充実している。
C. スポーツ施設がある。

	A. Flower	B. Playing Equipment	C. Sport Facility
① Planner A			
② Planner B			
③ Planner C			
④ Planner D			

問 1　四人の企画者がそれぞれ公園について提案するのを聞き，上の条件に最も合う公園を提案する企画者を，四つの選択肢(①～④)のうちから一つ選びなさい。 24

① Planner A
② Planner B
③ Planner C
④ Planner D

これで第 4 問 B は終わりです。

第4問B 解答＆攻略法

正確に，速く解くには？

公園に求められる条件「**象徴的な花**」，「**遊具の充実**」，「**スポーツ施設**」が大きなヒントですね。「遊具」，「スポーツ施設」って英語で何て言うかわかりますか？ ちゃんと下の表に **Playing Equipment**，**Sport Facility** と書いてありますよ。

だからメモ欄の確認は大事なんです。そしてそれぞれの条件に関連しそうな単語を想像しましょう。**公園にありそうな「花」は何か。「遊具」ってどんなものがあるか。何をする「スポーツ施設」か。**

核心部分で難しい単語が使われることはまずありませんから，その想像の中からいくつかはヒットするはずです。ただし，それらの要素は正解以外のPlanner（企画者）の発話にも出てきますから，必ず表にメモをして，過不足をチェックしましょう。

CD❶-45

問 1 【放送内容】

1. Let's fill this park with flowers. A lot of people will come here to see **roses** in spring and autumn. Also, a fountain in the center of the park would entertain visitors, and we could see little children running around there.
2. We recommend building **tennis courts** surrounded by **cherry trees**. They would be the symbol of the park. Therefore, you should plan tennis tournaments and have tennis lessons for children. That would make local people love this park.
3. Our presentation was planned by thinking about local children first. We want to have **a variety of playground equipment** that will please kids and attract families with children. **The indoor pool** will also allow them to exercise throughout the year.
4. The plan for the park we are presenting is sure to satisfy you. We can easily imagine children enjoying **various kinds of playground equipment**, excited spectators at **the soccer ground**, and young

and old people relaxing among **beautiful flowers such as tulips**.

☐ fountain「噴水」 ☐ spectator「観客」

〈訳〉1. この公園を花でいっぱいにしましょう。多くの人が春と秋に**バラ**を見にここへやって来ます。また，公園の中央にある噴水は訪問者を楽しませ，その周りを小さな子どもたちが走っているのを私たちは見ることができるでしょう。

2. 私たちは**桜の木**に囲まれた**テニスコート**の建設をお勧めします。それらは公園の象徴となるでしょう。ですから，テニス大会を計画して，子どもたちにテニスのレッスンをするべきです。そのことで地元の人々はこの公園に愛着を持つようになるでしょう。

3. 私たちの提案は地元の子どもたちを第一に考えることで計画されました。私たちは，子どもを楽しませ，子ども連れの家族を引き付ける**さまざまな遊具**を揃えたいと思っています。また，**室内プール**によって彼らは１年を通して運動をすることができます。

4. 私たちが提案する公園の計画は，きっとご満足いただけると思っています。**さまざまな種類の遊具**で楽しむ子どもたち，**サッカー場**でわくわくしている観客，**チューリップなどの美しい花**に囲まれてくつろいでいる老若男女が私たちには容易に目に浮かびます。 **正解** ④

ここがカンジン！

公園を象徴する花として出てくる **roses**，**cherry**，**tulips** はキャッチしやすいでしょう。ひっかけ要素は「遊具」と「スポーツ施設」についての表現ですね。子どもと関連づいているから「遊具」とは限らないし，公園内の大き目の施設だからといって「スポーツ施設」とは限りません。冷静に判断していきましょう。

表を活用して，「一致しない／足りない」と判断できた条件があれば，その選択肢はバッサリ消去しましょう。

①は A lot of people will come here to see **roses** in spring and autumn. が条件 A に合いますが，他の２つの条件に欠けます。a fountain「噴水」は遊具とは言えず，スポーツ施設でもありません。

②は **tennis courts** surrounded by **cherry trees** が条件 A と条件 C を満たしますが，条件 B が足りません。

③では，**a variety of playground equipment** が条件 B，**The indoor**

pool が条件 C を満たしますが，条件 A に欠けます。

④は **various kinds of playground equipment**（条件 B），**the soccer ground**（条件 C），**beautiful flowers such as tulips**（条件 A）とすべての条件が揃っています。したがって④が正解です。

リスニングのコツ！

三番目の話者より，The indoor pool will also allow them to exercise throughout the year. の文を確認しておきましょう。

allow ～ to *do* は「**～に…することを許す**」の意味で，転じて「**～が…するのを可能にする**」，「**（主語によって）～は…することができる**」の意味も持ちます。

今回の英文は，「室内プールによって彼らは 1 年を通して運動をすることができます」という意味になります。この allow は［**アラウ**］と読み，スペルからは想像しにくい読み方なので，よく発音問題でも取り上げられる単語です。

逆に，仮に［アラウ］という音が聞き取れても，allow と結びつかなかった人もいたかもしれませんね。

得点率 90 %Get!

please，satisfy などの能動態としての使い方に慣れておこう。

第 4 問 B で出てきた他動詞 please「（人）を喜ばせる」，satisfy「（人）を満足させる」は，*be* pleased with ～「～に喜ぶ」，*be* satisfied with ～「～に満足する」の形のほうがなじみがありますよね。

でも，公園の特徴を提案する今回のシチュエーションにおいては，「公園」を主語にすることによって，公園が直接使用者に働きかけるイメージが生まれ，アピールする上で効果的な言い方になっています。

このように，受動態で使われることが多い動詞も，話者が与える印象を考えて，〈物・事〉を主語として能動態で表現するケースもあります。主語にあたる語句は主に話のテーマとなっているので要注意です。

例えば日本語でも,「驚く」と「驚かせる」（*be* surprised at / surprise),「興奮する」と「興奮させる」（*be* excited at / excite),「がっかりする」と「がっかりさせる」（*be* disappointed at / disappoint）のように，何がテーマなのかによって，与える印象を考えて使い分けをしますよね。

ですから，〈物・事〉を主語とした表現に違和感なく対応できるよう，能動の意味も合わせて確認する習慣をつけましょう。

PART Ⅳ

第7回 第5問の予想問題
講義を聞いて答える問題

CD❶-46

第5問

第５問は問１(a)〜(c)と問２の２問です。講義を聞き，それぞれの問いの答えとして最も適切なものを，選択肢のうちから選びなさい。状況と問いを読む時間(約 60 秒)が与えられた後，音声が流れます。１回流します。

状況

あなたはアメリカの大学で，市場として注目されているサブサハラアフリカについて，ワークシートにメモを取りながら，講義を聞いています。

ワークシート

Sub-Saharan Africa = Africa south of the Sahara Desert

⇒ the most important market in the future

○ **Factor 1：Population**

【the area's population】

At present: × ________ = By 2070 [25]

Expectation as：Consumer / low cost labor force

○ **Factor 2：Resources**

Country	**Political situation:** ① **stable or** ② **unstable**		**Main resource:** ③ **agriculture,** ④ **cobalt ore or** ⑤ **oil**
Nigeria	[26]	→	[27]
Democratic Republic of the Congo	[28]	→	[29]
Ethiopia	[30]	→	[31]

問1 (a) ワークシートの空欄 [25] にあてはめるのに最も適切なものを，六つの選択肢(①～⑥)のうちから一つ選びなさい。

① about 333,000 people　② about 333,000,000 people
③ about 1,000,000 people　④ about 1,000,000,000 people
⑤ about 3,000,000 people　⑥ about 3,000,000,000 people

問1 (b) ワークシートの表の空欄 [26] ～ [31] にあてはめるのに最も適切なものを，五つの選択肢(①～⑤)のうちから一つずつ選びなさい。選択肢は2回以上使ってもかまいません。

① stable　② unstable　③ agriculture
④ cobalt ore　⑤ oil

問1 (c) 講義の内容と一致するものはどれか。最も適切なものを，四つの選択肢(①～④)のうちから一つ選びなさい。[32]

① Sub-Saharan Africa is sure to interest investors all over the world before long.
② The growing population appeals to businesspersons as a potential market.
③ It is necessary for each country in Sub-Saharan Africa to develop new resources.
④ The improvement of political systems in Sub-Saharan Africa is a global requirement.

CD❶-47

問2 講義の続きを聞き，下の図から読み取れる情報と講義全体の内容から，サブサハラアフリカについてどのようなことが言えるか，最も適切なものを，四つの選択肢(①～④)のうちから一つ選びなさい。[33]

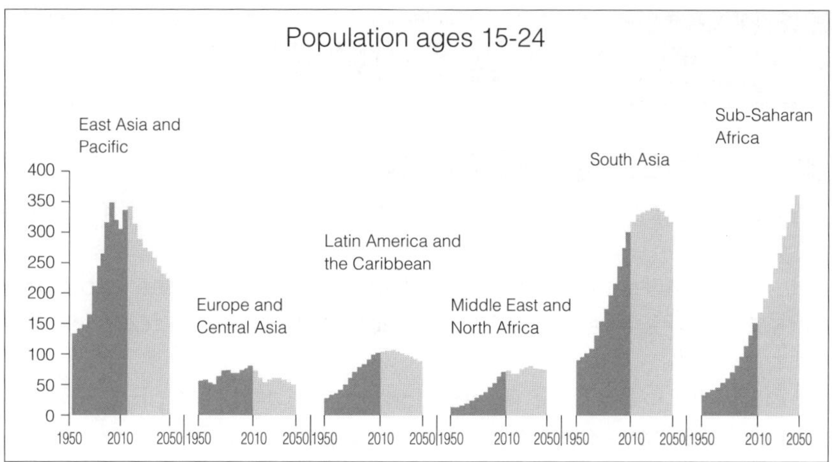

① The region is economically attractive because its labor force is not only cheap but also young.

② It's time to prepare for the coming aging global society.

③ It is expected that educated young politician will run each country.

④ At present, investors focus on its resources because of the shortage of young workers.

これで第５問は終わりです。

第5問　解答＆攻略法

正確に，速く解くには？

「状況」，「ワークシート」から得られる情報で耳を傾けるべきポイントを整理しましょう。

まず，「サブサハラとは何か」が提示されて，the most important market in the future とされる要因（Factor）が続けて語られるという流れですね。

その要因の１つが「人口（Population）」です。現在（At present）から2070年への変化がポイントのようです。

それは計算式で表されていますから，**現在の数値とそれが何倍になるか**が読み上げられるということです。

問題をチェックすると，問１(a)がそれに該当する問題で，選択肢に桁の多い数字が並んでいますから，thousand（千），million（百万），billion（十億）あたりが絡んだ数字が読み上げられるものと見当がつけられます。

また，期待（Expectation）されているのは消費者（Consumer）や低賃金の労働力（low cost labor force）ということも読み取れますね。これに絡んだ理解が問１(c)の検討に役立ちそうです。

２つ目の要因は「資源（Resources）」です。表になっているので聞くべきポイントははっきりしています。

３つの国（Nigeria，Democratic Republic of the Congo，Ethiopia）について，それぞれ政局（Political situation）が安定しているかどうか（stable or unstable），主な資源（Main resource）は何なのか，ということですね。資源は具体的に agriculture，cobalt ore，oil と提示されていますから，ハードルは低いと考えていいでしょう。

問２では，若年層の人口動態を表すグラフがエリアごとに提示されています。グラフを見て，**サブサハラアフリカだけに見られる特徴は何か**をキャッチできれば，人口に関連した内容なので，先に触れられた**１つ目の要因**と関係がありそうですね。

CD❶-46

問 1 【放送内容】

Have you ever heard of Sub-Saharan Africa? It represents the area of the continent of Africa that lies south of the Sahara Desert, which consists of forty-six countries according to the United Nations. It may be unfamiliar to ordinary people, but in the world of business, Sub-Saharan Africa receives a lot of attention as one of the most important markets in the future.

What attracts businesspeople to this region? There are two factors. One is that an explosive increase in the population is forecast. **By 2070, the area's population is expected to be three times as large as the current one billion.** This suggests it **could become a big consumer market.** Moreover, since the cost of labor there is low, its labor force is attractive for foreign manufacturers.

The other factor is the enormous potential for developing its resources. This possibility has long been recognized, but problems like unstable political environments had prevented it from becoming an investment target and a trade partner. For example, **Nigeria is the largest oil producer in Sub-Saharan Africa. The Democratic Republic of the Congo is known as the world's largest producer of cobalt ore.** But **the political landscape of these two countries tended to change regularly**, so investors regarded them as high-risk.

However, those situations have gradually improved. Therefore, we can expect the region's economy to flourish in the future. For example, **Ethiopia, which has been governed steadily** since the beginning of the 21st century, shows the fastest economic growth in the region, mainly because of **its agricultural resources**. Therefore, businesspeople are dreaming of most of Sub-Saharan Africa becoming a major market by reforming its business environment.

☐ billion「10 億」 ☐ manufacturer「製造業者」
☐ enormous「莫大な」 ☐ potential「可能性，資質」
☐ investment「投資」 ☐ producer「産出国，生産者」
☐ cobalt「コバルト」 ☐ ore「鉱石」

〈訳〉あなたは今までにサブサハラアフリカのことを聞いたことがありますか。それはサハラ砂漠の南にあり，国際連合によると 46 か国からなるアフリカ大陸の地域を表します。一般の人になじみはないかもしれませんが，ビジネスの世界でサブサハラアフリカは将来の最も重要な市場の 1 つとして大きな注目を受けています。

何がこの地域へと実業家たちを引きつけるのか。要因は 2 つあります。1 つは人口が爆発的に増加すると予測されていることです。**2070 年までにはこの地域の人口は現在の 10 億人から 3 倍になると見込まれているのです**。このことは**大きな消費者市場になり得る**ことを示唆しています。さらには，その地域における労働コストが低いため，その労働力が外国の製造業者にとっては魅力的なのです。

もう 1 つの要因は資源開発の莫大な潜在力です。この可能性は長く認識されてきていますが，不安定な政局などの問題が投資対象や貿易相手となることを妨げてきました。例えば，**ナイジェリアはサブサハラアフリカ最大の産油国です**。**コンゴ民主共和国は世界最大のコバルト鉱石の産出国として知られています**。しかし，**この 2 国の政局はことあるごとに変わる傾向があり**，そのため投資家たちはこれらを危険性が高いとみなしていました。

しかしながら，そのような状況は次第に改善されてきました。したがって，この地域の経済は将来繁栄すると期待できます。例えば 21 世紀に入ってからは，**堅実に統治されているエチオピア**は，**農業資源**を主として地域で最速の経済成長を示しています。したがって，実業家はビジネス環境を改善することでサブサハラアフリカのほとんどが大市場となることを夢見ているのです。

〈選択肢の訳〉

(a) ① 約 33 万 3000 人 ② 約 3 億 3300 万人
③ 約 100 万人 ④ 約 10 億人
⑤ 約 300 万人 ⑥ 約 30 億人

(b) ① 安定した ② 不安定な
③ 農業 ④ コバルト鉱石

⑤ 石油

(c) ① サブサハラアフリカはきっと近いうちに世界中の投資家たちの関心を引く。

② 人口が伸びることは実業家たちにとって潜在市場として魅力的だ。

③ サブサハラアフリカの各国にとって新資源を開発することが必要だ。

④ サブサハラアフリカにおける政治システムの改善は世界的な要望だ。

正解 (a) 25 ⑥
(b) 26 ② 27 ⑤ 28 ② 29 ④ 30 ① 31 ③
(c) 32 ②

ここがカンジン！

問 1 (a) 25 を含むブロックは，**the area's population** について述べられている箇所ですね。現在（At present）から 2070 年への変化が述べられると予想されます。第 2 段落に入って population についての言及が始まりますから，関連するワードをキャッチすべく待ち構えましょう。

第 4 文の **By 2070, the area's population is expected to be three times as large as the current one billion.** が押さえられましたか。

three times as large as ～は「～の 3 倍」の意味。この「～」に当たる **the current one billion** は「現在の 10 億」という意味です。

ワークシートにある **At present** は，この **current**「今の」を言い換えたものだったんですね。つまり，2070 年までにその地域の人口は 10 億 × 3 = 30 億になるということで，正解は⑥です。

たとえ billion の意味がわからなくても，アフリカの 40 数か国を有するエリアの総人口が million の単位で済むとは常識的に考えられないので，①，③，⑤を除くことはできるはずです。あとは three times as large as が把握できていれば，⑥を選ぶことはそう難しくはないでしょう。

問 1 (b) The other factor から始まる第 3 段落では，当然 **Resources** について述べられることになります。3 つの国名 Nigeria，Democratic Republic of the Congo，Ethiopia はしっかり頭に入れておきましょう。

はっきり聞き取れなくても，雰囲気で察することができれば十分です。あとはそれらの国が安定しているかどうか（**stable or unstable**），主な資源は

agriculture, cobalt ore, oil のどれなのかですね。

Nigeria が出てくるのは第3文です。**Nigeria is the largest oil producer ...** とあるのでワークシートの 27 にすぐ⑤とメモしましょう。

さらにその次の文では, **The Democratic Republic of the Congo is known as the world's largest producer of cobalt ore.** とあるので, 29 にはすぐ④とメモします。

そして, さらにその次の文では, **the political landscape of these two countries tended to change regularly** とあります。tended to change は「変化しがちだった」の意味で, unstable の言い換えと言えますから, 26 , 28 にはそれぞれ②とメモしましょう。

第4段落では However で話の展開が変わり, 第3文で **Ethiopia** について言及されます。その文では **has been governed steadily**「堅実に統治されている」とあり, これは stable の言い換えと言えますね。

また, 同じ文で, 経済的な成長の要因に **its agricultural resource** が挙げられています。したがって, 30 には①, 31 には③をメモします。

問1(c) 選択肢の内容から, **サブサハラアフリカの魅力の本質が把握できているかどうか**が問われています。サブサハラアフリカの「人口」,「資源」がなぜ注目されているかは英文全体のテーマです。

まず, 第2段落1文目で **What attracts businesspeople to this region?** と, これからサブサハラアフリカの魅力について述べることを示唆し, 3文目, 4文目で人口増大の見込みを説明した上で, 第5文, その内容を受けた This を主語に, This suggests it **could become a big consumer market.** と述べています。

つまり, **人口増大は大きな消費者市場としての可能性を示し, それが魅力であるということ**です。この内容は② The growing population **appeals to businesspersons** as **a potential market.** と一致していますね。赤字部分は言い換え表現なので, よく見比べてみましょう。

リスニングのコツ!

本文では2回 **for example**［ファイグザンポッ］が出てきます。これは,「これから具体的に話を述べますよ」というサインですから, 気を引き締めて次に耳を傾けましょう。

その前の内容があやふやな理解だったとしても, もう一度理解するチャンスがあるということです。具体例や, かみ砕いた説明を聞くことで, それまで不透明だったところがスッと理解できたりすることもあります。
for instance も同じ意味で用いられます

CD❶-47

問2 【放送内容】

Here, I'd like to show graphs to illustrate the first factor I mentioned earlier. These are predictions of changes in population for people between 15 and 24 years of age for several regions. We can see Sub-Saharan Africa has a different trend than the others.

〈訳〉ここで，先ほど触れた1つ目の要因を説明するために，グラフをお見せしたいと思います。これらはいくつかの地域における15歳から24歳までの人口の動態予測です。サブサハラアフリカは，他の地域に比べて異なる傾向があるのがわかります。

〈選択肢の訳〉

① その地域は労働力が安価なだけでなく若いので，経済的に魅力だ。
② 来たるべき高齢化する国際社会に向けて準備をするときだ。
③ 教育を受けた若い政治家たちがそれぞれの国を運営することが期待される。
④ 現在，投資家たちは若い働き手が足りないことを理由に資源へ注目を寄せている。

正解 ①

ここがカンジン！

グラフでは，「東アジアと太平洋沿岸地域」，「ヨーロッパと中央アジア」，「中南米諸国とカリブ諸島」，「中東・北アフリカ」，「南アジア」，「サブサハラアフリカ」の6つの地域における15～24歳の人口が比較されています。

グラフを比較して顕著なのは，**サブサハラアフリカにおける対象人口の伸び率**で，**唯一下降傾向を見せていない**こと。また，「人口」が切り口で問1と関連するわけですから，「**労働力**」を思い浮かべてくださいね。

問1の英文の第2段落では，労働力の安さが外国の製造業者に魅力的な旨が述べられています。そして，問2のグラフでは，15～24歳の若い年齢層がずっと増え続けることを示していますから，「安くて若い労働力が魅力」とする①の内容が適していますね。

全体として，②のように何かに対して準備する（prepare for）ことや，③

のように教育に関する言及は一切ありませんから，両方とも不適切です。

④については，グラフから読み取れる内容と一致する部分がありますが，investors と関連させた言及はされていないため，こちらも不適切です。

リスニングのコツ！

〔第 3 文〕

We can see Sub-Saharan Africa has a different trend than the others.

● ● ● ● ● ● ● ● ●

➡ has a different trend than the others ⇒［ヘザディファラントレン ダンディアダーズ］

than，others の [th] は［ザ］ではなく［ダ］に近く聞こえます。others の前の the も通常［ダ］のように聞こえますが，ここでは母音の前に置かれているので，［ディ］のように聞こえます。

〔例〕（通常）the beginning［ダビギニン］

（母音の前）the end［ディエン］

得点率 90 %Get!

リスニングでも，ディスコースマーカーは積極的に利用しよう！

ディスコースマーカーは長文読解に有効な道しるべですが，リスニングでも，文脈の把握や文章の展開を推測するために，積極的に利用していきましょう。

問 1 の**リスニングのコツ！**で挙げた for example も，ディスコースマーカーの 1 つですね。

ここでは，「対比」を表すディスコースマーカーを再度確認しておきましょう。ディスコースマーカーに関しての講義（p.111）も再度確認しておいてくださいね。

【対比を表すディスコースマーカー】

However「しかしながら」，On the other hand / ～ , while「その一方で」，Nevertheless / Nonetheless「それにもかかわらず」など

これらは，接続詞 but と同様，今までの内容とは対照的な話をするときのサインです。

それまでの内容が理解できていれば，予測を立てながら聞くことができますし，逆に，これまでの内容の理解が不確かだった場合には，これらのディスコースマーカー以降の内容が理解できれば，その不確かだった部分の理解の助けになります。

PART Ⅳ

第8回　第6問Aの予想問題
2人の対話を聞いて質問に答える問題

CD❶-48

第6問A

第６問Ａは問１・問２の２問です。二人の対話を聞き，それぞれの問いの答えとして最も適切なものを，四つの選択肢（①～④）のうちから一つずつ選びなさい。（問いの英文は書かれています。）1回流します。

状況
二人の大学生が，電子書籍（e-book）について話しています。

問1　What is Rick's main point?　[34]

① E-books are convenient in spite of having a few disadvantages.
② E-books attract him because they don't require storage space.
③ E-books will surely replace paper books before long.
④ It is difficult to find books that he wants to read in e-book format.

問2　What is Mika's main point?　[35]

① Bookstores will have to sell something other than books.
② In bookstores, you can unexpectedly come across good books.
③ It is natural a lot of people have difficulty using e-books.
④ Reading on smartphones is harmful for people's eyes.

これで第６問Ａは終わりです。

第6問A 解答＆攻略法

正確に，速く解くには？

テーマは「電子書籍（e-book）」です。問1，問2の選択肢を読むと，電子書籍とは対照的なワード paper books，bookstores があり，さらに物の評価に関連がありそうなワード convenient，disadvantage，difficulty，harmful などを見つけられますね。

ここから推察すると，**電子書籍と他の媒体の比較**，特にその**メリット・デメリット**が二人の会話のポイントになりそうです。**この時点で電子書籍に対する個人的な知識・見解があれば，それを振り返っておきましょう**。ミカとリックの電子書籍に対する立場はミカの２つ目の発言ではっきりします。

ミカは you use e-books? と述べて，リックが電子書籍ユーザーであることを確認し，I still love paper books. Aren't they hard to use? と，自分は電子書籍を扱ったことがないことを示唆しています。

以降は，この「**リック＝電子書籍ユーザー**」，「**ミカ＝非電子書籍ユーザー**」という構図に従って音声を聞いていきましょう。

CD❶-48

問1・問2 【放送内容】

Mika: Hi, Rick. What are you searching for on your smartphone?
Rick: Hi, Mika. I'm reading a book.
Mika: Oh, you use e-books? Hmm, it's not that I'm not interested in them ..., but I still love paper books. Aren't they hard to use?
Rick: Not at all. I've never felt they're inconvenient. Above all, **I'm glad that e-books don't take up physical space**.
Mika: Oh, I see. But for me, a bookshelf filled with my favorite books is a kind of interior decoration.
Rick: Ha, ha, I understand your feelings, but someday the time will come when your bookshelf can't hold any more books.
Mika: Yeah, that's a problem. But there is another reason I don't feel like reading e-books. I love to find books which are likely to match my taste while wandering in bookstores.

Rick: Uh-huh. I never do that, because I'm only interested in books which are popular or much talked about.
Mika: Well, they're a **safe choice**. But **risky choices sometimes give big surprises**. I enjoy it.

□ Not at all.「まったくそんなことはありません」
□ inconvenient「不便だ」 □ above all「とりわけ」
□ take up「(場所など) を占める」 □ interior「室内の，内部の」
□ decoration「装飾」 □ wander「ぶらぶらする」 □ risky「危険な」

〈訳〉 ミカ：こんにちは，リック。スマホで何を調べているの？
リック：やあ，ミカ。本を読んでいるんだよ。
ミカ：あら，あなた，電子書籍を利用しているの？ ふーん，私も興味がないわけじゃないけど……，でもやっぱり私は紙の本が好きだわ。電子書籍の利用は難しくないの？
リック：全然。不便に感じたことは一度もないよ。何といっても，**電子書籍は物理的なスペースを取らないのがいいね。**
ミカ：ああ，なるほどね。でも私には愛読書で埋まった本棚は一種のインテリアなのよね。
リック：ははは，君の気持ちはわかるよ。でもいつかはもうこれ以上本が棚に収まらないって時が来るよ。
ミカ：ええ。それが問題ね。ただ私が電子書籍を読む気になれない理由は他にもあるの。書店の中をうろうろして，好みに合いそうな本を見つけるのがたまらないのよ。
リック：なるほどね。僕は絶対にしないことだね。人気があるか，話題になっている本にしか興味がないから。
ミカ：うーん，**無難な選択**ね。でも**冒険的な選択**が思いもよらない贈りものをくれることもあるのよ。私はそれが楽しいの。

〈問・選択肢の訳〉

問 1：リックの主な論点は何ですか。

① 電子書籍は少しの欠点があるものの便利である。
② 電子書籍は収納スペースを必要としないので彼には魅力的だ。
③ 電子書籍は近いうちにきっと紙の本に取って代わるだろう。
④ 電子書籍の形式だと読みたい本を見つけるのが難しい。

問 2：ミカの主な論点は何ですか。

① 書店は本以外の何かを売らなければならないだろう。
② 書店では思いがけず良い本と巡り合うことがあり得る。
③ 多くの人にとって電子書籍の使用が困難なのは当然だ。
④ スマートフォンで読書をするのは人の目に害を及ぼす。

正解 問１ ② 問２ ②

ここがカンジン！

問１ リックの２番目の発言から，**I'm glad that e-books don't take up physical space** を把握できれば正解は難しくないでしょう。

結論から言うと，②が正解です。**don't take up physical space**「**物理的なスペースを取らない**」を，**don't require storage space**「**収納スペースを必要としない**」と言い換えているんですね。

storage の意味がわからないなど不確かな場合は，選択肢を一つひとつ検討して，消去法で選びましょう。

リックはミカから，電子書籍について「利用は難しくないの？」と聞かれ，「全然（難しくない)」（リックの２番目の発言）と答えてます。

「少しの欠点はある」とする①は不適切ですね。③については会話の中でまったく言及されていません。ミカは４つ目の発言で，書店の中を回りながら気になる本を見つけるのが好きだという趣旨を述べています。これは電子書籍ではできないことという印象を与えますが，④のような内容が実際に述べられたわけではありません。したがって，④も不適切です。

問２ ミカの最後の発言にある **safe choice**「安全な選択」，**risky choice**「冒険的な選択」が何を指しているかをつかめるかがカギ。それがわかれば，選択肢の中から，**risky choices sometimes give big surprises** の言い換え表現を見つけられるはずです

リックは最後の発言で，人気がある（popular）か，話題になっている（much talked about）本にしか興味がないと言っています。

ミカはそれを「安全（＝無難）な選択」と言ってますね。それに対して，「冒険的な選択」とは評判に左右されない選択，具体的には書店で好みに合いそうな本を見つける（ミカの４つ目の発言）ことを指しています。

つまり，その本が当たりかもしれないし，はずれかもしれないことを，risky と表現しているんですね。そしてそれが「思いもよらない贈りものをくれることもある」と言っています。これらの内容を言い換えているのが②ですね。

リスニングのコツ！

〔ミカの２つ目の発言〕

➡ it's not that I'm not interested in them ⇒［イッツナッ ダライムナッティンタレスティディンデム］

〈it's not that＋否定文〉は「～でないというわけではない」という二重否定の表現。本文中ではわからなくても解答に影響はない。

〔リックの２つ目の発言〕

➡ Not at all. ⇒［ナラロゥ］のように聞こえる。

会話では「どういたしまして」の意味でもよく使われる表現なので，慣れておきましょう。

得点率90%Get!

聞き取れなかった語句は，真似して口に出す習慣をつけよう！

問題演習で聞き取れなかった部分については，英文で確認したり，**リスニングのコツ！**で理解を深めたりしてくれていることと思います。

中には，文字で見たら難しくもなんともない箇所を，何度も聞き逃してしまったというケースもあったのではないでしょうか。それは，発音のルール・パターンを頭では理解しているものの，自分の中で実感できていないのが原因です。

ではどうやって発音のルール・パターンを実感するか。それは，自分で口に出してみることです。例えば，[ハータ] のように聞こえた語句が hard to だとわかったら，[ハード トゥ] から始めて徐々に詰めて発音し，[ハータ] に持っていく。[ナラロゥ]と聞こえたものが not at all であったとわかったら，[ナット アット オール] から始めて徐々に詰めて [ナラロゥ] に持っていく。

このように，自分の口で英語の発音の感覚を実感することで，皆さんのリスニング力は着実にアップしていくはずです。

PART Ⅳ

第9回 第6問Bの予想問題

4人の対話を聞いて質問に答える問題

CD❶-49

第6問B

第6問Bは問1・問2の2問です。英語を聞き，それぞれの問いの答えとして最も適切なものを，選択肢のうちから選びなさい。1回流します。

状況

Mr. Brownが，幼児を育てる家庭を対象に読書を推奨する講演をした後，質疑応答の時間がとられています。司会（moderator）が聴衆からの質問を受け付けています。MarthaとEddyが発言します。

問1 四人のうち，読書をする際に紙の本への依存が高いと思われる人を，四つの選択肢（①～④）のうちから二つ選びなさい。 36

① Eddy

② Martha

③ Moderator

④ Mr. Brown

問2 質疑応答の内容を象徴する図を，四つの選択肢（①～④）のうちから一つ選びなさい。 37

①

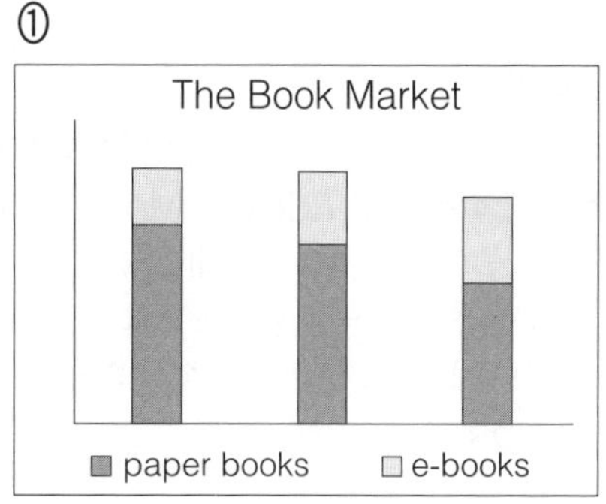

②

What are junior high school students reading?

	Paper books	E-books
1	Novels	Comic books
2	Comic books	Novels
3	Hobby books	Magazines
4	Magazines	Hobby books
5	Nonfiction	How-to books

③

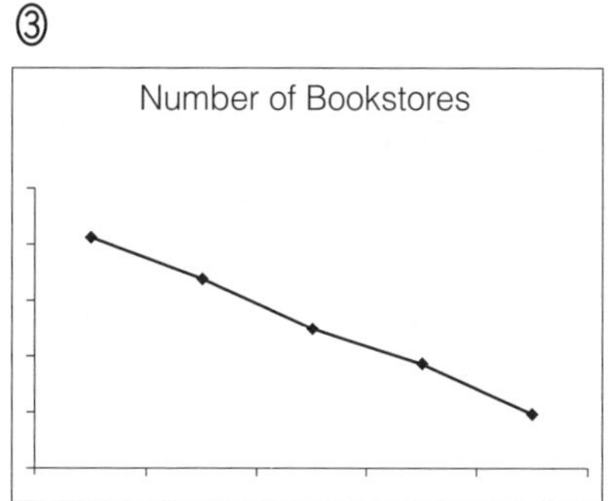

④

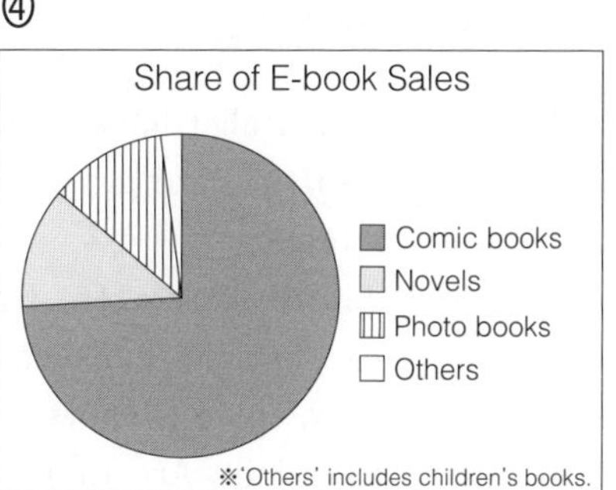

これで第6問Bは終わりです。

第6問B　解答＆攻略法

正確に，速く解くには？

まず，問題冊子に提示された「状況」から，**講演者 Mr. Brown（質問を受ける人），司会 moderator（質疑応答を進行する人），Eddy と Martha（質問をする人）という話者４人の関係性**を認識した上で，音声を聞きましょう。

また問１の設問に「**紙の本への依存**」というキーワードも出てきます。第６問Ａ（第８回）との関連性もふまえ，その対となる存在として「**電子書籍（e-book）**」への言及も予想しておきましょう。

CD❶-49

問１・問２　【放送内容】

Mr. Brown: That's all I have to say about the importance of reading habits among younger people. Thank you for your attention.

Moderator: Thank you, Mr. Brown. I was impressed by your expression 'books are our guide for the journey of life.' Now, could we have a question and answer session?

Mr. Brown: Certainly. Are there any questions? Yes, you ..., ah, the lady in yellow.

Martha: Hi, I'm Martha. You said e-books are also okay for children. Which should children read, e-books or paper books? So far, **I don't feel like letting my kids use digital devices**.

Moderator: **Adults who are used to reading paper books may feel uncertain about e-books. Me too.** Mr. Brown?

Mr. Brown: Hmm, you don't have to worry about e-books. There is no evidence they are harmful for children.

Martha: I see. I believe Mr. Brown, but **I will try them myself first**.

Moderator: Right. Anyone else ...?

Eddy: May I ask a question?

Moderator: Of course, please.

Eddy: Thanks, I'm Eddy. I wonder if the number of children who read e-books won't increase.

Moderator: Why, Eddy?

Eddy: Actually, **my six-year-old daughter sometimes enjoys reading with me on my PC**. However, **there aren't enough children's e-books available**. That can prevent children from developing the habit of reading e-books. Am I wrong?

Mr. Brown: Uh-huh, **it's absolutely true there are fewer e-books for children than for adults and teenagers at present**, but I think it's not important so far. **We don't have to choose one way to read books.** Children should be encouraged to read a range of different formats: paper books, e-books, comics and magazines.

Moderator: Now, the next will be the last question.

☐ That's all ＋関係詞節「～はこれだけだ［ここまでだ］」
☐ journey「旅，旅路」 ☐ digital device「デジタル機器」
☐ uncertain「不確かな」 ☐ evidence「証拠」
☐ harmful「害をおよぼす」 ☐ wonder ＋ if 節「～かしらと思う」
☐ teenager「10代の男の子［女の子］」（厳密には13歳から19歳まで）
☐ so far「今までのところ」
☐ encourage ～ to *do*「～に…するように勧める」

〈訳〉ブラウン先生：若年層における読書習慣の重要性についての私の話は以上です。ご清聴ありがとうございました。

司会：ブラウン先生，ありがとうございました。先生の表現「本は人生という旅への指針である」は印象深かったです。それでは質疑応答に移ってもよろしいでしょうか。

ブラウン先生：もちろん。何かご質問はありますか。はい，あなた……，ええと黄色の服を着たご婦人。

マーサ：こんにちは，マーサといいます。先生は，電子書籍は子どもにも大丈夫とおっしゃいました。子どもは電子書籍と紙の本では，どちらの本を読むべきでしょうか。今のところ，私は自分の子どもに電子機器を使わせる気にならないのですが。

司会：紙の本を読むことに慣れた大人は電子書籍を懐疑的に感じるのかもしれませんね。私もそうです。ブラウン先生，いかがですか。

ブラウン先生：ふむ。電子書籍についてご心配することはありません。子どもに害を及ぼす証拠はどこにもありません。

マーサ：そうですか。ブラウン先生を信じます。でもまず自分で試してみますね。

司会：結構。他にどなたか……。

エディ：質問よろしいですか。

司会：もちろん。どうぞ。

エディ：ありがとうございます，エディといいます。私は電子書籍を読む子どもの数は伸びないのではと思っています。

司会：エディさん，それはどうしてですか。

エディ：私の6歳になる娘は，実際，私のパソコンでときどき一緒に読書を楽しんでいます。しかしながら，子ども用の電子書籍は十分に流通していないんです。このことは，子どもが電子書籍の読書習慣を育むのを阻害しかねません。間違っていますか。

ブラウン先生：そうですね。まさしくおっしゃるとおりで，子ども用の電子書籍は現状では，大人や10代用に比べて少ないです。ですが，私が思うにそのことは今のところ重要ではありません。本をどう読むかを1つに決める必要はないんです。子どもたちは紙の本，電子書籍，マンガ，雑誌など幅広くばらばらの形態の読書を奨励されるべきです。

司会：さあ，次が最後の質問です。

〈選択肢の訳〉

問1 ① エディ　② マーサ　③ 司会者　④ ブラウン先生

問2 ① （図）本の市場

② （図）中学生はどんなものを読んでいるか。

③ （図）書店の数

④ （図）電子書籍のジャンル別シェア

正解 問1 ②，③　問2 ④

ここがカンジン！

問1　会話の軸は講演者であるMr. Brownにありますから，Mr. Brownとのやりとりを中心に，他の3人の立場・考えを把握すると整理がしやすいですね。

設問に沿った話題として**paper book**，そして，それと対照的な存在**e-book**あたりは，キーワードとして予想しながら放送を聞きましょう。

会話の中心ブラウン先生（④）は，4つ目の発言で**We don't have to choose one way to read books.**と言っていますから，紙の本に依存しているとは言えませんね。

また，エディ（①）は3つ目の発言で，**my six-year-old daughter sometimes enjoys reading with me on my PC**と言っているため，電子書籍を利用する習慣があることがわかりますね。だから紙の本に依存はしていません。

一方，マーサ（②）は1つ目の発言で，**I don't feel like letting my kids use digital devices**と，子どもに電子機器を使わせることの不安を述べ，ブラウン先生の説明に納得するものの，**I will try them myself first**と付け加えています。

ここからわかることは，**現時点でマーサ自身も電子機器を扱ったことがない**ということなので，紙の本に依存している人物に数えられます。

そして司会者（③）は，マーサが子どもに電子機器を使わせることの不安を述べた発言に共感して，**Adults who are used to reading paper books may feel uncertain about e-books. Me too.**と述べ，大人としての立場で電子書籍への不安を表明していますから，やはり紙の本への依存がうかがえますね。したがって，②と③が正解です。

問2　グラフはそれぞれ「**本の市場**」，「**中学生の読書の実態**」，「**書店の数**」，「**電子書籍におけるシェア**」についてのもの。英文の概略が理解できていれば，誤りの選択肢は消去しやすいはずです。

ブラウン先生とエディのやりとりを整理してみましょう。エディは2つ目の発言でI wonder if the number of children who read e-books won't increase.と述べ，次の発言で，**there aren't enough children's e-books available**と，そう思う理由を述べています。

ブラウン先生はそれに対して，**it's absolutely true there are fewer e-books for children than for adults and teenagers at present**と全面的に同意しています。

このことは，電子書籍の中で子ども向けの書籍のシェアがあまりないことを表す④のグラフと一致しますね。

会話の開始直後に若者の読書についても触れられたので，②に気を取られた人もいたかもしれませんが，特に中学生という形では話題になっていませんでしたね。

①「本の市場」や③「書店の数」については話題に上がっていません。

リスニングのコツ！

〔ブラウン先生の４つ目の発言〕

Children should be encouraged to read a range of different formats: paper books (↗), e-books (↗), comics (↗) and magazines (↘),

➡ should be ⇒［シュッビ］，encouraged to ⇒［エンカレッジタ］，range of different formats ⇒［レンジアディファランフォーマッツ］

得点率 90 %Get!

リスニングでは度胸と冷静さが大事。聞き逃しや意味がわからない単語にくよくよするのは STOP ！

リスニング問題（特に第４問～第６問）は，リーディングと違って後戻りができません。聞き逃したり，意味がわからない単語にぶつかったりしてそこに気を取られているうちに話はどんどん進み，理解できていたはずの内容をスルーしてしまうなんてこともありがちです。だから，そのようなことは気にせず先のことに集中する度胸と冷静さが大事なんです。

冷静でいれば，その先に救いが待っていることもあります。前にもお話ししましたが，ディスコースマーカーが出てきたことで，わかっていなかった内容を後から推察できることもあります。

また，例えば上の**リスニングのコツ！**で取り上げた英文，a range of different formats「幅広くばらばらの形態」という表現を，すんなり聞きとって意味を把握することは難しかったと思います。でも，すぐその後で具体例が４つ続くので，「あー，これらを表した表現だったんだな」とわかりますよね。

あわてず冷静でいることは，得になることはあれど損になることはないということは覚えておいてくださいね。

PART V
速効耳トレ

第１回　①対話の聞き取りのコツ
②数字の聞き取りのコツ
③イントネーションの要領

第２回　④発言の裏の意図をつかむ
⑤言い換え表現をキャッチ!

第３回　⑥「推測と軌道修正」のコツ
⑦細部を聞き取るコツ

第４回　音の七変化：①消失 ／ ②弱化

第５回　音の七変化：③短縮 ／ ④連結

第６回　音の七変化：⑤脱落 ／ ⑥同化 ／ ⑦フラップ（弾音）

PART Ⅴ

第1回　速効耳トレ(1)

①対話の聞き取りのコツ　②数字の聞き取りのコツ　③イントネーションの要領

PART Ⅰ～Ⅳでは，共通テスト英語とはどのようなものか，予想問題も解きながら，出題形式やレベル，またその対策を確認してもらいました。

最終章のPART Ⅴでは，「速効耳トレ」というテーマで，みなさんに**短時間でリスニング力を飛躍的に高める実戦的な知識**を授けたいと思います。

これらの知識をマスターできているのとそうでないのとでは，共通テストリスニングのスコアに大きな差が出てきます。効果的なトレーニングを交えながら，この速効薬をぜひ自分のものにしてください。

①対話の聞き取りのコツ

リスニングでは，後ろから前に戻って英文の意味を確認することはできませんね。

そこで，聞こえてくる情報を自分の経験と照らし合わせながら，**記憶しやすい自分なりの言葉や表現に置き換えていく**――そのようにして，**聞こえてくる順に情報を蓄積していくことが自然にできるようになる。** これが**リスニングの集中力**というものです。

そうすれば問題を解く段になって，頭の中から必要な情報をスムーズに検索できるわけです。

論理的な英文とは異なり，**「会話」や「対話」には特有の聞き取りのルール**というものがあります。ここで，対話英語に関するそのような知識を整理しておきましょう。これをひととおり心得ておくと，会話の聞き取りがずいぶん楽になりますよ。

対話文の特徴：その1

平叙文のまま文末を尻上りに発音すれば疑問文になる。

① You mean I am wearing the yukata inside out (↑)?

「私がゆかたを裏がえしに着ているということですか」

＊ You mean の前に Do が省略されている。

② You lost your wallet (↑)?　(＝Did you lose your wallet?)

「財布をなくしたの？」

CD ❷ - 2

対話文の特徴：その 2

助動詞の過去形を使っておだやかで，ていねいな感じを出す。

① **Could** we meet for dinner?

「夕食をご一緒したいのですが」

② **I'd［=I would］like to** stop over in Kamakura on my way to Tokyo.

「東京へ行く途中で，鎌倉に泊まりたいのですが」

＊ stop over「(旅行先で)短期滞在する」

CD ❷ - 3

対話文の特徴：その 3

対話では相手に念を押したり，確認を取ることが多いので，付加疑問が多用される。

① Simon is coming soon, **isn't he** (↗)?

「サイモンはすぐに来るよね？」

② You are not going to swim very much today, **are you** (↗)?

「今日はそんなに泳がないのでしょう？ ね？」

CD ❷ - 4

対話文の特徴：その 4

いろいろな強調表現を用いることが多い。

① My son **does** like to ride a motorcycle.

「息子はオートバイに乗るのがほんとに好きだ」

＊ does を加えて like の意味を強める。このとき does は強く発音されます。

② I'm **terribly** tired.「ひどく疲れた」

＊ terribly, awfully, extremely などの強意の副詞がよく用いられる。

③ Can you answer the question **yourself**?

「質問に自分で答えられる？」

＊ yourself, myself などの再帰代名詞を用いて文意を強める。

④ I was waiting for you for **hours and hours**.

「何時間もあなたを待ってたのよ」

＊同じ語句を繰り返すことで強調する。

⑤ **Who knows** the fact (that) he died suddenly last week?

「彼が先週，急死するなんて，誰にわかる？（わかるわけないだろ）」

＊修辞疑問文(反語疑問文)で強調する。

対話文の特徴：その5

～ or something「～か何か」

～ or so「(数に関係して)～かそこら」

～ or somewhere「～かどこか」

など，厳密に言うことを避けて，少しあいまいなフレーズが多用される。

① I'd like to buy cookies **or something** for her.

「彼女にクッキーかなにか買いたいんです」

② I need ten days **or so** to finish this report.

「このレポートを終わらせるのに 10 日かそこらかかります」

③ Shall I put it on the shelf or somewhere?

「それを棚かどこかへ置きましょうか」

CD ❷ - 6

対話文の特徴：その6

文語文なら接続詞を用いて1文で言うところを対話文では2文で表現する。

I didn't go there. I didn't want to see him.

「そこに行かなかったの。彼と会いたくなかったから」

＊2文の間に because か for を入れれば1文になる。

CD ❷ - 7

対話文の特徴：その7

複文にしないで単文を並べた形にすることがある。

What places did you visit in Kyoto, can you remember?

「京都のどこに行ったの？ 覚えてる？」

＊複文にすれば，Can you remember what places you visited in Kyoto?

CD ❷ - 8

対話文の特徴：その8

間投詞が多く使われる。リスニングでこれにこだわると全体の流れをキャッチできなくなる。

Hmm.「ふ～ん」…返答に困って，少し時間かせぎで使う。

A： How about that?「それはどう？」
B： **Hmm...** I think it's kind of difficult.
「う～ん，ちょっと難しいね」

Oh? [ou]「おお？」 …ちょっとした驚きや関心を表す。

Oops! (Whoops!) [wups]「おっと」「あっ，いけない」

＊ちょっとした間違いを犯したり，うろたえたりした感じを表す表現。

A： **Oops!**「ああっ」
B： Hey! Watch out! You almost hit me.
「おい，気をつけろ。もうちょっとで当たってたじゃないか」

Ouch! (Oww!)「痛い！」…痛みを表す表現。

Gee! (Good God!) / **Gosh!**「へえっ～」「なるほど」「うへえ～」

＊注意を引くためのシグナル，困惑したときや驚いたときのうなずきの一種。

Wow!「わお～，わあ～」…驚きを表す。

Wow, that's amazing. I can't beleive that.
「うわあっ，すごい。信じられないわ」

Huh? [hə]「は？」

＊鼻にかかった音で，ちょっと理解しかねる，といった意味合い。

A： I'm so sorry I'm late!「本当にすみません，遅れました」
B： **Huh?** Again?「えっ？ またなの？」

Uh-huh. [アハ] [əhə́] 「うん」

＊ Yes と同じ意味。「いいよ」「聞いてるよ」といった肯定の意味合いや満足の意味を表す。[əhə́] は鼻にかかった音で話される。

A： You hear me?「僕の言ってること，わかる？」
B： **Uh-huh.** 「うん，わかるよ」
● ●

Uh-uh. ［ア ア］［ə́ ə］…同じ高さで鼻にかかった音で話される。

＊“No”の意味，不平・不同意の意味を表す。

A： Would you like more bread?「もっとパンいかがですか」
B： **Uh-uh**, no thanks.「ううん，もういいや」
● ●

Uh-oh. ［ア オウ］［ə́ ou］「あ〜あ」

＊何かまずいことが起こったときに使う。「やっちゃったあ」という意味。

Uh-oh, my toast burned again.「またトースト，こがしちゃった」
● ●

Ahh! ［アー］［ɑ:］

＊痛み・寒さ・緊張などの抑圧からの解放を表したり，リラックスした様子を表す。

Ahh! These flowers smell good!「ハアー！ この花いい香り！」

②数字の聞き取りのコツ

数字の聞き取りって意外と難しいものです。その理由は，

(1) 日本語でないと数字の実感がわかない。

(2) 日本語の単位の区切りと英語の単位の区切り方が異なる。

といったことがあげられるでしょう。

英語ではアラビア数字でコンマ(,)ごとに単位が変わるので書く場合には便利ですが，日本語の単位に換算するのがけっこう厄介なのです。放送された音声を条件反射的に頭の中で数字に変換する練習をしましょう。

数字・分数・小数の聞き取り

数字の聞き取りでは，まず，**区切りとなる千の位(thousand)，百万(million)，十億(billion)**を押さえておき，あと，それぞれ3ケタ，百・十・一の聞き取りに向かうというのがコツと言えます。

最初は難しく感じられるかもしれませんが，少しトレーニングを積めば，比較的速く慣れますよ。

CD ❷-9

(1) 単位の聞き取り

tên thóusand → 1万

a húndred thóusand → 10万

a míllion → 100万

a húndred míllion → 1億

a bíllion → 10億

CD ❷ -10

⑵ 3 桁の数字の聞き取り

376 は，thrée húndred and séventy-síx，もしくは thrée húndred séventy-síx というように，and を使わないときもあります。

CD ❷ -11

⑶ 4 桁の数字の聞き取り

5,839 ➔ fíve **thóusand** eíght **húndred** thírty-níne

＊ thousand や hundred といった単位には，複数でも s をつけないので注意しましょう。

CD ❷ -12

⑷ 足し算・引き算の聞き取り

足し算(addition)：4＋1＝5 ➔ 4 plus 1 equals 5.

引き算(subtraction)：6－2＝4 ➔ 6 minus 2 equals 4.

かけ算(multiplication)：3×5＝15 ➔ 3 times 5 equals 15.

わり算(division)：10÷2＝5 ➔ 10 divided by 2 equals 5.

＊ equals の代わりに is を使ってもよい。

CD ❷ -13

⑸ 13 と 30 のアクセントの違い

次のような数字は，聞き取りの際は紛らわしいのですが，アクセントの位置に注意すれば大丈夫です。たとえば，**thirteen** は［サーティーン］と，アクセントはあとにきますが，**thirty** は［サーティ］で前にきます。

fourtéen［フォーティーン］―― fórty［フォーティ］

fiftéen［フィフティーン］―― fífty［フィフティ］

seventéen［セヴンティーン］―― séventy［セヴンティ］

eightéen［エイティーン］―― eíghty［エイティ］

CD ❷ -14

⑹ 分数の聞き取り

日本語では，３分の１というように分母が先で分子があとに発音されますが，英語はその逆で，one-third といいます。

分子は基数(one, two, three, four, …)で，**分母は序数**(second, third, fourth, fifth, …)で表されます。

$\frac{1}{2}$ ➔ a half または one-half

$\frac{1}{3}$ ➔ a third または one-third

$\frac{2}{3}$ ➔ two-thirds

$\frac{1}{4}$ ➔ a (one) quarter, a fourth または one-fourth

$\frac{3}{4}$ ➔ three quarters または three-fourths

$4\frac{3}{5}$ ➔ four and three-fifths

CD ❷-15

⑺ 小数点の聞き取り

小数点の前の 0 は oh か zero と発音し，小数点以下の 0 は oh が一般的です。**小数点は point といいます。数字は基数**(one, two, three, four, …)**で１つずつ読まれる**ので，比較的聞き取りやすいといえます。

1.3 ➔ one point three　　2.09 ➔ two point oh nine

0.6 ➔ (zero) point six　　0.49 ➔ (zero) point four nine

西暦(年号)・時刻・電話番号の聞き取り

「西暦」「時刻」「電話番号」には英語独自の発音の仕方があります。以下の具体例で瞬時に聞き取れるようにしましょう。

CD ❷-16

⑴ 西暦(年号)(year)の聞き取り

西暦は 4 ケタの数字を 2 ケタずつ区切って発音されます。たとえば，1997 年は nineteen ninety-seven となります。ただし，西暦 2006 年は two thousand and six と言うので注意。

1974 ➔ ninetéen séventy fóur

1900 ➔ ninetéen húndred

1991 ➔ ninetéen nínety-óne

2000 ➔ twó thóusand

2001 ➔ twó thóusand and óne

CD ❷ -17

⑵ 時刻(time)の聞き取り

アナログ時計をタテ半分に割って，右半分は**past「〜分過ぎ」**，左半分は**to「…まで(〜分前)」**で表します。たとえば，3：05なら，five past three(3時5分過ぎ)で，2：55なら，five to three(3時まで5分〈前〉)となるわけです。

7：30 ➔ seven-thirty または half past seven

5：00 ➔ five (o'clock)

10：45 ➔ ten-forty-five または(a) quarter to eleven

9：15 ➔ nine-fifteen または(a) quarter past nine

CD ❷ -18

⑶ 電話番号(phone number)の聞き取り

811-027-134-9030

➔ eight, one, one, o [ou] (zero), two, seven, one, three, four, nine, o, three, o

このように数字を1つずつ言うのが原則。

4つ以上の数字が連続する番号は，2つずつまとめて2組にし，ちょっとポーズ(間)をおいて読まれます。たとえば，123-4567はone two three(間)four five(間)six seven と読みます。**電話番号の読み方にはほかにも慣用的な決まりがあるので，**ここで整理しておきましょう。

● 0(ゼロ)…oh 〈例〉203 ➔ two oh three

＊0を“zero”と読んでもかまいません。

● 00 … 〜hundred

〈例〉5100 ➔ five one hundred / fifty one hundred

● 000 … thousand　〈例〉8000 ➔ eight thousand

●同じ組に同じ数が2つ続く場合，“double～”ということがあります。

〈例〉5677 ➔ five six(間)double seven

CD ❷-19

⑷ 金額(price)の聞きとり

＄16.90 ➔ sixteen ninety

アメリカでのお金の言い表し方で注意しておきたいのは，**ドル($)やセント(¢)の単位を省略してしまう**ことです。たとえば，$3.99 は three dollars and ninety nine cents とはあまり言われず，ふつう **three ninety-nine** と言い，ドルとセントの間には短く pause(間)がとられます。

three ninety-nine dollars (×)とか three point ninety-nine dollars (×)という言い方は誤りです。

CD ❷-20

⑸ 日付(date)の聞き取り

日付の言い方には以下のように2通りあります。

12月1日 ➔ December (the) first または the first of December

1月4日 ➔ January (the) fourth または the fourth of January

CD ❷ -21

③イントネーションの要領

イントネーションのパターンを理解するには，

❶下がる(➘)　❷上がる(➚)　❸そのまま変わらず

という3つの変化が基本的にどのような意味を持つかを理解しておくことが大切です。

「下がる(➘)」調子は**statement**(主張を述べる文)**の文末**などで起こり，**「終わり」**を意味しています。

これに対して，**yes-noの疑問文**では，相手から答えを聞きだそうとするために，「上がり(➚)」ます。一方，**wh-疑問文**の場合は，文末が「下がり(➘)」ます。

しかし，これはあくまでも原則で，例外があります。たとえば，yes-no疑問文で，

Will you stop talking (➚)?

と上昇調で読めば「話すのをやめていただけますか」という意味ですが，

Will you stop talking (➘)?

と下降調で読むと，「いいかげんに話すのをやめなさい」といった強い命令文になります。

また，wh-で始まる疑問文でも，聞き手に**言外のニュアンスをこめて強く働きかけるとき**には上昇調(➚)をとります。たとえば，ふつうに，

What do you want (➘)?

と言うときには，「何が欲しいんですか」という単純な意味ですが，

What do you want (➚)?

と言えば，文字どおりの疑問の意味以上の感情・ニュアンスが言外に含まれます。つまり，「もうこれ以上何が欲しいんだ」，「これだけではい

けないのか」といった，いらだちや非難の意味がこめられたりして，無作法な言い方にもなります。

つまり，話し手は**イントネーションを「上げる」ことで，聞き手側に「文字通りの意味」以上の感情や意図を理解させようと働きかけている**と言えます。

以上の基本をふまえて，イントネーションのパターンをまとめておきます。

CD ❷ -22

⑴ クエスチョンマークがつかない文（肯定文・平叙文）

Excuse me (↘). 「すみません」 ＊これは謝罪。
Excuse me (↗). 「もう一度おしゃっていただけますか」
＊相手に問いかけている。

I beg your pardon (↘).「失礼しました」 ＊謝罪。
I beg your pardon (↗).「もう一度おっしゃっていただけますか」
＊相手への問いかけ。

CD ❷ -23

⑵ Yes/No で答える疑問文のイントネーション

Are you sure (↗)? 「大丈夫？ 確信ある？」
＊相手に Yes/No を求めるときは上昇調で。
Are you sure (↘)? 「それって本気なの？」
＊「本気でそんなことできると思ってるの？」と皮肉を込めて言う場合，下降調で。

〈Dialog〉

A： Do you like me (↗)? 「私のこと好き？」

＊ Yes/No を求める疑問文。

B： Excuse me (↗). 「なんだって？」

＊聞き逃がしたので問い返す。

A： Do you like me (↘)? 「だから私のこと好きかって聞いてんの」

＊いらだちや皮肉を表す。

CD ❷ -24

⑶ 疑問詞のついた疑問文のイントネーション

What did he say (↘)? 「彼はなんと言いましたか」

＊疑問詞で始まる文は下降調が原則。

What did he say (↗)? 「彼はなんて言ったんだって？」

＊今聞いたことを相手に繰り返してほしいときは上昇調で。驚きや皮肉がやや込められた言い方になります。

〈Dialog〉

A： Why don't you take a hike (↘)? 「出て行ってくれないか」

＊疑問文で始まる文は下降調で。

B： Sorry (↗)? Why don't you take a hike (↗)?

「なんですって？ 出て行ってくれないかですって」

＊皮肉や非難の気持ちを表す。

CD ❷-25

⑷ 付加疑問文のイントネーション

It doesn't matter, does it (↘)?「それでかまわないですよね？」

＊付加疑問文で，相手に同意を求めたり，念を押したりするときは下降調で。

It doesn't matter, does it (↗)?「それでかまわないのですか」

＊付加疑問文を上昇調で読むのは相手に答えを求めるとき。

CD ❷-26

⑸ 並列・列挙モードのイントネーション

Would you like coffee (↗) or tea (↘)?

「コーヒーと紅茶のどちらがよろしいですか」

＊二者択一を相手に迫るときは上げて下げる。

Would you like coffee (↗) or tea (↗)?

「コーヒーか紅茶か，なにかいかがですか」

＊コーヒーや紅茶以外の飲み物の可能性も問う。

I've been to China (↗), Korea (↗), Brazil (↗), and Spain (↘).

「私はこれまで中国，韓国，ブラジル，そしてスペインに行ったことがあります」

＊たくさん列挙したいときは上昇調がつづき，最後に下降調になる。**「まだ終わっていないよ」**という合図が上昇調で，最後に**「これでおしまい」**は下降調になります。

CD ❷ -27

⑹ 同格のイントネーション

This is my husband (↘), Marvin (↘).「夫のマービンです」

＊ husband と Marvin は同一人物。同格は同じ調子で読まれる。

This is my boyfriend (↘), Marvin (↗).

「マービン，(この人が)私のボーイフレンドよ」

＊ boyfriend で下降調，Marvin で上昇調になると，この 2 人は別人を意味します。Marvin は呼びかけ。

PART V

第2回　速効耳トレ⑵

④発言の裏の意図をつかむ
⑤言い換え表現をキャッチ！

④発言の裏の意図をつかむ

応答問題で最も大切なことは，**発言の裏の意図をつかむ**ことです。発言そのものの表面的な意味ではなく，つねに**「その人はなぜそう言ったのか」**という疑問をもちながら聞くようにしましょう。

物理的な音だけに集中してしまうと，発言者の話の意図を見失う恐れがあるからです。たとえば，

It's cold.

という言葉でも，「窓を閉めてくれ」とか「エアコンを切ってくれ」という意味で言う場合もあるし，あるいはただ単にsmall talk（世間話）として，あいさつ代わりのつもりであったりします。その場の状況や前後の発言から，言葉を発した人の意図を判断することが大切なのです。

今回は，短い英文，短い対話から**状況把握をすばやく行うコツ**をマスターします。

CD ❷ -28

状況把握のコツ(1)

これから五つの短い質問を放送します。それぞれ1度しか放送されません。おのおのの質問に対する最もふさわしい応答を一つずつ選びなさい。

問1 ① For two hours. ② On the phone.
③ At six o'clock. ④ At the counter.

問2 ① Yes, I have three sisters and two brothers.
② No, there are four brothers.
③ My family is really kind.
④ I am lonely.

問3 ① Three paintings.
② Just once.
③ Near the door.
④ In two weeks.

問4 ① No, I'll drink it here.
② No, I don't like it plain.
③ No, I just made it.
④ No, black will be fine.

問5 ① He needs a chair.
② He is very kind.
③ He is the new manager.
④ He is the tall one.

解答・解説　状況把握のコツ(1)

CD ❷-28 **【放送文】**

問 1　Where should we pick up the tickets?
「どこでチケットを購入できますか」

問 2　Do you come from a large family?
「あなたの家族は大家族ですか」

問 3　Have you been to this museum before?
「前にこの美術館に行ったことがありますか」

問 4　Do you take anything in your coffee?
「コーヒーになにかお入れになりますか」

問 5　Who is that man playing basketball?
「バスケットをやっているあの人は誰ですか」

〈選択肢・訳〉

問 1　① 2時間です。　② 電話で。　③ 6時に。　④ カウンターで。

問 2　① はい，女が3人，男が2人のきょうだいがいます。
② いいえ，4人兄弟がいます。
③ 私の家族はとても優しいです。　④ 私は孤独です。

問 3　① 3枚の絵。② 一度だけ。③ ドアの近くに。④ 2週間後に。

問 4　① いいえ，ここで飲みます。
② いいえ，プレーンは好きではありません。
③ いいえ，私が入れたんです。
④ いいえ，ブラックで結構です。

問 5　① 彼はイスが必要です。　② 彼はとても親切です。
③ 彼は新しいマネージャーです。　④ 彼は背の高い人です。

【正解】　**問 1**－④　**問 2**－①　**問 3**－②　**問 4**－④　**問 5**－③

CD ❷ -29

状況把握のコツ(2)

これから五つの短い英文を放送します。それぞれ1度しか放送されません。各々の英文に対する応答として最も適切なものを一つずつ選びなさい。

問 6
① No, it isn't.
② It is finally clearing up.
③ They are moving out now.
④ They hate hot weather.

問 7
① The workers are blocking traffic.
② They should be driving very soon.
③ They walked yesterday.
④ It must be a new truck.

問 8
① Please ask us anytime.
② Thanks. It was quite a surprise.
③ Yes, it was very disappointing.
④ Really? I know it's a test.

問 9
① It must be very late.
② We took care of it last time.
③ I'll check on it right away.
④ It should go soon.

問 10
① We have another class.
② We could bring in some more.
③ Those are very old.
④ It's very important to go.

解答・解説　状況把握のコツ⑵

CD ❷-29【放送文】

問 6　Last week was so rainy.
「先週は雨ばかりでした」

問 7　They seem to be working on the road.
「彼らは道路で働いているようです」

問 8　I heard you won the contest. Congratulations!
「コンテストに勝ったそうですね。おめでとう！」

問 9　I ordered a salad, but it hasn't come yet.
「サラダを注文したんだけど，まだ来ていません」

問 10　There aren't enough chairs for everybody.
「みんなに十分なイスがありません」

〈選択肢・訳〉

問 6
① いいえ，そうではありません。
② やっと晴れましたね。
③ 彼らは今引越しをしているところです。
④ 彼らは暑い天候が嫌いです。

問 7
① その労働者たちは交通をふさいでいます。
② 彼らはすぐに運転すべきだ。
③ 彼らは昨日歩きました。
④ それは新しいトラックに違いない。

問 8　① どうぞいつでもご質問ください。
② ありがとう。全く驚きました。
③ はい，がっかりしました。
④ 本当？ それテストだと知ってるよ。

問 9　① それはとても遅れているに違いありません。
② 前回それについては気をつけました。
③ すぐに様子を見てまいります。
④ すぐに行くべきだ。

問 10　① 別の授業があります。
② もう少し持ってこよう。
③ それらはとても古い。
④ 行くことはとても重要です。

【正解】 問 6 — ② 問 7 — ① 問 8 — ② 問 9 — ③ 問 10 — ②

状況把握のコツ(3)

これから放送される五つの対話に続く発言として最も適当なものを①～④の選択肢の中から１つずつ選びなさい。音声はそれぞれ一回しか放送されません。

問 11 CD ❷-30

① Do you mean he is intelligent?

② I can't wait to see him.

③ You don't think he will.

④ Does he think you can, too?

問 12 CD ❷-31

① I couldn't tell because the fog was too thick.

② I feel that it is too near the house.

③ I tried a few times, but the line was busy.

④ I did, but it was too fast for me.

問 13 CD ❷-32

① Could you open the door halfway?

② If it's full, I'm going to take a cab.

③ I'm thinking about asking for flextime.

④ This time is easy for me.

問 14 CD ❷-33

① Oh, I forgot! I sure hope it's dry.

② There aren't any other clothes.

③ What's Peter doing with my blouse?

④ Then we ought to buy it.

問 15 CD ❷-34

① We can use my car.

② Sure. Let's park in town.

③ Good. Let's find a parking area.

④ That sounds like a better idea.

解答・解説　状況把握のコツ(3)

【放送文】

問 11 CD ❷ -30

M: What time is Mr. Taylor supposed to come to our office?

W: I'm sure he will be here at one o'clock sharp.

男：テイラーさんは何時にうちの会社に来ることになっているの？

女：きっと1時きっかりに来られると思います。

問 12 CD ❷ -31

W: I saw a frog in the field near my house last night.

M: Did you try to get a hold of it?

男：昨夜，家の近くの野原でカエルを見たよ。

女：捕まえようとしたの？

問 13 CD ❷ -32

M: I hate this full train. Every morning I'm squeezed for 30 minutes.

W: Yeah. Today it's hot and humid in here.

男：この満員電車，最悪だよ。毎朝30分すし詰めだよ。

女：確かにね。今日は暑くてむしむししてるわね。

問 14 CD ❷ -33

W: Jamie, do you know where that peach-colored blouse is ? I want to wear it today.

M: I think it's still hanging outside with the other clothes.

女：ジェイミー，桃色のブラウスどこにあるか知らない？今日それを着たいのよ。

男：ほかの服と一緒に外にかかっていると思うよ。

問 15
CD ❷ -34

W: I'm going into town to do some shopping. Why don't you come with me?

M: But it's so hard to find a place to park downtown!

W: Well, let's take the bus instead.

女：町まで買物に行くんだけど，一緒に行かない？

男：でも，市内は駐車場を見つけるのが大変だよ。

女：そうね，代わりにバスで行きましょうか。

〈選択肢・訳〉

問 11 ① 彼が知的だと言ってるの？
② 彼に会うのが待ち遠しいな。
③ 君は彼が来ないと思っている。
④ 君ができると彼も思ってるの？

問 12 ① 霧があまりにも濃すぎたので，わからなかった。
② 家から近すぎると思う。
③ 2，3回試したけど，話し中だった。
④ やってみたけど，動きが早すぎて捕まえられなかったよ。

問 13 ① 半分ドアを開けてくれない？
② 満員ならタクシーに乗る予定だ。
③ フレックスタイムにしてもらおうかと考えているんだ。
④ 今回は僕にとって簡単だ。

問 14 ① ああ，忘れてたわ！ きっと乾いているわね。
② ほかの服はないわ。
③ ピーターは私のブラウスをどうしたの？
④ じゃあ，それを買うべきよ。

問 15 ① 僕の車を使っていいよ。

② いいよ。町で駐車しよう。
③ いいね。駐車場を探そう。
④ そのほうがよさそうだね。

【正解】　問 11—②　問 12—④　問 13—③　問 14—①　問 15—④

⑤言い換え表現をキャッチ！

リスニングテストでは，**正解の選択肢が放送される英文とは別の言いまわしで表現されている**のが一般的です。

聞いているうちに内容を忘れてしまうという人がいますが，それは，聞いた表現や語句をそのままの言葉で自分の頭の中に保存しようとすることが原因の１つです。「これはきっと，この選択肢のこの表現の言い換えだな」というようにキャッチできることが大切なのです。

言い換え表現に気づくことで，無理なく効果的に情報の収集・蓄積ができるようになることがリスニング上達のコツです。これができると，**聞いた内容が長く記憶に留まって，選択肢を見るときまで忘れない**ようになります。

聞いた内容をそのままの言葉で覚えておこうとするのではなく，自分なりの表現に換えて記憶にとどめる習慣をつけることが大切です。

次の問題で，放送される表現と同じ意味で別の表現に換えられた選択肢を選ぶトレーニングを強化します。

CD ❷ -35

言い換え表現キャッチのコツ

問１～問５の英文を聞いて，その内容に最も近いものを選びなさい。英文は二度ずつ読まれます。

問１
① Ed, please memorize what we say.
② Ed, please bring your notebook.
③ Ed, please give us your memo.
④ Ed, please keep a record for us.

問２
① Betty probably has more information for us.
② Betty probably doesn't have any information.
③ Betty thinks we have sufficient information.
④ Betty thinks we don't have any information.

問３
① We are ready to listen to more opinions.
② We have more things to say.
③ We don't want anyone to speak.
④ We can't answer any questions right now.

問４
① I completely agree with you.
② I mostly agree with you.
③ I seldom agree with you.
④ I don't agree with you at all.

問５
① Please don't ask any questions.
② Please tell us more as soon as you can.
③ Please don't talk about that afterwards.
④ Please talk more about that later.

解答・解説　言い換え表現キャッチのコツ

CD ❷-35 【放送文】

問1　Ed, could you take notes for us?
「エド，私たちの代わりにノートをとってくれない?」

問2　I guess what Betty is trying to say is that we already have enough information.
「たぶん，ベティの言いたいことは，情報はすでに十分整ったということだと思う」

問3　Does anyone else have anything to add?
「誰かほかになにかおっしゃりたいことがございますか」

問4　I go along with you except for a few points.
「2，3の点を除いて，あなたに同感です」

問5　Can you wait a minute before you expand on that issue?
「その問題についてさらに議論する前に少しお待ちください」

〈選択肢・訳〉

問1
① エド，私たちの言うことを記憶してくれない?
② エド，あなたのノートを持ってきてくれない?
③ エド，あなたのメモを私たちにくれない?
④ エド，私たちの代わりに記録をとってくれない?

問2
① ベティはたぶん私たちのための情報をもっと持っている。
② ベティはおそらくまったく情報をもっていない。
③ ベティは私たちが十分な情報をもっていると思っている。
④ ベティは私たちが十分な情報がないと思っている。

問3　① もっとご意見をおうかがいいたしますが。
② もっと言うべきことがあります。
③ 誰にも話してもらいたくない。
④ すぐにはご質問にお答えすることはできません。

問4　① 君にまったく同意します。
② 大部分，君と同感です。
③ あなたとはめったに同意見にならない。
④ あなたにはまったく賛成できません。

問5　① どうか質問しないでください。
② できるだけ早くもっと多くのことを教えてください。
③ あとでそれについて触れないでください。
④ それについては，あとでさらに議論してください。

【正解】 問1－④ 問2－③ 問3－① 問4－② 問5－④

□ **take notes**「メモを取る」　日本語の「ノート(帳面)」はふつう notebook という。
□ **enough information**＝sufficient information
□ **anyhting to add**＝more opinions＝more things to say
□ **go along with you except for a few points**＝mostly agree
□ **expand**＝talk more

PART Ⅴ

第3回　速効耳トレ(3)

⑥「推測と軌道修正」のコツ
⑦細部を聞き取るコツ

⑥「推測と軌道修正」のコツ

人の話を聞くとき，僕たちはふつう，どのようなことを無意識のうちに行っていると思いますか。それは，

① **聞いたばかりの内容を，自分の知識や過去の経験などに照らし合わせて，次に出てくる内容を推測する。**

② **推測どおりであれば，ひきつづき次の展開を推測する。**

③ **推測が当たらなかった場合は，すばやく軌道修正する。**

リスニングはこの「推測と軌道修正」の繰り返しです。このメカニズムの能力を強化することで，リスニング力も急速にアップするはずです。徐々にレベルを上げながら，次の問題で「推測と軌道修正」のコツをマスターしましょう。

推測と軌道修正のコツ

これから五つの短い対話を放送します。次の質問に対する最もふさわしい応答を一つずつ選びなさい。対話は二度読まれます。

問 1 What are they going to do?

CD ❷ -36

① Go by taxi. ② Take the train.

③ Walk to East Town. ④ Go by bus.

問 2 Why doesn't he look good?

CD ❷ -37

① He had to pay a fine.

② He had nothing to do.

③ He is sick.

④ He had too much work.

問 3 Where is Susan's husband from?

CD ❷ -38

① Africa ② Asia ③ France ④ Canada

問 4 What are they planning to do?

CD ❷ -39

① Have a guest for dinner.

② Go fishing.

③ Have dinner at a restaurant.

④ Meet at a supermarket.

問 5 What will the woman do?

CD ❷ -40

① She'll go out.

② She'll leave a message.

③ She'll take a message.

④ She'll talk with John.

解答・解説 「推測と軌道修正」のコツ

CD ❷ -36

問 1 【放送内容】 タクシーの相乗り

W: Does this line go to East Town Station?
M: It should, **but** an accident just closed the line. Say, **do you want to share a cab?**
W: Sure. We'd better hurry before they're all gone.

〈訳〉 女：この列車はイーストタウン駅行きですか。
男：そうなんですが，事故で不通になってしまったんです。ねえ，**割り勘でタクシーに乗りませんか。**
女：いいですね。急がないとタクシーがなくなってしまいますものね。
問 2人はこれからどうするでしょうか。
① タクシーで行く。 ② 列車に乗る。
③ イーストタウンまで歩く。 ④ バスで行く。 **【正解】** ①

ここがカンジン！

与えられた質問文と選択肢をあらかじめ読んでおくこと。この問題では，選択肢から交通手段を聞き取る必要があることがわかります。

対比を表す but 以降に注意。この時点で頭をサッと切り替える機敏さが必要です。do you want to share a cab?「タクシーに相乗りしませんか」がキーフレーズ。cab が taxi に言い換えられていることにも注意しよう。

□ **Say**「ねえ」 相手に注意を促す呼びかけの間投詞。
□ **share a cab (taxi)**「割り勘でタクシーに乗る」

CD ❷ -37

問 2 【放送内容】 顔色が冴(さ)えない理由は？

W: You don't look very good. Are you sick?
M: No, I'm fine. I just had to **stay up all night long working.**
W: I worked late myself, but I did get a few hours of sleep.

〈訳〉 女：顔色が良くないわよ。気分が悪いの？
男：いや，元気だよ。**仕事で徹夜した**ものだから。
女：私も残業だったけど，2，3時間は眠ったから。
問 彼はなぜ顔色が悪いのですか。
① 罰金を払わないといけなかったから。
② 何にもすることがなかったから。 ③ 病気だから。
④ 仕事をしすぎたから。 **【正解】** ④

ここがカンジン！

先に質問文を読んで，顔色がすぐれない理由を聞き取ることに全力を注ぎます。Are you sick? に対して No, I'm fine. と言っていますから，病気ではないだろうという見当はつきますが，**即断は禁物**ですよ。

日本語の場合でも，本当に病気のときでも相手に気を使って「いや，大丈夫」と言うことはよくあるからです。リスニングは最後まで聞き取ることが肝心。

そのあとのキーフレーズ，I just had to **stay up all night long working.** に耳を集中させてください。また，**選択肢に出てくる表現は，会話の単語そのものではなく書き換えたものが多い**ですから，**物理音でなく内容をつかむ**ようにすることが肝要です。

CD ❷-38

問 3　**【放送内容】**　夫の出身地は?

M:　Susan, where did you learn your French?
W:　In Africa. **My husband is from there.**
M:　Oh, is he? I thought he was from Canada.

〈訳〉 男:スーザン,フランス語をどこで習ったの。
女:アフリカで。**夫が向こうの出身なのよ。**
男:へえっ,そうなの。カナダの出身だとばかり思っていたよ。
問　スーザンの夫はどこの出身ですか。
① アフリカ　② アジア　③ フランス　④ カナダ

【正解】 ①

ここがカンジン!

国名がいろいろ出てくるので,それが何を意味するのかをしっかり聞き取ること。会話に出てくる固有名詞(人名・地名・国名など)は,会話の中でどういう役割を果たしているのかを順を追ってとらえるのがコツ。

My husband is from there. がキーフレーズ。会話の最後の he was from Canada.にだまされないこと。

CD ❷-39

問 4　**【放送内容】**　夕食への招待客

W:　Let's get beef for dinner.
M:　Didn't I tell you? Marilyn's a vegetarian.
M:　I'd hate to serve **a dish our guest won't eat.**

〈訳〉 女：夕食用に牛肉を買いましょう。

男：言ってなかったっけ。マリリンは菜食主義者なんだよ。

女：**お客様が食べないお料理**は出したくないものね。

問 彼らは何をするつもりなのですか。

① 夕食に客を招く。 ② 釣りに行く。

③ レストランで夕食をとる。 ④ スーパーマーケットで会う。

【正解】 ①

ここがカンジン！

まず，なぜ get beef for dinner と言ったのかを考える。ただし，dinner の音に引きずられて③を選ばないこと。最後に **our guest won't eat** と言っていることに集中しよう。ディナーに客を招待していることがここでわかるはず。

□ **hate to～**「～したくない」 □ **serve**「(料理などを)出す」

□ **dish**「料理」

CD ❷-40

問 5 【放送内容】 電話の相手は不在？

W: I'd like to speak with John.

M: He is out. Just a minute, I hear him coming in.

W: **I'm lucky I called at this time.**

〈訳〉 女：ジョンをお願いします。

男：出かけていますよ。あ，ちょっと待って，帰ってきたみたいだ。

女：**この時間にお電話してよかったわ。**

問 女性はこれからどうしますか。

① 外出する。 ② 伝言を残す。 ③ 伝言を受け取る。

④ ジョンと話す。 **【正解】** ④

ここがカンジン！

電話をしたらジョンが外出していたことから早まった判断をして①を選ばないこと。ちょうど電話をしているときにジョンが帰ってきたので，電話をかけた女性がホッとした展開を聞き取ろう。

「推測と軌道修正」はどんな会話でも必要ですが，特に**次のような質問文が与えられていたら，会話の内容が途中で変わる可能性が大きい**と思ってください。

When will he [she/they] ...?

What is he [she/they] going to do?

Who will she [he/they] talk to?

このように，**未来形の質問文の場合に会話の内容が途中で変わることが多い**ようです。

⑦細部を聞き取るコツ

次は細部を聞き取るトレーニング。これは集中力を養成することにつながるトレーニングですが，弱形の音にこだわろうということではありません。

ディクテーションするとき，すべての音を１語１語聞き取れなければ書き取れないということはありませんよね。**強く長めに発音される語句を中心に，全体の文の意味や話し手の意図をキャッチし，あとは前後関係から文法力で完全な文に復元していく**わけです。

実際，弱音は物理的には発音されていないことが多く，また，英語独自のリズムによって細かい物理音は聞き取ろうとしても不可能であることが多いのです。

発音されていない部分を一生懸命聞きとろうとすると泥沼にはまり，全体を見失ってしまいますよ。全体の意味から少しずつ個々の発音がわかってくる，というプロセスが自然なのです。

r と l とか b と v といった日本人が聞き取りにくい音の区別の練習を行い，１個１個の単語を正確に聞き取ろうとするよりも，それらを**フレーズや文の中でとらえる**ほうがずっと簡単なはずです。

ネイティヴの人に，たとえば機能語の who（関係代名詞）をそれ１語だけで言わせると強形で発音されますが，**文中では弱形の音に変わってしまう**わけですから，やはり，個々の単語よりも，全体の意味に注意を向けることが大事です。

細部を聞き取るコツ

これから五つの短い対話を放送します。次の質問に対する最もふさわしい応答を一つずつ選びなさい。対話は二度読まれます。

問 1　What will the two people do without?

CD ❷-41

① Dressing.　② Smoking.

③ Menus.　④ Salads.

問 2　When is the meeting?

CD ❷-42

① It'll be held on 16th.

② It'll be held on the 10th.

③ It'll be held on the 15th.

④ It'll be held on the 17th.

問 3　What did Jill just do?

CD ❷-43

① She heard her name called.

② She bought a dictionary.

③ She used a library.

④ She wrote a letter.

問 4　Why did he refuse the meal?

CD ❷-44

① He already had dinner.

② It was too late.

③ He wanted to save room.

④ He had no appetite.

問 5　Where did the man get his tan?

CD ❷-45

① In the tea salon.　② On vacation.

③ Working outside.　④ Under tanning lights.

解答・解説 細部を聞き取るコツ

CD ❷ -41

問 1 【放送内容】 レストランの入口での会話

W:	Will that be a table for two?
M:	Yes, in smoking. **And just bring us deluxe salads.**
W:	OK. Let me show you to your table.

〈訳〉 女：お二人用のテーブルになさいますか。

男：はい，喫煙席で。**デラックスサラダをお願いします。**

女：かしこまりました。テーブルにご案内しましょう。

問 二人は何を省略しようとしていますか。

① ドレッシング　② 喫煙　③ メニュー　④ サラダ

【正解】 ③

ここがカンジン！

レストランに入ったところでの会話だと聞き取れましたか。レストランといえばテーブルでのやりとりという先入観を持たないこと。

in smoking と言って喫煙席を求めた直後に **just bring us...** と言っているフレーズがポイント。**テーブルに着く前にオーダーを出していることがわかるので，メニューは不要**と考えられるわけだね。このような展開の意外性にも注意しよう。do without は「〜なしで済ませる」。

CD ❷ -42

問 2　**【放送内容】**　仕事の締め切り

W: I think we need an extension.

M: No, you have to finish **by the 9th, a week before the meeting.**

W: I'm afraid it's difficult to finish before the 15th.

〈訳〉 女：締め切りを延ばしていただく必要があると思います。

男：ダメだよ。**9日までに，つまり，会合の1週間前までに終えてもらわなくちゃ。**

女：15日の前に終わらせるのは難しいと思います。

問　会合はいつ行われるのですか。

① 16日　② 10日　③ 15日　④ 17日

【正解】 ①

ここがカンジン！

聞き取りの上で簡単な四則計算をする必要のある問題です。

会話が聞こえる前に質問文と選択肢を読んでおくことは必要です。特にこのような問題では，**前もって読んでおかないと，「日付」に重点をおいた聞き方ができずに，ポイントを逃がしてしまう**からです。

選択肢②の10 thと③の15 thは会話に出てきますが，④の17 thは出てきません。**by the 9th, a week before the meeting** がキーフレーズで，9 thに1週間足した16 thが正解です。

PART V　第3回　速効耳トレ(3)

CD ❷ -43

問 3　**【放送内容】**　忘れ物の辞書

M : Jill, isn't this your dictionary? You left it in the reading room.
W : Thanks. I had not even realized I'd left it behind.
M : I knew it was yours because your name is on it.

〈訳〉　男：ジル，これ，君の辞書だろ？ **読書室**にあったよ。
女：ありがとう。置いてきたことすら気がつかなかったわ。
男：名前が書いてあったから，わかったんだ。
問　ジルがしていたことは何ですか。
① 名前を呼ばれた。　② 辞書を買った。　③ 図書室を使った。
④ 手紙を書いた。　　**【正解】**　③

ここがカンジン！

選択肢で与えられた語句が，会話の音声ではどのような単語に変わっているかがポイントです。③の library は **reading room** と表現されています。このように選択肢の語句が放送ではどのように形を変えて流れてくるのか，はっきりねらいをもって聞く習慣を身につけよう。

□ **leave 〜 behind**「〜を置き忘れる」

CD ❷ -44

問 4　**【放送内容】**　食事を断った理由

W: Would you like some more spaghetti, Bob?
M: No thanks. **More would spoil my appetite for dinner.**
W: I have no discipline when it comes to food.

〈訳〉 女：もっとスパゲティーをどうぞ，ボブ。
男：いや結構。**これ以上食べたら夕食が食べられなくなってしまうから。**
女：私は食べ物のこととなったら抑えがきかないの。
問　彼はどうして食べ物を断ったのですか。
① すでに夕食をとっていたから。　② もう遅すぎたから。
③ おなかに入れる余地を残しておきたかったから。
④ 食欲がなかったから。　**【正解】** ③

ここがカンジン！

単語の聞き取りだけでなく，発言者の意図をしっかりつかみ取ろう。**appetite** に気を取られて ④ を選ばないように。

キーフレーズは **More would spoil my appetite for dinner.** で，夕食をまだ食べていないので，目の前のスパゲティーを食べてしまうとおなかいっぱいになって夕食が食べられなくなるから，と言って断っているわけです。その点を聞き取ることがポイントですね。

よって，③の wanted to save room「(夕食を食べる) 余地を残しておきたかった」が正解。room は「余地」という意味です。

□ **spoil one's appetite**「食欲をそこなう」 □ **discipline**「自制心」
□ **when it comes to food**「食べ物のこととなると」

CD ❷ -45

問 5　**【放送内容】** どこで日焼けしたの?

> W: You're so tan! Did you just take a vacation?
> M: No, **I've used a tanning salon** so I won't be pale on vacation.
> W: I never thought about spending money getting a tan.

〈訳〉 女：よく日焼けしてるわね。休暇を取ったの?
男：いや，休みに入っても青白いのはいやだから**日焼けサロンを使ったんだ。**
女：日焼けにお金をかけようなんて思ったことないわ。
問　男性はどこで日焼けしたのですか。
① 喫茶室で。　② 休暇で。　③ 屋外労働で。
④ 日焼け用ライトで。　**【正解】** ④

ここがカンジン！

女性が「休暇を取ったの？」と尋ねたのに対して「いや」と答え，**a tanning salon**「日焼けサロン」を使ったと答えていますね。これを選択肢では **Under tanning lights.** と表現していることに気づいたかどうかが決め手。

□ **tan**「日焼けした」 □ **tanning salon**「日焼けサロン」

PART Ⅴ

第4回　速効耳トレ(4)

音の七変化：①消失 ②弱化

「音の七変化(しちへんげ)」って？

figure it out「計算する」は［**フィ**ギャリ**タ**ウト］，さらに早口になると，［**フィ**ギャ**ラ**ウ］となり，put it on「身につける」は［**プ**リッ**ロ**ーン］と聞こえます。

日本語でも，「やっぱ，……でしょ」は「やっぱり」を短くしたものだし，「やなこった」は「いやなこった」の「い」が抜け落ちたものですよね。**話し言葉ではこのように「発音の手抜き」現象が生じます。**

では，そのような手抜きが起こる理由ってなんでしょうか。

それは，リラックスして，楽に，スムーズに話したい，短く速く相手に伝えたい，くだけた言い方をしたい，唇や舌など口の動きを最小限に押さえたい(**発音の省エネ**)から……といったことになるでしょう。

こうした「発音の手抜き」現象から生じる発音の変化が特に著(いちじる)しいのが英語なのです。**目で見れば簡単な英語でも，聞き取るのはなかなか難しい理由は，**この**音の変化の実体を知らないから**なのです。

英語独特の音の変化はスペリングを見てもわからないので，**実際こういうふうに変化するものだという主なパターンをあらかじめ知っておくことが効率的なリスニングの学習法**といえます。

以下に，リスニングで起こる音の変化を7つにまとめました。

①消失(elision)

英語は個々の発音よりアクセントやイントネーションのほうが重要だとよく言われます。

単語(word)にアクセント(強弱)があるだけではなく，文(sentence)も強弱をつけて話したり読んだりされます。このとき，アクセントのない部分は弱く発音され，聞こえにくくなります。こうした**弱音の部分は弱いだけでなく，往々にして，物理的にも発音されていないことが多い**のです。

このように**発音されずに消失してしまう現象**を「消失(elision)」と呼びます。消失現象がどのような場合に起こるのかを知り，文全体のリスニングに上達するためのコツを見ていきましょう。

では，まず聞こえてくる実際の音と目で見る文字のGAPを埋める練習を行います。

CD ❷-46

Dictation Test 1

次の空所に入る語句を書き取りなさい。

① (　　　　　　　　) on the streets?

② Will you tell me (　　　　　　　　) with them?

③ He doesn't know anything (　　　　　　　　).

ここをチェック！

what's の wha の部分は非常に弱く発音され，場合によっては聞こえないこともあります。

about は-bout にアクセントがあり，a が聞こえるか聞こえないかくらいに，非常に弱く発音されます。about の t の音が母音で始まる it とつながって dit と聞こえ，全体では aboudit と聞こえます。

以下に，左側に **written forms**，右側に **spoken forms** を示しておきます。

what's up ▶▶▶ wha**'tsup**

ワッ**ツア**ップ

about it ▶▶▶ a**boudi**t

ア**バ**ウリッ

〈Test 1・答〉

① **What's up** on the streets?「通りで何があったの？」

② Will you tell me **what's up** with them?

「彼らはどうなっているのか教えてくれる？」

③ He doesn't know anything **about it**.

「彼はそれについて何も知らない」

CD ❷ -47

Dictation Test 2

次の空所に入る語句を書き取りなさい。

④ Will you (　　　　　　　　)?

⑤ (　　　　　　　　) for interrupting.

ここをチェック！

アクセントのない語頭の母音は消えます。excuseは第2音節の-cu-の部分にアクセントがある語ですから，-cu-の部分を強く発音するあまり，語頭のe-の音が消えてしまうのです。

特に，あわてて言ったりするときは，exの音が非常に弱くなって聞こえません。ただし，ていねいに言うときはexの音も残ります。

excuse me ▶▶▶ **'skyuuz me**

クス**キュ**ーズミ

〈Test 2・答〉

④ Will you **excuse me**?「ちょっと失礼」

⑤ **Excuse me** for interrupting.「中断させてしまってすみません」

CD ❷-48

Dictation Test 3

次の空所に入る語を書き取りなさい。

⑥ The wines are good, (　　　　　　　　　) in business class.

ここをチェック！

especiallyはアクセントが-pe-のところにあり，日常会話では頭のeの音は消えてしまうか，発音されたとしてもとても弱い音です。このようにアクセントが頭にない場合，その音が消えることがよくあります。

especially ▶▶▶ e**specially**

スッ**ペ**シャリー

〈Test 3・答〉

⑥ The wines are good, **especially** in business class.

「ワインがおいしいですよ。特にビジネスクラスではね」

CD ❷ -49

Dictation Test 4

次の空所に入る語を書き取りなさい。

⑦ I'll wait for you (   ) you come here.

⑧ I can't go with you (   ) I don't have enough money now.

ここをチェック！

until は-til の箇所にアクセントがあるので，un が落ちて聞こえなくなります。because は-cause の音節にアクセントがあるため，be の部分がほとんど消えてしまって cuz のように聞こえます。

until ▶▶▶ **'til**

ティゥ

because ▶▶▶ **'cuz**

コズ

〈Test 4・答〉

⑦ I'll wait for you **until** you come here.

「ここに来られるまで私はあなたを待っています」

⑧ I can't go with you **because** I don't have enough money now.

「あなたと一緒に行けないわ。今お金が足りないの」

CD ❷ -50

Dictation Test 5

次の空所に入る語を書き取りなさい。

⑨ What are you (　　　　　　　　　) about?

⑩ I'm (　　　　　　　　　) forward to working with you.

ここをチェック！

語尾の音［ŋ］は［n］の音に変わり，息を呑(の)むような間が生じます。

thinking ▶▶▶ **thinkin'**

ティンキン

looking ▶▶▶ **lookin'**

ルッキン

nothing ▶▶▶ **nothin'**

ナッスィン

〈Test 5・答〉

⑨ What are you **thinking** about?「何について考えているの？」

⑩ I'm **looking** forward to working with you.

「一緒に仕事をするのを楽しみにしています」

②弱化(reduction)

日本語でもそうですが，英語では特に**重要な語は強く**発音され，あまり**重要ではない語は弱く**発音されます。このように**弱く発音されて文の中で紛れてしまう**ことを「弱化(reduction)」と言います。

通常強く発音されるのは**内容語**(content words)で，**機能語**(function words)はあまり強く発音されません。ただし，特別にその機能語に意味を持たせたいときには，もちろんその部分を強く発音します。

内容語，機能語とは，次のような語のことをいいます。

□**内容語**…名詞，形容詞，動詞，副詞，疑問詞など。

□**機能語**…冠詞，助動詞，接続詞，関係詞，前置詞，人称代名詞など。弱化現象が起こりやすい。

CD ❷-51

Dictation Test 1

次の空所に入る語を書き取りなさい。

① I'm looking ( ) my sunglasses.

② I was late ( ) work because the train was delayed.

③ David used to be very thin ( ) weak.

ここをチェック！

for は①文頭にくるとき，また②強調されるときや，③ていねいにゆっくり話すときなどは強く発声されますが，くだけた日常会話では fer と弱く聞こえます。

to が ta または da と弱く聞こえます。ただし，① to が文頭にあったり，②会話の中でtoが強調される場合は強く発音されます。

andが「AとB」という意味で使われているときは，弱く発音されて'nの音だけになります。ただし，①文と文をつなぐ場合，②文頭にくる場合，③強調する場合は必ずしも弱くなりません。

for ▶▶▶ **fer**
ファ

to ▶▶▶ **ta** または **da**
タ　ダ

and ▶▶▶ **'n**
ン

〈Test 1・答〉

① I'm looking **for** my sunglasses.
「僕のサングラスを探している」

② I was late **to** work because the train was delayed.
「電車が遅れていたので仕事に遅れた」

③ David used to be very thin **and** weak.
「デイビッドは昔とてもやせていて弱かった」

CD ❷ -52

Dictation Test 2

次の空所に入る語を書き取りなさい。

④ Why don't you go with (　　　　　　　　)?

⑤ I asked (　　　　　　　　) to drive me home.

ここをチェック！

上のような場合の代名詞は圧倒的に弱形の音で出てきて早口に聞こえ，日本人の耳には聞き取りにくいものです。

たとえば them は th の音が消えて'em［エム］と聞こえます。このような**弱形の音は，はっきり聞こえにくいからこそ，物理的な音を無理に聞き取ろうとするのではなく，前後の context（文脈）から復元する**必要があるわけです。

him は'im［イム］，her は 'er［アー］と聞こえ，語頭の h の音ははっきり発音されません。文中で聞くと，ただ単に弱いだけでなく，単独で発音されたときとは全く違った音に聞こえます。had，humanity（人間性），herb（ハーブ）というように，書き言葉では h があっても，話し言葉ではまったく h が発音されない単語も多くあります。

he ▶▶▶ **'e**
イ

his ▶▶▶ **'is**
イズ

them ▶▶▶ **'em**
エム

him ▶▶▶ **'im**
イム

her ▶▶▶ **'er**
アー

〈Test 2・答〉

④ Why don't you go with **them**?「彼らと一緒にいけばいいのに」

⑤ I asked **him** to drive me home.
「家まで車で送ってくれと彼に頼んだ」

CD ❷ -53

Dictation Test 3

次の空所に入る語句を書き取りなさい。

⑥ It's (   ) say that to you.

⑦ I've (   ) get up early tomorrow morning.

ここをチェック！

会話口調では to は ta と聞こえますが，hard to のように，前の語の語尾の音 d とつながって da の音に聞こえることもあります。このパターンもとてもよく生じるので，**"d+to → da"**をよく覚えておきましょう。

hard to ▶▶▶ **harda**
ハーダ

got to ▶▶▶ **godda**
ガラ

〈Test 3・答〉

⑥ It's **hard to** say that to you.「君にそんなこと言えないよ」

⑦ I've **got to** get up early tomorrow morning.
「明日の朝，僕は早起きしなきゃならない」

CD ❷ -54

Dictation Test 4

次の空所に入る語句を書き取りなさい。

⑧ Did you (   ) good sleep last night?

⑨ I want to (   ) personal computer.

⑩ It's (   ) the corner.

ここをチェック！

haveのvの音がその後のaとつながってhavaと聞こえます。

また，get aのように，語尾がtやdで終わり次にaがくると，それらがつながってgedaと，1つの音のように聞こえます。

語尾がtで終わる単語の次にaがくると，daとかtaの音に聞こえます。

have a ▶▶▶ **hava**
ハヴァ

get a ▶▶▶ **geda**
ゲラ

just a ▶▶▶ **jus ta**
ジャスタ

wait a ▶▶▶ **waida**
ウエィダ（**ウエ**ィラ）

〈Test 4・答〉

⑧ Did you **have a** good sleep last night?
「昨夜はよく眠れましたか」

⑨ I want to **get a** personal computer.
「パソコンを手に入れたいんです」

⑩ It's **just around** the corner.「すぐそこです」

CD❷-55

Dictation Test 5

次の空所に入る語を書き取りなさい。

⑪ I'll go get it for (　　　　　　　　　).

⑫ See (　　　　　　　　　) tomorrow.

ここをチェック！

youの音の変化には次の4つのパターンがあります。

⑴ 前の語の語尾のdとつながってjuあるいはjaの音になる。

（例：would you → wu ju, coud you → cu ju, told you → tol ju）

⑵ 前の語の語尾のtとつながってchaまたはchuの音になる。

（例：got you → gotcha，meet you → mee chu）

⑶ その他の子音とつながる。

（例：miss you → misshu，thank you → thankyu など）

⑷ 単独でyaという音になる。

you ▶▶▶ **ya**

ヤ

you're ▶▶▶ **y'r**

ユア

your ▶▶▶ **yer**

イア

yours ▶▶▶ **yers**

イアス

〈Test 5・答〉

⑪ I'll go get it for you.「それを買ってきてあげるよ」

⑫ See you tomorrow.「じゃあ，あした」

CD ❷ -56

Dictation Test 6

次の空所に入る語句を書き取りなさい。

⑬ Just (　　　　　　　　) !

⑭ I can't seem to (　　　　　　　　　　) anywhere!

⑮ I've (　　　　　　　　) !

⑯ You've (　　　　　　　　) ? Yes, I've(　　　　　　　　).

⑰ I don't know if I can (　　　　　　　　　　).

ここをチェック！

t が g，t，d などで終わる単語の後ろにくるとつながり，find it → fin dit，bring it → brin git，hit it → hi tit(あるいは hidit)と聞こえます。

また，make の語尾の k が後の it とつながって → maykit，過去形 made の場合も音がつながり，made it → maydit と聞こえます。

find it ▸▸▸ **fin dit**

ファインディッ

had it ▸▸▸ **hadit**

ハッディッ

make it ▶▶▶ **maykit**

メイキッ

got it ▶▶▶ **godit**

ガッリッ

forget it ▶▶▶ **for gedit**

ファ**ゲ**ッリッ

〈Test 6・答〉

⑬ Just **forget it**!「もういいよ!(忘れて)」

⑭ I can't seem to **find it** anywhere!

「どこにも見当たらないんです」

⑮ I've **had it**!「もうたくさん!」

⑯ You've **got it**?　Yes, I've **got it**.

「わかった？」「はい，わかりました」

＊ have got it「わかった，理解した」

⑰ I don't know if I can **make it**.「間に合うかどうかわからないな」

＊ make it「(バスや電車に)間に合う」

第5回　速効耳トレ⑸

音の七変化：③短縮 ④連結

ナチュラルスピードで話される英語では，今回お話しする**短縮(contraction)**が頻繁に起こります。

短縮にはルールがありますから，覚えておくと短縮形が使われた英文を気遅れせずに聞き取ることができます。

③短縮(contraction)

では，次のディクテーションから。

CD ❷ -57

Dictation Test 1

次の空所に入る語句を書き取りなさい。

① (　　　　　　　　　　). Don't worry about that.

ここをチェック！

It's OK. は，対話では it is は短縮されて it's になり，it's の頭の音の i が省略されてつまった'ts の音だけが残ります。

さらに OK の頭の O も飲み込むように消えてしまうので，'ts 'K のように聞こえます。

同様に，let's の頭の l の音が消えてしまって'ts の音が残り，さらに go とつながって，１つの単語のように聞こえます。

It's OK. ▶▶▶ **'ts 'K**

ッツ**ケ**ェイ

Let's go. ▶▶▶ **'ts go**

ッツ**ゴ**ゥ

〈Test 1・答〉

① **It's OK.** Don't worry about that.

「大丈夫。それについては心配しなくていいわよ」

CD ❷ -58

Dictation Test 2

次の空所に入る語句を書き取りなさい。

② I (　　　　　　　　　) seen her but I don't remember.

③ You (　　　　　　　　　) saved more money.

ここをチェック！

助動詞と have が結合すると have が短縮され，頭の h の音が消えて，'ave のように聞こえます。

should have は should の語尾の d と ave がつながり shudave(**シュ**ッダヴ)のように聞こえ，さらにくだけたり，早口になると shuda と聞こえます。

また，might have は maidave に変わり，さらにはくだけた言い方あるいは早口になると，maida に聞こえたり maita と聞こえることもあります。

同じように could have は cudave と聞こえ，would have は wudave と聞こえます。

might have ▶▶▶ **maidave**
マイダヴ

should have ▶▶▶ **shudave**
シュッダヴ

would have ▶▶▶ **wudave**
ウッダヴ

could have ▶▶▶ **cudave**
クッダヴ

〈Test 2・答〉

② I **might have** seen her but I don't remember.
「彼女に会ったかもしれませんが，覚えていません」

③ You **should have** saved more money.
「あなたはもっとお金をためておくべきだったのに」

CD ❷ -59

Dictation Test 3

次の空所に入る語句を書き取りなさい。

④ It (　　　　　　　　　　) difficult.

⑤ You (　　　　　　　　　　) here on time.

ここをチェック！

must や would や should の後の have はさらに弱く聞こえ，その後の been のほうに音が移っていく様子を聞き取ってください。

must have been ▶▶▶ **musta bin**
マスタベン

would have been ▶▶▶ **wuda bin**
ウッダベン

should have been ▶▶▶ **shuda bin**
シュッダベン

〈Test 3・答〉

④ It **must have been** difficult.「さぞ大変だったことでしょう」

⑤ You **should have been** here on time.
「時間通りに来るべきだったのに」

CD ❷ -60

Dictation Test 4

次の空所に入る語句を書き取りなさい。

⑥ (　　　　　　　　　　) your brother?

⑦ (　　　　　　　　　　) know the students?

⑧ (　　　　　　　　　　) your friends?

⑨ (　　　　　　　　　　) see you?

ここをチェック！

(1) he は日常会話の中では h の音が消えて iy の音だけが残り，さらに is he となると，is の[z]の音とつながって izzy と変化します。同じように，

his → 'iz，him → 'im，her → 'er

と h の音が消えてしまいます。

(2) 主語と be 動詞・助動詞・have が結合すると短縮されます。次の例を見てください。

Is he ▶▶▶ **izzy**
イズイ

Does he ▶▶▶ **duzzy**
ダズイ

Does she ▶▶▶ **duzshe**
ダズシィ

Did he ▶▶▶ **didee**
ディディ

are they ▶▶▶ **'r' they**
アデイ

I am ▶▶▶ **I'm**
アイム

I have ▶▶▶ **I've**
アイヴ

he has ▶▶▶ **he's**
ヒィズ

I will ▶▶▶ **I'll**
アイゥ

〈注意〉

⑴ I would は I'd と短縮されますが，I could が短縮されることはありません。

⑵ he is も he has も he's で，まったく同じ発音になります。前後の意味で判断すること。

⑶ I am not は I'm not と短縮し，I amn't とはなりません。また，Yes, I am. のように am で終わるときは短縮しません。口語では I ain't. が使われることもあります。

⑷ mustn't は［マスントゥ］と発音され，［t］音が消えます。

⑸ will のように語尾にくる［l］は「ル」ではなく，口を小さく尻すぼみにして「ウ」と発音します。

〈Test 4・答〉

⑥ **Is he** your brother?「彼はあなたの弟ですか」

⑦ **Does she** know the students?
「彼女はその生徒たちを知っているの？」

⑧ **Are they** your friends?「彼らはあなたの友人ですか」

⑨ **Did he** see you?「彼はあなたと会ったの？」

このように会話では，**be 動詞や do，does と主語の短縮は頻繁に**

起こるわけだね。特に文の出だしの短縮は聞き取りにくいので，他の例もチェックしておこう。

次の **written form** というのは通常の文字としての表記，**spoken from** というのは，ちょっと見慣れないと思いますが，聞こえるとおりの音としての表記です。

CD ❷ -61

written form	▶▶▶	spoken form
Is she your sister?	▶▶▶	**Ishi** your sister?
Are you a student?	▶▶▶	**'R'** you a student?
Are we ready?	▶▶▶	**'R'** we ready?
Do you know me?	▶▶▶	**D-ya** know me?
Does he know the teacher?	▶▶▶	**Duzzy** know the teacher?
Did he see you?	▶▶▶	**Didee** see you?
Did you call me?	▶▶▶	**Didja** call me?

CD ❷ -62

Dictation Test 5

次の空所に入る語句を書き取りなさい。

⑩ (　　　　　　　　　), ... will you dance with me?

⑪ I've decided to, (　　　　　　　　　), ... leave you.

⑫ (　　　　　　　　　) I'm always thinking about you.

ここをチェック！

um や uh-huh は，well と同じ意味の別の音としてとらえます。

well (um) は let's see と同じで，会話の中で表現を和らげるクッションのような役割があり，次に何を言おうか考えているときときにUm... と言って次の言葉につなぎます。日本語の「う〜ん」，「あの〜」，「え〜」などと同じ使われ方です。

Uh-huhなどの間投詞はイントネーションの違いだけで意味が異なってくるので注意しよう。

Uh-huh［アハ］［əhə́］ 少し鼻にかかった音で。

● ⬤

Yesの意味や満足の気分を表すときに使う。

Uh-uh［アア］［ə́ə］ 同じ音程でこれも鼻にかかった音です。

● ●

Noの意味や不平・不満・不同意を表すときに使う。

Uh-oh［アオウ］［ə́ou］

⬤ ●

なにかまずいことが起きたことを意味するときに使う。

you knowは音が違って聞こえるなどの変化はありませんが，日常会話の中ではyouが極端に短く弱く聞こえます。「あの〜」「ねえ」にあたり，あまり意味はありません。

急にトーンが変わるのを和らげたり，フレーズとフレーズを単につなぐために使われます。

(well) ▶▶▶ **um**
アム

you know ▶▶▶ **y'know**
ュノウ

〈Test 5・答〉

⑩ **Well**, ...will you dance with me?「あのう，一緒に踊りませんか」

⑪ I've decided to, **well**, ... leave you.

「私，決めたの。ん〜，あなたと別れるわ」

⑫ **You know**, I'm always thinking about you.

「だからさあ，私はいつもあなたのことを思っているのよ」

CD ❷ -63

Dictation Test 6

次の空所に入る語句を書き取りなさい。

⑬ (　　　　　　　　　　) trying to say?

⑭ (　　　　　　　　　　) for a living?

ここをチェック！

疑問詞と be 動詞，助動詞，have が組み合わさって短縮されます。

what is your は be 動詞の is がとても弱く，what と your がつながったのと同じように whacher と聞こえます。wha と cher の間は，日本語の「っ」が入っているようにつまった感じに聞こえます。また is の過去形 was になった場合の what was your は wha zure[ワッジャ]と聞こえます。

to が ta に変わるように，do が da に変わることもよくあります。you も ya の音に変わりますから，what do you は whadaya のように聞こえます。what are you も同じように whadaya と聞こえることもあるので，話の流れで，どちらであるか聞き分けるようにしましょう。

what is your ▶▶▶ **wha cher**

ワッチャ

what are you ▶▶▶ **whadaya**

ワッダヤ

what do you ▶▶▶ **whadaya**

ワッダヤ

〈Test 6・答〉

⑬ What are you trying to say?「何を言いたいの？」

＊ What are you doing?「(今，目の前で)何をしているのですか」

⑭ What do you do for a living?「ご職業は？」

④連結(linking)

前の単語の語尾の子音と次の単語の語頭の母音がつながってひとまとまりの音として発音される現象を連結(linking)と言います。リエゾン(フランス語＝liaison)と呼ぶこともあります(フランス語の liaison は，通常は発音しない語尾の子音を，あとに母音が続く場合につなげて発音することを言いますから，英語の linking とフランス語の liaison は実際には同じではありません)。

日本語は基本的に単語が母音で終わるため連結現象が起こりにくく，こうした要因も影響してか，**連結現象は日本人には聞き取りにくい現象**の１つになっているようです。連結現象は，英語ではかなりゆっくりと話されるときにも発生するので十分に慣れておく必要があります。

では，Dictation を通して連結のパターンを確認しましょう。

CD ② -64

Dictation Test 1

次の空所に入る語句を書き取りなさい。

① He's not (　　　　　　　　　　) do that.

② I don't (　　　　　　　　　　) go out on such a hot day.

ここをチェック！

going to は「〜するつもりです」という予定の意味を表すときは gonna に変化して聞こえます。ただし，「〜に行く」という意味の場合は going to とはっきり別々に発音されます。

want to も日常会話では wanna とまったく違った音で聞こえます。

going to ▶▶▶ **gonna**

ガナ

want to ▶▶▶ **wanna**

ワナ

〈Test 1・答〉

① He's not **going to** do that.「彼はそうはしないよ」

② I don't **want to** go out on such a hot day.

「そんなに暑い日に外出したくないよ」

● going to が gonna にならない場合

going to は原則として gonna と音が変化しますが，ある場所からある場所へ「行く」というときには gonna とは変化しません。

Are you **going to** the meeting? ［**ゴウ**イントゥ］

「会合に出ますか」

Why aren't you **going to** the party with us? ［**ゴウ**イントゥ］

「私たちと一緒にパーティにいったらどう？ 」

CD ❷ -65

Dictation Test 2

次の空所に入る語句を書き取りなさい。

③ I think you should not (   ).

④ Why don't you (   )?

ここをチェック！

put it off はまず，put it のところが put の語尾の t と次の it がつながって，[d] の音が出て pudit になります。さらに pudit の語尾の t が次の off とつながって音が変化して dof になり，全体として pudidof と聞こえます。

put it off ▶▶▶ **pudidof**
プディ**ロ**フ

put it on ▶▶▶ **pudidon**
プリッ**ロ**ーン

〈Test 2・答〉

③ I think you should not **put it off.**
「君はそれを先延ばししないほうがいいと思うよ」

④ Why don't you **put it on**?「それを着てみたら？」

CD ❷ -66

Dictation Test 3

次の空所に入る語句を書き取りなさい。

⑤ Don't be so nervous! (　　　　　　　　　　).

⑥ Judy finished her assignment (　　　　　　　　　　).

⑦ A : Could you bring a glass of water, please?
B : (　　　　　　　　　　).

ここをチェック！

right away のように，t で終わる単語の後ろに母音で始まる単語がくると，あたかも 1 語のようにつながって聞こえます。right away は righ taway のように聞こえます。語尾が［n］［t］［k］［p］［r］などの発音で終わる語のあとに母音が続く場合，**連結**が生じます。

take it easy ▶▶▶ **takei teasy**

ティケッ**リ**ーズイ

right away ▶▶▶ **righ taway**

ラィタ**ウエ**ィ

right now ▶▶▶ **righ tnow**

ラィ**ナ**ゥ

〈Test 3・答〉

⑤ Don't be so nervous! **Take it easy.**

「そんなに神経質になるなよ。落ち着けよ」

⑥ Judy finished her assignment **right away.**

「ジュディはすぐに宿題を片づけた」

⑦ A： Could you bring a glass of water, please?

「お水を一杯ください」

B： **Right away, ma'am.**「かしこまりました」

CD 2 -67

Dictation Test 4

次の空所に入る語句を書き取りなさい。

⑧ Don't pull my leg! (   )!

⑨ I think there're (   ) problems here.

⑩ A : It must be a hassle!

B : (   ).

ここをチェック！

a lot of のようなイディオムは a loda［アロッダッ］のように一呼吸で読まれます。また，not at all の not の語尾の t と次の at がつながって tat と聞こえます。

I mean it. ▶▶▶ **I mea ni**

アイ**ミ**ーニッ

a lot of ▶▶▶ **a loda**

ア**ロ**ッダッ

not at all ▶▶▶ **na tat ol**

ナッラ**ロ**ーゥ

〈Test 4・答〉

⑧ Don't pull my leg! **I mean it!**「ふざけないでよ。本気なんだから」

⑨ I think there're **a lot of** problems here.

「ここには多くの問題があると思います」

⑩ A : It must be a hassle!「大変でしょう」

B： Not at all.「全然そんなことありません」

CD❷-68

Dictation Test 5

次の空所に入る語句を書き取りなさい。

⑪ May I (   ), ma'am?

⑫ Don't (   ) change.

ここをチェック！

pで終わる単語のあとにyouやyourがくると，つながってpyu, pyurの音に変化します。stop youはsto pyu［ス**タ**ピュ］に聞こえます。

help you ▶▶▶ **hel pyu**

ヘウプユ

drop your ▶▶▶ **dro pyur**

デュ**ロ**ッピュア

〈Test 5・答〉

⑪ May I **help you**, ma'am?「いらっしゃいませ」

⑫ Don't **drop your** change.「おつりを落とさないでね」

CD ❷ -69

Dictation Test 6

次の空所に入る語句を書き取りなさい。

⑬ You may take (　　　　　　　　　　) if you want.

⑭ It'll be ready in (　　　　　　　　　　) days.

ここをチェック！

all の ll の音は弱く発音されるので，all of は alve と聞こえます。また，of の後に母音で始まる it がきているので，これらがつながって vit と聞こえます。そのため全体では aluvit のように聞こえるのです。

a　couple　of の場合，of は a の音に変化し，couple of は cupla，a bag of cookies は a baga cookies のように聞こえます。

all of it ▶▶▶ **al uvit**

アゥヴイット

a couple of ▶▶▶ **a cuplav**

ア**カ**ッパヴ

〈Test 6・答〉

⑬ You may take **all of it** if you want.

「欲しかったら全部持っていっていいよ」

⑭ It'll be ready in **a couple of** days.

「2，3日したらできあがります」

CD ❷ -70

●注意したい連結のルール

ここで，もう1つ，連結のルールを確認しておきましょう。

語尾が子音で終わる語のあとに him や them が続く場合，him や them の h や th は脱落し，母音で始まる語のように発音されやすい。そのため，前の語の語尾とのあいだで連結現象が起きるのです。次の例で確認してください。

call him → ［コーリム］　some of them → ［サモヴム］
tell him → ［テリム］　one of them → ［ワノヴム］
none of them → ［ナノヴム］　none of us → ［ナノヴアス］
some of us［サモヴアス］

CD ❷ -71

Dictation Test 7

次の空所に入る語句を書き取りなさい。

⑮ Janet (　　　　　　　　　　) there as soon as possible.

⑯ I think I (　　　　　　　　　　) my best on my test.

ここをチェック！

have の v(ヴ)の音が f(フ)に変化して聞こえます。また to も ta のように聞こえるので，have to は hafta と聞こえ，has to も hasta と聞こえます。

has to ▶▶▶ **hasta**
ハスタ

have to ▶▶▶ **hafta**
ハフタ

〈Test 7・答〉

⑮ Janet **has to go** there as soon as possible.

「できる限り早くジャネットはそこに行かねばならない」

⑯ I think I **have to do** my best on my test.

「テストではベストを尽くさなきゃと思うんだ」

CD ❷ -72

Dictation Test 8

次の空所に入る語句を書き取りなさい。

⑰ Bob is not completely what he (   ).

ここをチェック！

t や d で終わる単語の後に to がくると，つながって ta や da の音になりますから，used to は yousta のように聞こえます。

used to ▶▶▶ **yousta**

ユースタ

ought to ▶▶▶ **ohda**

オーダ

supposed to ▶▶▶ **sapposta**

サ**ポ**ースタ

〈Test 8・答〉

⑰ Bob is not completely what he **used to be**.

「ボブは昔とはすっかり変わってしまった」

CD ❷ -73

Dictation Test 9

次の空所に入る語句を書き取りなさい。

⑱ Everything will be back to normal (   ).

ここをチェック！

in an hour は in と母音で始まる an がつながって inan に，さらに母音で始まる hour が続くので，全体で in nan nawer と聞こえます。in an apple，in an earthquake，in an instant，in an oven なども同様です。

また，figure out「〜を解決する」の out の最後の t ははっきり音としては発音されません。発音というよりは，小さな t の音を含んだ息が吐き出されるという感じです。

in an hour ▸▸▸ **in nan nawer**
イナ**ナ**ワー

figure out ▸▸▸ **figer out**
フィギャ**ラ**ゥ

〈Test 9・答〉

⑱ Everything will be back to normal in an hour.
「1時間後，すべては正常化するでしょう」

CD ❷ -74

Dictation Test 10

次の空所に入る語句を書き取りなさい。

⑲ What (　　　　　　　　) fruit do you like best?

⑳ A little (　　　　　　　　) sugar would be fine because I'm dieting.

㉑ I (　　　　　　　　) did her wrong.

㉒ We're (　　　　　　　　) soy sauce.

ここをチェック！

of は kind や sort，bit などの単語の後にくると a の音に変わり，その前の単語の語尾とつながって da［ダ］や ta［タ］となり，sort of は sorda（**ソ**ーダ），kind　of が kinda（**カ**インダ）のように聞こえます。sorta（**ソ**ーラ）と聞こえることもよくあります。

kind of はズバリ断言するのを避け，少し表現を和らげたり，遠回しに言う時にクッションのようにも使われます。

out of の of は a の音になって ouda と聞こえます。また outa と聞こえることもあります。

kind of ▶▶▶ **kinda**
カインダ

bit of ▶▶▶ **bida**
ビダ

sort of ▶▶▶ **sorda**
ソーダ

out of ▶▶▶ **ouda**

アウダ(**ア**ウタ)

〈Test 10・答〉

⑲ What **kind of** fruit do you like best?

「フルーツの中で何が一番好き？」

⑳ A little **bit of** sugar would be fine because I'm dieting.

「ダイエット中だから砂糖はほんの少しでいいです」

㉑ I **sort of** did her wrong.「彼女にちょっと悪いことをしたな」

㉒ We're **out of** soy sauce.「醤油(しょうゆ)が切れちゃった」

CD ❷ -75

Dictation Test 11

次の空所に入る語句を書き取りなさい。

㉓ (　　　　　　　　　　) what you want?

ここをチェック！

is that は is の s の音が消えてしまい，ithat と 1 つの単語のように聞こえます。is this は ithis［イディス］と聞こえます。

is that ▶▶▶ **ithat**

イ**ザ**ット

is that your ▶▶▶ **ithacher**

イ**ザ**チュア

just that you ▶▶▶ **jus' thachu**

ジャス**ザ**ッチュ

〈Test 11・答〉

㉓ Is that what you want?「それって君の望むことなの？」

CD ❷-76

Dictation Test 12

次の空所に入る語句を書き取りなさい。

㉔ (　　　　　　　　　) we going to do?

㉕ (　　　　　　　　　) everything isn't really as it seems?

ここをチェック！

t や d で終わる単語の後に母音で始まる単語がくると，連結が生じます。what if は，what の t が if とつながって whadif と聞こえます。また tif(whatif)と聞こえることもよくあります。what if は「もし〜だったら(どうなるだろう)」という意味です。

what are ▶▶▶ **whadar**
ワッダア

what does ▶▶▶ **wha does**
ワッダズ

what if ▶▶▶ **whadif**
ワッディフ

〈Test 12・答〉

㉔ **What are** we going to do?「私たちこれからどうなるの？ 」

㉕ **What if** everything isn't really as it seems?
「もしもすべてのものが見かけどおりとはかぎらないとしたら？」

PART V

第6回　速効耳トレ⑹

音の七変化：⑤脱落　⑥同化　⑦フラップ（弾音）

リスニングで起こる音の変化――今回は「脱落」「同化」「フラップ」という3つの現象について説明します。

⑤脱落（deletion）

deletionはdelete（消す）の名詞形。deleteはコンピューターの「デリートキー」でおなじみの単語です。

deletionは「音が脱落する現象」で，**前の単語の語尾と次の単語の語頭が同じ音あるいは同類の音がダブる場合，前の単語の語尾の音が落ちてしまう現象**のことです。

では，実際に聞いてみてください。

CD ❷ -77

Dictation Test

次の空所に入る語句を書き取りなさい。

① She (　　　　　　　　　).

② My mother (　　　　　　　　　).

③ I'll bring along my girlfriend (　　　　　　　　　).

④ (　　　　　　　　　) ! See you later.

⑤ We (   ) subject.
⑥ His (   ) shop.
⑦ I've (   ) recently.

ここをチェック！

前の単語の語尾の子音と次の単語の語頭が同じ音かもしくは似た音の場合も，前の単語の語尾が脱落します。

たとえば，hot **d**ay［**ハ**ッデイ］は，前の語尾の破裂音［t］は脱落し，「ッ」と間だけをおくように発声します。

同様に，secon**d** **d**ay は，最初の-d が脱落し，［**セ**カンデイ］に聞こえます。こうした脱落現象は，前の語尾が［d］，［t］，［l］，［sh］など，ほぼすべての子音のときに起きます。

⑦ had hard days では，前の 2 箇所の語尾の［d］音が消えて［ハッ**ハー**デイズ］のように聞こえます。

kept talking ▶▶▶ **kep' talkin'**
ケップ**ト**ーキン

bake bread ▶▶▶ **bak' brea'**
ベイッブ**レ**ッ

next time ▶▶▶ **nex' time**
ネクス**タ**イム

take care ▶▶▶ **tak' care**
テイッ**ケ**ア

〈Test・答〉

① She **kept talking**.「彼女はずっとしゃべり続けた」

② My mother **baked bread**.「お母さんがパンを焼いてくれた」

③ I'll bring along my girlfriend **next time**.

「今度彼女を連れてきます」

④ **Take care of yourself!** See you later.「じゃ，お大事に。またね」

⑤ We **changed the** subject.「私たちは話題を変えました」

⑥ His **bag got taken at the** shop.

「彼のバッグがその店で取られてしまった」

⑦ I've **had hard days** recently.

「最近忙しくて大変な日が続いている」

⑥同化（assimilation）

同化（assimilation）は，**前後の音の影響を受けて吸収されたり融合されたりして別の音に変化して聞こえる**ことを言います。

「消失」や「弱化」もひとまとめにして「同化」のカテゴリーに入れる考え方もあります。

CD ❷ -78

Dictation Test 1

次の空所に入る語句を書き取りなさい。

① Monica (　　　　　　　　) trouble, didn't she?

② (　　　　　　　　) that suit? It's all wrinkled.

③ What a pleasure to (　　　　　　　　) again!

ここをチェック！

don't のような t で終わる単語と you がつながって cha あるいは chu に聞こえるパターンです。

Why don't you...?は「なぜ～しないの？」と「理由」を尋ねるときに使われることもありますが，会話では「～したらどう？」という「提案」の意味としても使われます。

got you ▶▶▶ **gotcha**

ガッチャ

don't you ▶▶▶ **don cha**

ドンチャ

want you ▶▶▶ **wan cha**

ウォンチャ

let you ▶▶▶ **le chu**

レッチュ

meet you ▶▶▶ **mee chu**

ミーチュ

without you ▶▶▶ wi**thou chu**

ウイ**ザ**ウチュ

suggest you ▶▶▶ **sugges chu**

サ**ヂェ**スチュ

〈Test 1・答〉

① Monica **got you** in trouble, didn't she?

「モニカのせいで困ったことになったんでしょ？」

② **Don't you iron** that suit? It's all wrinkled.

「あのスーツ，アイロンかけないの？ しわくちゃだよ」

③ What a pleasure to **meet you** again!

「またお会いできてうれしいです」

CD ❷ -79

Dictation Test 2

次の空所に入る語句を書き取りなさい。

④ (   ) bring coffee for me?

⑤ (   ) kindly lower your voices a little?

⑥ Yesterday I (   ) that you should see the dentist, didn't I?

ここをチェック！

dで終わる単語の後にyouがくる場合，つながってjuの音になります。would you → wu ju，could you → cu ju，did you → di ju，should you → shu juなど，いずれも同じパターンです。また，早口になるとjuはjaと聞こえることもよくあります。

toldのdの音は後ろのyouとつながってju［ヂュ］に変化します。

youがsで終わる単語の後ろにくると，つながってshuの音になります。

他には，Bless you! → bles shu［ブレシュ］「君に幸あれ」なども同じような音の変化が起こります。下のmissは「～がない」「～がいないのを寂しく思う」という意味。

could you ▶▶▶ **cu ju**
クッヂュ

would you ▶▶▶ **wu ju**
ウヂュ

did you ▶▶▶ **di ju**

ディヂュ

told you ▶▶▶ **tol ju**

トウヂュ

miss you ▶▶▶ **mis shu**

ミシュ

kiss you ▶▶▶ **kis shu**

キシュ

〈Test 2・答〉

④ **Could you** bring coffee for me?
「コーヒーを持ってきてもらえますか」

⑤ **Would you** kindly lower your voices a little?
「もう少し静かにしてくださいませんか」

⑥ Yesterday I **told you** that you should see the dentist, didn't I?
「昨日，君に医者に診てもらうように言ったでしょ？」

CD ❷ -80

Dictation Test 3

次の空所に入る語句を書き取りなさい。

⑦ (　　　　　　　　　　) all your toys!

⑧ (　　　　　　　　　　) for the step.

ここをチェック！

単語の語尾が k で終わり，後ろに you や your がくると，つながって kyu［キュ］や kyur［キュア］の音に聞こえます。

pick up ▶▶▶ **pic ku**p
ピッ**カ**ッ

look out ▶▶▶ **loo kou**t
ルッ**カウ**

make you ▶▶▶ **may kyu**
メイキュ

make your ▶▶▶ **may kyur**
メイキュア

〈Test 3・答〉

⑦ Pick up all your toys!「オモチャを全部片づけなさい」

⑧ Look out for the step.「足元に気をつけて」

CD ❷ -81

Dictation Test 4

次の空所に入る語句を書き取りなさい。

⑨ (　　　　　　　　　　) the cigarette! You said you'd quit.

⑩ (　　　　　　　　　　) know what's going on here.

ここをチェック！

give me は，give の v の音が消えて me とつながって 1 つの単語のように聞こえます。ただし，give　you となったときは v の音は消えず givyu［**ギ**ヴユー］と聞こえるので注意してください。

let me は let の語尾の t の音は消えて me とつながり，1 つの単語のように聞こえます。

give me ▶▶▶ **gimme**

ギミー

let me ▶▶▶ **lemme**

レッミー

〈Test 4・答〉

⑨ **Give me** the cigarette! You said you'd quit.

「そのタバコ貸しなさい。やめるっていったでしょ」

⑩ **Let me** know what's going on here.

「どういう状況か教えて」

CD 2 -82

Dictation Test 5

次の空所に入る語句を書き取りなさい。

⑪ Marvin has ( ) work in his office.

⑫ Fingerprints proved the murderer's ( ).

⑬ How do I initialize this ( )?

ここをチェック！

identity［アイデニティ］のように，［t］の音の直前に“(母音＋)［n]”の音があるとき，［t］の音は脱落して聞こえません。［n］の音がとても強い音なので破裂音［t］を吸収してしまい，次の母音と［n］がリエゾンされてしまうのです。

twenty international interesting interview
Internet percentage doesn't it continental
important

plenty ▶▶▶ **plen'y**
プレニィ

identity ▶▶▶ **iden'ity**
アイデニティ

printer ▶▶▶ **prin'er**
プリナー

Atlanta ▶▶▶ **Atlan'a**
アトラナ

center ▶▶▶ **cen'er**

セナー

〈Test 5・答〉

⑪ Marvin has **a plenty of** work in his office.

「マービンは会社で多くの仕事をかかえている」

⑫ Fingerprints proved the murderer's **identity**.

「指紋で殺人犯の正体がわかった」

⑬ How do I initialize this **printer**?

「このプリンターはどうやって初期化したらいいのですか」

CD ❷ -83

Dictation Test 6

次の空所に入る語を書き取りなさい。

⑭ (　　　　　　　　) before five-thirty Martin arrived at our party.

⑮ Our team was (　　　　　　　　) defeated in the finals.

ここをチェック！

語尾の-tly や-dly は，[t] 音や [d] 音が飲み込まれて [l] 音だけに聞こえます。破裂音の [t] や [d] は強い音のため tly や dly をきちんと発音しにくくなるため，[t] や [d] は促音の「ッ」に変えて言いやすくするのです。

shortly は shor'ly [**ショ**ーリ]「まもなく，すぐに」となり，exactly は exac'ly [イグ**ザッ**クリー]，hardly は har'ly [**ハ**ーリ]「ほとんど〜ない」と聞こえます。

greatly earnestly hardly completely
mostly friendly definitely recently
fortunately

shortly ▶▶▶ **shor'ly**

ショーリ

badly ▶▶▶ **ba'ly**

バッリー

〈Test 6・答〉

⑭ **Shortly** before five-thirty Martin arrived at our party.

「5時半少し前にマーティンは私たちのパーティーに到着した」

⑮ Our team was **badly** defeated in the finals.

「わがチームは決勝戦でこてんぱんにやられた」

CD 2-84

その他の同化のルール

その他の同化のルールをまとめておこう。

●同化のルール①

語尾が無声音の子音のとき，複数形あるいは3単現の-s が続くと，-s も無声音化する。特に-t に-s が続くと［ツ］と発音されます。

【例】last → lasts(「続く」の3単現)［ラースツ］

［ラース］のように発音されることもあります。

●同化のルール②

語尾が［d］音の語に-s がつくと，［ヅ］の音になる。

【例】card → cards［カーヅ］　(トランプ)

PART V　第6回 速効耳トレ(6)

●同化のルール③

-ten, -tten, -tain, -ddenなどの［t］音や［d］音が鼻に抜けて［n］音だけのように聞こえます。

【例】shorten［ショーヌン］　（短くする）
　　written［リヌン］　（書かれた）
　　mountain［マゥヌン］　（山）
　　forbidden［フォビヌン］　（禁じられた）

●同化のルール④

語尾が-thの語に-sや-esが付くと，［ス］や［ズ］の音になります。

【例】lengths［レンクス］　（長さ）
　　clothes［クロウズ］　（衣服）

Everyone **breathes** easier after **tests** finish.
「テストが終わるとみんなほっとする」

⑦フラップ［弾音］（flapping）

アメリカ英語ではwaterやletterの**t**は［t］ではなく，日本語の［ら］のように発音されます。

＊英語の［t］は舌先が歯茎の上方部にすばやくはじくように接触しますが，接触する範囲はかなり小さい。日本語の［ら］では，舌先が触れる位置は歯茎より奥で接触する領域もかなり広く，触れる時間も長いので，厳密に言うと両者は全く同じ音ではありません。

［t］の発音は舌先を上の歯茎につけて口の中に息をため，歯茎から離すときにためた息を破裂させながら出します。これだけの動作をするにはエネルギーが要るので，楽に発声できるように変化するわけです。このような変化を**フラップ**といいます。

CD ❷ -85

Dictation Test 1

次の空所に入る語句を書き取りなさい。

① That (　　　　　　　) much (　　　　　　　).

② Which of the two is (　　　　　　　) swimmer?

③ Cheer up! Things will get (　　　　　　　).

ここをチェック！

語中の t はアメリカ英語では d に近い音で発音されるので，pretty は tty の個所が ddy と変化して聞こえます。このように **t や tt の前後に母音があると**，やわらかく d や dd の音に変化するわけです。

日本語のラ行音にもっとも近い音になります。たとえば，

city［**ス**ィリー］　butter［**バ**ラァ］

editor［**エ**ディラァ］または［**エ**リィラァ］

pretty ▶▶▶ **preddy**

プ**リ**ディ

better ▶▶▶ **bedder**

ベラァ

〈Test 1・答〉

① That **pretty** much **sums it up**.「こんなところかな」

② Which of the two is the **better** swimmer?

「2人のうちどちらが泳ぎが上手いのですか」

③ Cheer up! Things will get **better**.

「元気出せよ。これ以上悪くならないよ」

CD ❷ -86

Dictation Test 2

次の空所に入る語句を書き取りなさい。

④ (　　　　　　　　　) for you for a long time.

⑤ (　　　　　　　　　) very nicely with each other.

ここをチェック！

getting のように t が 2 つ重なると d の音に聞こえます(実際には t と d の中間の音です)。そして語尾の［ŋ］の音は［n］に変わるので注意しよう。

waiting は waidin' と聞こえることもあります。

getting ▶▶▶ **geddin'**
ゲリン

waiting ▶▶▶ **waidin'**
ウェイリン

〈Test 2・答〉

④ **He's been waiting** for you for a long time.
「彼，君のことずっと待っているよ」

⑤ **They are getting along** very nicely with each other.
「あの 2 人はとてもうまが合う」

● ［t］**の音が変化せず残るとき**

(1) **語頭の**［t］…はっきり［t］を発音する。
teacher　　today

⑵ **語中の** [t] … [t] の直後にアクセントがあるときは，はっきり [t] を発音します。

stúdent　guitár

⑶ **語中の** [t] …次のような場合も t の音は残ります。t の両サイドではなく，片方にしか母音がないからです。

OK, but let's hurry!「いいよ，でも急ごうぜ」

Look at this picture.「この絵を見てごらん」

あとがき

みなさん，お疲れさま！ 全 37 回すべての講義，ここにて終了です。

第 1 志望校に受かるってこと，それは真の友達を見つけに行くことだと思う。

小学校，中学校とかの友達って，幼馴染（おさななじみ）っていうか，つき合うのにあまり言葉が要らないんだよね。久しぶりに会っても，「よっ！ 元気っ？」だけで，多くのことが通じてしまうっていうか，地元の匂いでわかりあえるっていうか，まあ，「過去を共有する」って感じ……。

でも，大学でできる友達は違うような気がするんだ。広大なキャンパスに，日本中から学生が集まるよね。そこにあるのは，お互いの過去じゃなくて未来なんだよね。また，そこではみんな「対等」ってことになる。

第一志望の入学式のとき，君の隣の席に座った人と言葉は交わさなくても，「こいつも，いろいろ苦しいことを克服してきたんだな，きっと」，「こいつも俺くらいがんばったんだろうな」って，まずは認め合えるってこと，やっぱりがんばって，投げないでやってきてよかったって思えるときなんだ――このときって。

さあ，ここで初心を取り戻し，その日のために，志を新たにしよう！

Get started again!

今も，日本のどこかで，君の第１志望校を同じく目指し，努力している将来の真の友人がいる。北海道で，九州で，沖縄で，……大学で晴れて君と出会うであろう，将来きっと無二の親友になるであろう友に恥じないよう努力したいね！

君が第１志望校合格をかなえる日まで――次の言葉を贈って全講義を終わります。

I'm always on your side. （拍手）

石井 雅勇

Masayu ISHII

医学部予備校代官山MEDICAL学院長。英語教育研究家。兵庫県姫路市市長より，姫路ふるさと大使に任命される。NHK（Eテレ）「テストの花道 ニューベンゼミ」（センターリスニング）の監修・出演の他，日本医学教育学会入学者選抜委員会のシンポジウム（於：慶應義塾大学医学部）での講演や，母校の高等学校訪問による講演会（産経新聞にて紹介）など，多方面で活躍。

＊　　　＊　　　＊

著書に，『6段階マルチレベル・リスニング』シリーズ，『6段階マルチレベル・スピーキング』シリーズをはじめ，『石井看護医療技術系英語講義の実況中継』，『ビジネス英会話 Make it!』，『TOEIC テスト速攻！ 耳トレ勉強法』，『朝イチ10分ビジネス英会話トレーニング』（以上，語学春秋社），『英単語 WIZ1900』（Z会），『石井雅勇の「前置詞」がスーッとわかる本』（あすとろ出版），『快速英熟語構文』（文英堂），『9コマまんがで楽しむ英語 笑うコマ単』（小学館），『聞きとれる、話せる英語音』，『1週間でTOEIC200点アップの突破法！』（以上，講談社）など他多数。

《英文校閲》

クリス・クライン（アメリカ合衆国出身）

アンドリュー・マクアリスター（アメリカ合衆国出身）

CA05AB/B-B/Si

英語4技能時代に対応!!

6段階 マルチレベル・スピーキングシリーズ

石井 雅勇 著

※レベル分けは，一応の目安とお考えください。

小学上級～中１レベル

❶ グリーンコース

CD1 枚付／ 1,000 円＋税

自己紹介やあいさつの音読練習から始まり，イラスト内容の描写，簡単な日常表現の演習，さらには自分自身の考えや気持ちを述べるトレーニングを行います。

中２～中３レベル

❷ オレンジコース

CD1 枚付／ 1,000 円＋税

過去・未来の表現演習から始まり，イラスト内容の描写，日常表現の演習，さらには自分自身の気持ちや意見を英語で述べるトレーニングを行います。

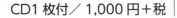

高校初級レベル

❸ ブルーコース

CD1 枚付／ 1,000 円＋税

ニューストピック・時事的な話題などの音読練習をはじめ，電話の応対・道案内の日常会話，公園の風景の写真説明，さらにはインターネット・SNS などについてのスピーチトレーニングを行います。

高校中級レベル

❹ ブラウンコース

CD1 枚付／ 1,000 円＋税

テレフォンメッセージ・授業前のコメントなどの音読練習をはじめ，余暇の過ごし方・ショッピングでの日常会話，スポーツの場面の写真説明，さらに自分のスケジュールなどについてのスピーチトレーニングを行います。

高校上級～中堅大レベル

❺ レッドコース

CD2 枚付／ 1,200 円＋税

交通ニュースや数字などのシャドーイングをはじめ，写真・グラフの説明，4コマまんがの描写，電話での照会への応対及び解決策の提示，さらには自分の意見を論理的に述べるスピーチのトレーニングを行います。

難関大学レベル

❻ スーパーレッドコース

CD2 枚付／ 1,200 円＋税

様々な記事や環境問題に関する記事のシャドーイングをはじめ，講義の要旨を述べる問題，写真・グラフの説明，製造工程の説明，さらには1分程度で自分の意見を述べるスピーチのトレーニングを行います。

全コース共通

スピーキング・ハンドブック

CD3 枚付／ 1,600 円＋税

発音やイントネーションをはじめ，スピーキング力の向上に必要な知識と情報が満載の全コース対応型ハンドブックです。

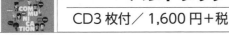

英語

大矢復

定価：本体1,200円+税

図解英語構文講義の実況中継

高校生になったとたんに英文が読めなくなった人におすすめ。英文の仕組みをヴィジュアルに解説するので，文構造がスッキリわかって，一番大事な部分がハッキリつかめるようになります。

国語

出口汪

定価：本体（各）1,200円+税

現代文講義の実況中継①～③ <改訂版>

従来，「センス・感覚」で解くものとされた現代文に，「論理的読解法」という一貫した解き方を提示し，革命を起こした現代文参考書のパイオニア。だれもが高得点を取ることが可能になった手法を一挙公開。

兵頭宗俊

定価：本体1,400円+税

実戦現代文講義の実況中継

「解法の技術」と「攻略の心得」で入試のあらゆる出題パターンを攻略します。近代論・科学論などの重要頻出テーマを網羅。「日本語語法構文」・「実戦用語集」などを特集した別冊付録も充実です。「現実に合格する現代文脳」に変われるチャンスが詰まっています。

望月光

定価：本体（各）1,300円+税

古典文法講義の実況中継①／② <改訂第3版>

初心者にもわかりやすい文法の参考書がここにある!文法は何をどう覚え，覚えたことがどう役に立ち，何が必要で何がいらないかを明らかにした本書で，受験文法をスイスイ攻略しよう!

山村由美子

定価：本体1,200円+税

図解古文読解講義の実況中継

古文のプロが時間と労力をかけてあみだした正しく読解をするための公式“ワザ85”を大公開。「なんとなく読んでいた」→「自信を持って読めた」→「高得点GET」の流れが本書で確立します。

山村由美子

定価：本体1,200円+税

図解古文文法講義の実況中継

入試でねらわれる古文特有の文法を，図解やまとめを交えてわかりやすく，この一冊にまとめました。日頃の勉強がそのままテストの得点に直結する即効性が文法学習の嬉しいところ。本書で入試での得点予約をしちゃいましょう。